技术空间扩散
与经济增长收敛性研究

RESEARCH ON SPATIAL TECHNOLOGY DIFFUSION
AND ECONOMIC GROWTH CONVERGENCE

程水红　著

社会科学文献出版社
SOCIAL SCIENCES ACADEMIC PRESS (CHINA)

摘　要

　　经济快速增长与区域经济发展差距持续扩大，一直是中国经济社会发展的现实，也是经济学理论和实证研究的重要议题。区域经济发展差距过大和长时间存在严重影响了中国经济的整体效率和社会稳定发展。因此，如何缩小区域经济发展差距、实现区域经济收敛性增长意义重大。对于进入新发展时期的中国来说，提高科技创新能力来实现经济增长质量的提高已构成经济发展方式转型的重要内容。自20世纪90年代以来，随着中国区域经济一体化进程的推进，区域创新体系逐步建立并完善，省际技术空间扩散效应也正日益凸显。相较于科技创新的成本投入，技术空间扩散更能有效地缩小区际技术增长差距。同时，伴随国际竞争力的不断增强，外商直接投资和进口贸易也成了中国吸收国际技术空间扩散的主要方式。而国内技术空间扩散与国际技术空间扩散已成为弥补区域经济发展差距的重要途径，技术扩散能使技术在经济和地理空间上不断地传播和应用，促进区域经济均衡发展。因此，从技术空间扩散效应的测度入手，准确把握我国区域创新技术发展的历史脉络与创新技术扩散的现实状况，进而探究技术空间扩散与经济增长收敛的动态传导效应，并提出提高技术空间扩散效应及统筹区域发展的政策建议，探讨如何缩小中国区域经济增长过程中经济发展差距问题对于保持中国经济的持续稳定增长具有十分重要的理论和实践参考意义。

　　本书首先对中国各省区市技术发展以及经济增长的特征事实进行阐述，并在此基础上验证了中国省际以及国际技术空间扩散效应，接着进一步考察了技术空间扩散效应对经济增长收敛的作用机制，最后从地理距离、技术吸收能力以及产业结构相似度三个角度对技术空间扩散与经济增长收敛的阈值进行分析。本书得到的主要结论如下所示。

第一，中国各省区市之间存在显著的正向技术空间扩散效应，且主要是由技术进步引起的。外商直接投资、进口贸易的国际技术空间扩散效应均显著为正，但它们的影响机制不尽相同。从总效应来看，外商直接投资方式的技术空间扩散效应略大于进口贸易方式，但外商直接投资主要是通过影响技术效率促进区域 TFP 增长，而进口贸易主要是通过对技术进步的正向溢出来使得本区域的 TFP 增长。

第二，中国省际经济增长存在条件 β 收敛，且省际技术空间扩散将有利于区域经济增长。外商直接投资渠道的技术空间扩散效应对中国各省区市经济增长收敛具有显著的正向影响效应，且该影响效应大于省际的技术空间扩散效应，而进口贸易形式的国际技术空间扩散效应将弱化区域经济增长收敛态势。

第三，中国东部及西部地区经济增长存在俱乐部收敛现象，而中部地区则呈现发散态势，且技术空间扩散效应对三大地带经济增长的影响效应不尽相同。具体而言，省际技术空间扩散及外商直接投资渠道的国际技术空间扩散对东部地区的经济增长均存在显著的正向促进作用，进口贸易渠道的国际技术空间扩散效应对东部区域经济增长的影响效应并不稳定。中部各省区市之间的经济增长呈现发散特征，不存在俱乐部收敛现象，省际的技术空间扩散现象并不明显。中部各省区市之间存在的明显的外商直接投资渠道及进口贸易渠道的技术空间扩散效应将弱化区域经济增长态势，各省区市在技术进步、外商直接投资及进口贸易方面存在一定的竞争关系。西部各省区市之间的经济增长呈现俱乐部收敛特征，并且存在显著的技术空间扩散现象，对经济增长有正向促进作用，各省区市之间存在的明显的外商直接投资渠道及进口贸易渠道的技术空间扩散效应将弱化区域经济增长态势。

第四，省际技术空间扩散存在 1603.61 公里的地理距离门槛，空间距离大于 1603.61 公里为技术空间扩散效应不显著区域，对区域经济增长和收敛的贡献不大。外商直接投资的技术空间扩散存在人力资本及 R&D 资本投入双重门槛效应，进口贸易的技术空间扩散存在产业结构相似度双重门槛效应。

　　本书主要的创新点有以下方面。研究视角方面，从技术空间扩散的视角来探讨经济增长收敛，拓宽了收敛性的研究范围，具有一定的研究特色。研究方法方面，从时空二维角度全面考察中国省区市技术发展与经济增长特征，将空间因素纳入技术扩散效应测度及技术扩散与经济增长收敛面板模型中，建立空间动态面板数据模型进行分析；同时在空间动态面板数据模型中对不同空间矩阵的设定所带来的回归结果进行了较为深入的对比分析，并得到了一些有益的结论，为提高中国技术空间扩散以及协调区域经济发展提供了强有力的经验证据。研究内容方面，对省际、外商直接投资以及进口贸易三大渠道的技术空间扩散与经济增长收敛性的关系进行了较为全面的实证检验，对技术扩散与经济增长收敛性研究起到了很好的补充作用。

　　关键词：技术空间扩散　经济增长收敛　外商直接投资　新经济地理

Abstract

The rapid economic growth and the continuous widening of the regional development gap have always been the reality of China's economic and social development, and are also an important issue in the theoretical and empirical studies of economics. The prolonged existence of disparities in the regional economic development has seriously affected the overall efficiency of economy and the steady development of society in China. Therefore, it is of great significance to narrow the gap between regional development and achieve the growth of regional economic convergence. China has been entering the new developing period, improving the capability of technological innovation to achieve economic growth has constituted an important part of the transformation of the economic development mode. Since the 90s of last century, with the progress of the regional economic integration in China, the regional innovation system has gradually been established and improved, and the space effect of the inter-provincial technology diffusion is also increasingly prominent. Compared with the cost of investment in science and technology, the spatial diffusion of technology can effectively alleviate the growth gap of technology between different regions. At the same time, with the continuous enhancement of international competitiveness, foreign direct investment and import trade have also become the main ways for China to absorb the international technology diffusion. The inter-provincial technology diffusion and the international technology diffusion have become important ways to make up for the disparity in regional economic development. By means of technology diffusion, technology can be constantly disseminated and applied in economy and geographical space to promote the balance development of the regional economy. Therefore, starting with the measure of the effect of spatial technology diffusion, we should accurately grasp the historical context of regional innovation technology development and the reality of the diffusion of innovation technology in China, and then explore the dynamic conduction effect of spatial technology diffusion and economic growth convergence. And put forward improving spatial technology diffusion effect and as a whole of regional development. Analyzing how to narrow the gap between the economic development in the process of regional economic growth in our country is very important theoretical and practical reference for maintaining the sustained and steady growth of our economy.

This dissertation first elaborates the characteristics of technological development and economic growth in China's various provinces and regions, and then verifies the inter-provincial and international spatial technology diffusion effects, and further examines the mechanism of the spatial technology diffusion effect on economic growth convergence. Finally, analyzes the threshold effect of the spatial technology diffusion on the convergence of economic growth from the three perspectives of geographical distance, comprehensive absorptive capacity and similarity of industrial structure. The main conclusions of this dissertation are as follows:

First, there are significant positive technology diffusion effects among various provinces and regions in China, which are mainly caused by technological progress. The international technology diffusion effects of foreign direct investment and trade imports are all significantly positive, but their impact mechanisms are not the same. Judging from the total effect, the technology diffusion effect of foreign direct investment is slightly greater than that of import trade. However, foreign direct investment mainly promotes regional TFP growth by affecting technological efficiency, while import trade promotes regional TFP growth by the positive overflow of technological progress.

Second, there is conditional β convergence in China's economic growth, and provincial spatial technology diffusion will be conducive to regional economic growth. The spatial technology diffusion effect of he foreign direct investment channels has a significant positive effect on the convergence of economic growth in all provinces and regions in China, and the effect is greater than that of provincial technology diffusion, while the spatial technology diffusion effect by the channels of import trade will weaken the convergence of regional economic growth.

Third, there are club economic growth convergences in eastern and western China, and a divergence trend in central China, the effect of spatial technology diffusion on economic growth in the three major regions is not the same. Specifically, the interprovincial technology diffusion and international technology by the foreign direct investment channels have a significant positive effect on the economic growth of the eastern region. The effect of the international technology diffusion by the import trade channel on the economic growth of the eastern region is not stable. The economic growth among the central provinces has a divergence feature, there is no club convergence phenomenon, and the phenomenon of interprovincial technology diffusion between provinces is not obvious. The obvious spatial technology diffusion effect by foreign direct investment channels and import trade channels among the provinces and regions in central China will weaken the regional economic growth trend. There is a certain competition relationship among the provinces in central China in terms of technological progress, the foreign direct investment and import trade. The economic growth among the various provinces and regions in western China is characterized by the convergence of clubs. There is a significant spatial technology diffusion among the western provinces , and it has a positive effect on economic growth. The obvious spatial technology diffusion by he foreign direct investment channels and import trade channels will weaken the trend of regional economic growth.

Fourth, there is a geographical distance threshold of 1603. 61 km between provincial technological space and a spatial distance of more than 1603. 61 km the spatial technology diffusion effect is not significant, and it does not contribute much to regional economic growth and convergence. The spatial technology diffusion of foreign direct investment has the dual threshold effect of human capital and R&D capital investment. The spatial technology diffusion of import trade has the dual threshold effect of industrial structure similarity.

The new contributions of this paper are as follows: In the aspect of research perspective, we study the economic growth convergence from the perspective of technology diffusion and broaden the research scope of convergence, which has certain research characteristics. In the aspect of research methods, it comprehensively examines the characteristics of technological development and economic growth in China's provinces and regions from a two-dimensional perspective of time and space, the spatial factors are incorporated into the measurement of technology diffusion effect and the model of spatial technology diffusion and economic growth convergence. Some useful conclusions are obtained. which provides a strong empirical evidence for improving the technology diffusion and coordination of regional economic development in China. In the aspect of research contents, ta comprehensive empirical test has been conducted on the convergence of spatial technology diffusion and economic growth in the three major channels of interprovincial, foreign direct investment, and international import trade, which complements research on convergence of technology diffusion and economic growth.

Keywords: Spatial Technology Diffusion; Economic Growth Convergence; Foreign Direct Investment; New Economic Geography

目　录

第一章　绪论

第一节　研究背景

自改革开放以来，中国国民经济总体上保持了高速增长态势，但地区经济发展存在明显且复杂的差异。2015 年全国居民收入基尼系数为 0.462，创下了近十年来的最低水平，这说明从居民收入水平角度来看，中国地区间的经济发展差距在逐年缩小。[①] 2013 年、2014 年、2015 年中国国内生产总值依次为 595244 亿元、643974 亿元及 685506 亿元，经济总量居世界第二位。但伴随整体经济发展水平的上升，区域间经济发展水平的差异依然存在，经济发展的空间结构极不平衡。东部沿海地区的发展基础和条件良好，2015 年东部省份的国内生产总值为 399120 亿元，占全国的 58.22%。其中广东省（2015 年 GDP 为 72812 亿元）和江苏省（2015 年 GDP 为 70116 亿元）的 GDP 均突破 7 万亿元，是宁夏、青海的 20 多倍。从人均 GDP 来看，天津、北京及上海的人均 GDP 分别是贵州、云南及甘肃人均 GDP 的 3 倍多。[②] 1978 年上海人均 GDP 最高，为 2485 元，而贵州人均 GDP 为 175 元，其差距为 13.2 倍。1978～2015 年，虽然各地区经济增长绝对差距变小了，但相对差距依然很大。[③]

区域间过大且持续存在的经济增长差距必然造成区域间的矛盾和冲突，不利于中国经济的持续增长，虽然自 20 世纪 90 年代以来中央政府分

---

① 国家统计局，http://www.stats.gov.cn/tjsj/zxfb/201601/t20160119 - 1306083.html。

② 《中国统计年鉴 2016》。

③ 中经网统计数据库，https://tjk.cei.cn。

别提出了一系列促进区域经济协调发展的战略措施，但是区域经济增长差距扩大的态势并没有根本扭转和解决。因此，继续采取积极有效的政策措施，逐步缩小地区经济增长差距特别是东西部差距，促进地区经济协调发展，将是一项十分艰巨的任务，也是今后应该坚持的长期发展战略方针。

20世纪60年代，以索洛为代表的新古典增长理论认为劳动和资本等生产要素具备边际收益递减的特性，资本劳动比率较低的国家或地区具有较高的人均产出增长率，由此经济增长较快，使得低收入国家或地区可以向高收入国家或地区追赶，即收敛。由于经济增长收敛性研究为政府的区域协调发展提供了重要的理论支撑，因此，其越来越受到学者们的关注。新经济增长理论把区域生产率的差异归因于技术进步和经济制度，随着现代科技革命的发展以及国际经济技术合作的加强，科学技术通过物、人和科学管理的途径进入生产力系统，并使科技含量成为生产力中的首要因素。改革开放以来中国经济增长迅速，但经济增长主要是依靠资本、劳动力和自然资源等要素投入推动，技术创新对经济增长的贡献度偏低。在区域方面，东部沿海省市与内陆地区不但经济发展水平差距较大，而且区域技术创新能力差距也较大。

近年来很多学者研究了中国区域经济差距问题，其中也不乏从收敛角度进行的研究，但是鲜有涉及基于技术空间扩散视角的研究。本书选定《技术空间扩散与经济增长收敛性研究》为题目主要是基于以下背景及事实。

第一，区域经济差距呈现的时间序列上的动态变化特征受到中外众多学者的关注，并成为研究的热门话题。新经济增长理论将科技创新作为经济增长的决定性因素，认为经济发展主要依靠生产力的提高，而生产力的提高则首先依赖科技创新。落后地区可以通过一种较为简单的方式就能缩小与发达地区之间的技术差距和经济差距，就能追上甚至超过发达地区，这种方式就是模仿或引进发达地区的先进技术。因为创新所需的成本高，而模仿所需的成本低，所以长期来看落后地区的经济增长会比发达地区的经济增长有优势，即发达地区的经济增长率可能会低于落后地区，未来落后地区和发达地区的经济总量将趋于一致，也就意味着经济增长会收敛。但事实并非如此，很多落后地区并没有缩小与发达地区之间的经济差距及科技水平差距，相反差距仍在拉大，越来越多的落后地区开始相信仅仅依靠引进技术和模仿是不能缩小与发达地区之间的差距的。

在改革开放过去40年的经济增长过程中，中国地区间在经济发展水平上的绝对差距是呈现何种变化特征？其未来的发展趋势如何？影响地区经济增长收敛或者发散的机制是什么？如何对区域经济差距变化进行调控等一系列的理论和实际问题亟待解决。

第二，改革开放以来，中国省际尤其是北京、上海和广东等地向其他省份的技术空间扩散效应越来越明显，已成为弥补区域经济发展差距的重要途径。技术空间扩散对中国经济增长收敛有显著影响，技术扩散能够使技术在经济和地理空间上不断地传播和应用，促进区域经济均衡发展。但创新技术空间扩散对中国区域经济增长收敛性在经济发展不同的时段及不同的区域影响的显著性有无差异？

技术扩散问题、知识溢出问题及经济增长收敛问题已成为经济理论研究讨论的热点。技术扩散能使新技术在经济和地理空间上不断地传播和应用，是新技术利用范围和规模的量的积累。一般来说，一项技术本身对经济的影响和社会生产力的提高具有较大的局限性，只有借助扩散，它的潜在经济效益才能最大限度地发挥出来。新经济地理学中的核心－边缘模型指出，任何企业都趋向于选择市场规模较大的区位进行生产并向规模较小的市场区位出售其产品，即市场接近效应；而企业的集中会使得本地生产的产品种类和数量较多，降低了该区域的生活成本，即生活成本效应；不完全竞争性企业会趋向于选择竞争者较少的区位，即存在市场拥挤效应。市场接近效应和生活成本效应促使企业在空间上集聚，而市场拥挤效应使企业在空间上分散。将前两种效应称为集聚力，而将市场拥挤效应称为分散力，当贸易成本的降低达到某一临界值时，集聚力大于分散力，那么任何外生的冲击力都会被加强，区域间的对称分布模式被打破，产生经济集聚，形成核心－边缘结构。这种结构是一种长期稳定的均衡，即一旦形成这种结构，那么无论空间交易成本如何变化，科技创新等各种现代部门都会长期被吸引在核心区域，且形成循环累积因果效应，即核心区域会像一个巨大的"黑洞"一样不断从边缘地区吸引各种科技创新等企业加入，导致边缘区域的产业份额不断减少。在提出"西部大开发"等战略以来，国家加大了对中西部的投资力度，但东西部的经济差距越来越大，其主要原因在于中国东部的这种"黑洞"效应。

新经济地理的知识创新与扩散模型（TP 模型）从技术创新与人才流动的角度来讨论了动态、多重的技术创新与扩散。该模型指出，在一定区域内共同知识范围扩大时，该区域的知识创新效率变低，从而产生了内生的区际移民，区际移民改变了技术人才的空间分布并提高了区域创新效率，从而进一步改变区域创新部门和其他形式企业的分布，最终改变区域间的经济增长方式，即知识创新部门都集中在"核心"区域，边缘区域享受不到知识创新集聚的经济增长效应，相对于对称结构，核心－边缘结构下的边缘区域工人福利水平存在净损失。该结论与传统理论对于技术扩散是促进经济收敛的力量这一结论相悖，但 TP 模型的这一结论可以在一定程度上解释中国区域经济发展存在差距，而并非绝对收敛的现象。

第三，在经济增长收敛的研究文献中，大部分研究文献忽略了经济增长过程中的空间交互作用。而区域经济增长以及技术扩散必然受跨区域的经济联系和经济依赖的影响，且随着空间距离的增加，区域间的经济联系和依赖区域递减。因此有必要从地理空间的维度上来对技术扩散与区域经济增长收敛关系进行探讨，在经济增长收敛模型中考虑空间相关性问题，使其更能真切地反映现实情况。

第二节　研究意义

基于以上研究背景的分析，本书的理论价值与实践意义主要体现在以下方面。

（1）本书从新增长理论的收敛机制方面来分析中国区域经济增长的收敛性，拓宽了收敛性的研究范围，具有较高的学术理论价值。

（2）深入研究区域创新技术空间扩散与经济增长收敛性的关系，准确把握中国区域创新技术发展的历史脉络与创新技术空间扩散的现实状况，正确认识区域创新技术空间扩散对经济增长收敛性的作用机理，探讨如何缩小中国区域经济增长过程中经济发展差距问题对于保持中国经济的持续稳定增长具有十分重要的理论意义。

（3）在实证研究中，本书从省际、外商直接投资以及进口贸易三个方面对技术空间扩散与经济增长收敛性的关系进行了较为全面的实证检验，对这一领域的探讨对现有研究起到了很好的补充作用，并有针对性地提出相应政策建议，为完善区域协调发展政策具有重要的现实意义。

第三节　研究思路、研究内容及研究方法

1. 研究思路

本书从技术空间扩散角度出发，在对中国省际及国际技术空间扩散效应进行测度的基础上，试图深入分析技术空间扩散对区域经济增长收敛性的影响，并利用中国省际面板数据对技术空间扩散效应与经济增长收敛性进行实证检验。具体地，本书首先梳理了有关技术空间扩散与经济增长的国内外相关文献，在梳理已有主要研究成果的基础上，探讨本书的切入点。其次，对中国各省区市技术发展水平以及经济增长的时空变化特征进行分析。本书的实证研究部分，从省际技术空间扩散、外商直接投资以及进口贸易三个方面考察了中国省际以及国际技术空间扩散效应，并进一步探讨了技术空间扩散效应对区域经济增长收敛性的影响以及门槛效应。最后，总结全书结论、提出相关政策建议并指出未来的可能研究方向。

2. 研究内容

本书共由七章组成，其主要内容如下。

第一章为绪论。主要介绍本书的研究背景、研究意义、研究思路、研究内容和研究方法，最后介绍本书的创新之处。

第二章为文献综述。主要是对目前国内外学者关于经济增长收敛及技术空间扩散研究成果进行梳理和评述，包括新古典增长理论与收敛性、新增长理论与收敛性、跨国收敛性实证分析、国外区域收敛实证分析、国内收敛实证分析、技术空间扩散概念与模式研究、技术空间扩散影响因素及

途径研究、技术空间扩散绩效测度与门槛效应研究。

第三章为中国各省区市技术发展与经济增长演变特征分析。本章分两节内容对这一问题进行分析，第一节利用 1991～2015 年中国各省区市面板数据对各省区市技术发展水平进行测度；第二节从各省区市人均 GDP 绝对差异和空间变化特征两个维度来分析中国区域经济增长的演变特征。

第四章为中国各省区市技术空间扩散效应检验。本章主要从省际技术空间扩散、外商直接投资形式技术空间扩散以及进口贸易形式技术空间扩散三个方面利用空间动态面板模型考察了中国省际以及国际技术空间扩散效应。

第五章为技术空间扩散与中国省际经济增长的收敛分析。本章运用空间动态面板模型以中国 31 个省区市为研究对象，对中国省际技术空间扩散、FDI 及进口贸易形式的国际技术空间扩散效应与经济 σ 收敛、β 收敛以及俱乐部收敛进行实证研究。

第六章为技术空间扩散与经济增长收敛的阈值分析。已有文献研究表明，在技术空间扩散过程中其扩散效应随着地理距离的增加有减弱的趋势；同时技术以外商直接投资（FDI）方式进行扩散时，东道国是否有条件吸收 FDI 技术外溢也是影响技术空间扩散效应的一大因素；而进口国能否从进口贸易中获得国际技术空间扩散与进出口国之间的产业结构相似度也存在一定的关联。因此技术在区域之间的扩散对技术吸收区域是否产生以及产生何种程度的扩散效应还取决于一定的门槛条件。本章从技术扩散过程中的空间距离、技术吸收能力以及产业结构相似度三个方面来分别检验其门槛条件。

第七章为结论与政策建议。本章首先概括全书的主要结论；再从强化省际技术空间扩散、大力推进国际科技合作与交流、继续加大研发投入力度以及进一步完善进口促进战略四个方面来探讨提高技术空间扩散、统筹区域发展的相关政策建议；最后指出研究存在的不足和局限，并展望未来研究的方向。

本书的研究技术路线如图 1-1 所示。

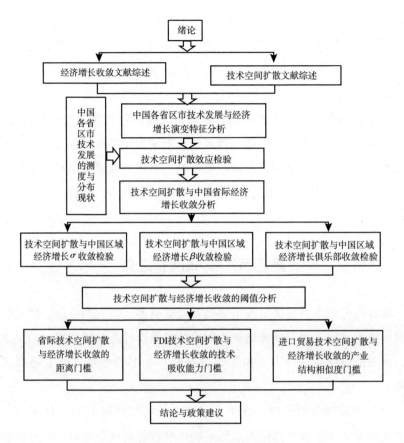

图 1-1 本书的研究技术路线

3. 研究方法

本书从省际技术空间扩散、外商直接投资以及进口贸易形式的国际技术空间扩散三个方面来探讨技术空间扩散与经济增长收敛性的关系。为了使研究的结论更加精准，同时还具备一定的分析深度，本书采用了多种研究方法相结合的分析方式，具体如下。

（1）理论分析与实证分析相结合。本书从理论上梳理了国内外经济增长收敛性与技术空间扩散研究文献，在对技术空间扩散与经济增长收敛性的关系进行理论分析的基础上，利用中国的面板数据对经济增长收敛性进行检验，详细探讨了中国省际、FDI 以及进口贸易形式的国际技术空间扩散与区域经济增长收敛性的关系。

（2）多种计量模型相结合。为保证研究过程的规范以及研究结论的准确，本书采用多种计量模型相结合的方法进行分析。在不同的章节根据研究的需要分别采用了普通面板模型、空间动态面板模型以及面板门限模型等分析方法。整个分析过程所用到的软件有 GeoDa、Stata、DEAP 2.1 等。

（3）比较分析法。在对中国各省区市间经济增长收敛性进行研究时，通过对各省区市及东部、中部、西部经济带间的相关指标进行对比，来判断各省区市之间在经济增长方面的收敛性，并将空间动态面板模型与一般动态面板模型的分析结果进行对比，用以验证空间动态面板模型的合理性。

第四节　本书创新之处

现有研究为本书提供了理论基础和经验借鉴，但直到目前，国内经济学界对技术空间扩散与经济增长收敛性的关系同时进行详细探讨的文献很少。本书的研究在这一方面做了相应补充。本书的创新之处主要有以下三点。

（1）研究视角的创新。在关于经济增长收敛性研究中，目前国内学者主要侧重于从新古典理论的边际报酬递减机制来进行分析，本书拟在已有研究的基础上，沿着技术空间扩散机制的思路对与经济增长收敛性相关的理论进行了梳理和总结，并利用中国各省区市技术空间扩散与经济增长面板数据对技术空间扩散与经济增长收敛性进行了实证检验，探寻中国经济增长收敛过程中技术空间扩散效应，拓宽了收敛性的研究范围，具有一定的研究特色。

（2）研究方法的改进。虽然空间计量方法的引入为经济增长收敛性的理论和经验研究提供了新的思路和更准确的结论，但以中国为样本关于技术扩散与经济增长收敛性的文献仅有很少一部分学者将空间因素纳入计量模型中，从技术扩散的不同途径来全面细致地考察技术空间扩散对经济增长收敛性的影响的文献更是少见。本书在研究方法上有两个方面的改进：一是克服单一维度研究的局限性，从时空二维角度全面考察中国省区市技术发展与经济增长特征；二是将空间因素纳入技术扩散效应测度及技术扩散与经济增长收敛性面板模型中,建立空间动态面板模型进行分析,同时在空间动态面板模型中对不同空间权重矩阵的设定所带来的回归结果进行了较为深入的对比分析,并得到了一些有益的结论,为提高中国技术空间扩散以及协调区域经济发展提供了强有力的经验证据。

(3)研究内容的拓展。本书从省际、外商直接投资以及进口贸易三个方面对技术空间扩散与经济增长收敛性的关系进行了较为全面的实证检验。已有研究尚缺乏从上述三个方面来全面探讨技术空间扩散与经济增长收敛性问题,且未有确定性的结论,本书对这一领域的探讨对现有研究起到了很好的补充作用。

第二章　文献综述

　　技术扩散与经济增长收敛性问题一直是宏观经济领域研究的核心问题之一，众多学者从不同角度运用不同研究方法对这一问题进行了探讨。技术扩散与经济收敛性问题之所以能引起学者的广泛关注，主要是因为技术扩散所导致的外溢效应在理论上将使得经济增长收敛，但大量区域经济增长差距日益扩大的现实与这一理论结果相矛盾，因此，在不断地争论和探讨中涌现出了大量理论和实证分析文献，但对技术扩散与经济增长收敛性的关系仍缺乏定论。本章主要对经济增长收敛和技术空间扩散的相关文献进行梳理，其中经济增长收敛的研究目前主要集中在经济增长收敛的内涵与分类、经济增长收敛性理论争议以及经济增长收敛性经验研究等方面；而技术空间扩散的研究则主要集中于技术空间扩散相关概念、模式、影响因素、途径、绩效测度以及门槛效应等方面。在梳理文献的基础上归纳国内外相关文献已有的研究结论及存在的不足之处，最后对已有文献进行总结和评述。

第一节　经济增长收敛文献综述

　　关于经济增长收敛的文献梳理主要从经济增长收敛的内涵与分类、经济增长收敛性理论争议、经济增长收敛性经验研究三个方面来展开。

一　经济增长收敛的内涵与分类

（一）经济增长收敛的内涵

经济增长收敛是指在人均资本量较高的国家资本收益率较低，因此资本有动力从富国向穷国流动，使得欠发达地区的经济增长率比发达地区的经济增长率高，从而会出现追赶发达地区并最终使得两者之间发展差距越来越小的现象。其理论渊源是索洛模型，该模型以资本边际报酬递减为理论假设，认为经济增长最终将趋于稳定的状态，经济趋向稳定状态的过程被称为经济增长收敛（Solow，1956）。如果经济增长是收敛的，初期人均资本存量更小的国家或地区具备更高的资本回报率，从而比初期人均资本存量更大的发达地区具有更高的经济增长率，所以落后地区最终可以利用这种"优势"缩小与发达地区的经济发展差距。

（二）经济增长收敛的分类

新古典理论和新增长理论均认为经济增长的动力为资本积累和技术进步，而导致经济增长收敛的机制为资本边际报酬递减和技术扩散。新古典经济学将技术进步假设为外生的，使模型得出了一个等于技术进步率的正的人均经济增长率，即不同的技术进步率导致区域间经济增长的差距，而技术进步率的差异则通过技术扩散的方式逐步减小，从而存在技术进步率差异的地区之间的经济增长率趋于相同，即经济增长收敛，这一收敛被称为绝对 β 收敛。而绝对收敛现象在部分实证文献中却未得到验证，随着20 世纪 90 年代经验研究的逐步深入，经济增长收敛性的概念被更深入地解读，而收敛性的类型划分也愈加丰富。后来的学者将收敛性分为绝对 β 收敛、条件 β 收敛、σ 收敛和俱乐部收敛。

1. 绝对 β 收敛

β 收敛是最早被提出的经济增长收敛形式，Sala-i-Martin（1995）梳理了经典著作中关于收敛的两大主要概念，即 σ 收敛和 β 收敛，并比较了两种收敛的相同之处和不同点，同时对绝对 β 收敛及条件 β 收敛也进行了分析。β 收敛可分为绝对 β 收敛和条件 β 收敛两种类型。各经济体之间虽然有一定的隔绝和封闭，但具有完全相同的生产要素增长率的经济体也具有相同的增长路径和稳态，而人均收入水平较低的经济体具有较高的增长率，这种现象被称为绝对 β 收敛，即无论经济体初始的条件如何，只要存在绝对 β 收敛，那么，随着时间的推移，所有的经济体将收敛于相同的人均收入水平。其模型形式如下：

$$\ln y_{i,t} - \ln y_{i,t-1} = \alpha + \beta \ln y_{i,t-1} + \varepsilon_{i,t} \qquad (2-1)$$

其中，$\ln y_{i,t-1}$ 表示第 i 个（$i = 1,2,\cdots,N$）经济体在第 $t-1$ 期的实际人均 GDP 对数值，$\ln y_{i,t}$ 表示第 i 个经济体在第 t 期的实际人均 GDP 对数值，则 $\ln y_{i,t} - \ln y_{i,t-1}$ 表示第 i 个经济体各年实际人均 GDP 增长速率；α 是常数项，扰动项 $\varepsilon \sim N(0,\sigma^2)$，$\beta$ 为地区经济增长率对地区初期经济水平的弹性，即衡量地区经济增长收敛性的系数。若 $\beta < 0$，则证明经济中存在绝对 β 收敛；反之，若 $\beta > 0$，则经济增长趋于发散。从式（2-1）可知，绝对 β 收敛中无论经济体之间是否存在经济结构、发展阶段等差异，系数 β 对于所有经济体均相同，即绝对 β 收敛无任何附加条件，仅依靠 $\ln y_{i,t} - \ln y_{i,t-1}$ 与 $\ln y_{i,t-1}$ 之间的关系是否为负来判定。因此，这一假定对于一个国家的区域分析比跨国间的运用更合理。

2. 条件 β 收敛

如果经济体之间存在的投资率、人口增长率、资本折旧率和生产函数等差异影响经济增长收敛，不同经济体收敛于不同的稳态，则称之为存在条件 β 收敛，即每一个经济体均存在各自的收敛稳态，并且收敛速率与距离稳态的距离成反比，即随着向稳态的逼近，收敛速率逐渐下降。在各国学者运用 σ 收敛和 β 收敛对各地区进行实证研究过程中，条件 β 收敛日益得到肯定。其模型形式如下：

$$\ln y_{i,t} - \ln y_{i,t-1} = \alpha + \beta \ln y_{i,t-1} + \gamma X_{i,t-1} + \varepsilon_{i,t} \qquad (2-2)$$

其中，$X_{i,t-1}$ 为一系列的影响稳态的特征变量，若参数 $\beta < 0$，则称经济体之间存在条件 β 收敛；γ 表示影响产出的其他自变量对人均 GDP 数值的弹性。由于条件 β 收敛要求不同的经济体具有不同的要素增长速率和生产函数并收敛于不同的稳态，因此其与现实情况更契合，且条件 β 收敛也在更多的实证文献中得到了确证。从其收敛的特征来看，由于绝对 β 收敛认为所有经济体不管其初始情况如何，最终均会收敛于相同的稳态；而条件 β 收敛则认为不同地区具有不同的稳态。理论上如果改变相对贫穷经济体的控制变量，则可以使条件 β 收敛向绝对 β 收敛推进，最终使得区际差异消失。

3. σ 收敛

一定时期内随着时间的推移，如果不同经济体的人均收入水平的标准差趋于缩小，则称存在 σ 收敛。由于 σ 收敛描述的是地区经济差异在每一时点的变动轨迹，因此其表示的是发达经济体和落后经济体之间人均收入水平绝对差距的缩小。β 收敛是 σ 收敛的必要非充分条件，因为只有落后经济体的增长速率比发达经济体的增长速率快才可能存在其人均收入水平差距的绝对缩小；但在经济增长过程中由于其他外在随机因素的影响，以及初始条件的差异，落后经济体与发达经济体之间的人均收入水平差距也可能趋于发散。

4. 俱乐部收敛

在经济增长过程中存在的一种常见现象是，在某个区域内部的地区之间存在发展差距缩小的情况，但不同区域之间不存在发展差距缩小的情况，这种现象被称为俱乐部收敛。Galor（1996）认为俱乐部收敛指的是发达区域和落后区域各自内部存在一定的收敛，而发达区域和落后区域之间却没有收敛的迹象。Dan（1997）和 Deardorff（2001）则分别解释了俱乐部收敛现象以及俱乐部收敛存在的原因。俱乐部收敛的概念认为即使生产要素增长率相同的国家也不一定收敛于相同的稳态，而只有满足经济特征和初始人均收入水平均相同这两个条件的经济体之间才会最终收敛于同一稳态。满足上述两个条件的经济体通常是经济结构和发展水平相似的国家或者是一个国家内部的经济发展水平相同的区域。

二　经济增长收敛性理论争议

（一）新古典增长理论与收敛性

关于经济增长收敛性的研究最早应追溯至 Ramsey 模型，Ramsey（1928）首次采用均衡路径的动态模型来研究经济增长的收敛性问题。新古典增长理论认为资本积累和技术进步是经济增长的关键因素，但资本边际报酬递减是经济增长收敛的主要机制，只要存在资本边际报酬递减规律，那么收敛即可预期。20 世纪 60 年代，Solow（1956）建立了新古典增长理论，提出稳定均衡的概念。因此收敛理论的真正起源应当是索洛模型，下文简要介绍索洛模型的假定和动态均衡。

1. 模型的假定

该模型忽略技术进步，并有三个关键性的假设：规模报酬不变、生产要素投入的边际产出递减以及生产要素具有可替代性。在这三大假设条件下，该模型认为经济增长收敛的机制是资本边际报酬递减从而导致经济增长收敛。因此，从长期来看，落后经济体会赶超发达经济体，最终不同经济体的人均收入会收敛于同一稳态。新古典增长理论采用的生产函数形式为：

$$Y(t) = F[K(t), A(t)L(t)] \qquad (2-3)$$

其中，Y 表示产出，K、A、L 分别代表资本、技术水平和劳动力三大投入要素，t 表示时间，该函数形式沿用柯布 - 道格拉斯生产函数形式，AL 称为有效劳动，式（2-3）表示的是哈罗德中性技术进步。

根据生产函数的三大假设对生产函数进行变化可以得出相关结论。首先是规模报酬不变假设，即资本和有效劳动数量增加一倍时，产出也会相应增加一倍，表达式为：

$$F(\lambda K, \lambda AL) = \lambda F(K, AL) \qquad (2-4)$$

令 $\lambda = 1/AL$，则式（2-4）可以写为：

$$F\left(\frac{K}{AL}, 1\right) = \frac{1}{AL} F(K, AL) \qquad (2-5)$$

我们定义 $k = K/AL, y = Y/AL$，则 $f(k) = F(k, 1)$，式（2-5）可以写成：

$$y = f(k) \qquad (2-6)$$

式（2-6）表示单位有效劳动的平均产出是单位有效劳动的平均资本量的函数。

其次是生产要素投入的边际产出递减的假设，即边际产出为正且随着资本量的增加而下降，满足稻田条件，即 $\lim_{k \to 0} f'(k) = \infty$，$\lim_{k \to \infty} f'(k) = 0$。劳动力和技术水平都是按照固定比率增长：

$$L_t = L_0 e^{nt}, A_t = A_0 e^{gt} \qquad (2-7)$$

其中 n 和 g 是外生给定的常数，分别表示劳动力的增长率和外生技术水平的增长率，且劳动力和技术水平是按照指数形式增长，即：

$$\frac{\dot{L}_t}{L_t} = n, \frac{\dot{A}_t}{A_t} = g \qquad (2-8)$$

最后是生产要素具有可替代性假设，即资本和劳动力可以相互替代，也即当任何一个要素的投入不足时，可以用另一个要素来弥补。因此资本市场和劳动力市场只要有一个市场出清，那么在要素可以相互替代的前提下，即可实现两个市场同时均衡。

总产出中假设用于投资的比例为 s，且是外生不变的，资本的折旧率为 δ，因此可得：

$$\dot{K}_t = \frac{\mathrm{d}K_t}{\mathrm{d}t} = sY_t - \delta K_t \qquad (2-9)$$

式（2-9）表明资本的变化率等于产出中用于投资的部分与资本折旧的差额。

柯布-道格拉斯生产函数是满足上述条件的具体例子，为便于分析，可将生产函数写为：

$$F(K,AL) = K^\alpha (AL)^{1-\alpha}, 0 < \alpha < 1 \qquad (2-10)$$

2. 模型的动态均衡

由于 $k = \dfrac{K}{AL}$，所以由链式法则得：

$$\dot{k}_t = \mathrm{d}\frac{K_t}{A_tL_t}/\mathrm{d}t = \frac{\dot{K}_t}{A_tL_t} - \frac{K_t}{[A_tL_t]^2}[A_t\dot{L}_t + L_t\dot{A}_t] = \frac{\dot{K}_t}{A_tL_t} - \frac{K_t\dot{L}_t}{A_tL_tL_t} - \frac{K_t\dot{A}_t}{A_tL_tA_t}$$

$$(2-11)$$

又因为 $\dot{K}_t = sY_t - \delta K_t$，$\dfrac{\dot{L}_t}{L_t} = n$，$\dfrac{\dot{A}_t}{A_t} = g$，根据 $y = \dfrac{Y}{AL} = f(k)$，可得：

$$\dot{k}_t = \frac{sY_t - \delta K_t}{A_tL_t} - nk_t - gk_t = s\frac{Y_t}{A_tL_t} - \delta k_t - nk_t - gk_t \qquad (2-12)$$

$$\dot{k}_t = sf(k_t) - (n + g + \delta)k_t \qquad (2-13)$$

式（2-13）即为索洛模型的关键方程，该式表明，单位有效劳动平均资本存量的变化率由两部分的差额构成，其中 $sf(k_t)$ 为单位有效劳动的实际投资，$(n+g+\delta)k_t$ 为使得 k 保持现有水平所必需的投资量，被称为持平投资。因此，单位有效劳动平均资本量的变化率为单位有效劳动的实际投资与保持现有资本水平所必需的投资之差。当 $sf(k_t)$ 大于 $(n+g+\delta)k_t$ 时，单位有效劳动实际投资大于所需的持平投资，此时 $\dot{k}_t > 0$，k_t 会上升；当 $sf(k_t)$ 小于 $(n+g+\delta)k_t$ 时，单位有效劳动实际投资小于所需的持平投资，此时 $\dot{k}_t < 0$，k_t 会下降。式（2-13）可以用图2-1来表示，其中持平投资 $(n+g+\delta)k$ 与 k 成正比，实际投资 $sf(k)$ 等于一个常数乘以单位有效劳动的平均产出。

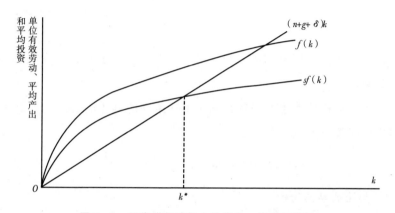

图 2-1　平衡增长路径上的产出、投资与消费

由于 $f(0)=0$，所以实际投资和持平投资在 $k=0$ 时是相等的，均为零。由稻田条件可知，在 $k=0$ 时，$f'(k)>0$，且值较大，因此在 k 的值较小时曲线 $sf(k)$ 要比 $(n+g+\delta)k$ 曲线更为陡峭，即实际投资大于持平投资；同时稻田条件还意味着 $f'(k)$ 随着 k 的增大会逐渐趋于零，因此在达到某一点后，实际投资曲线将与持平投资曲线相交。由于 $f''(k)<0$，所以两条曲线在 $k>0$ 时只会相交一次，交点即为唯一的稳态 k^*，此时实际投资等于持平投资，$\dot{k}=0$，系统的单位有效劳动的产出、投资和消费均保持不变，而各自的总量均以人口增长率 n 的速度增长。

由式 $\dot{k}_t = sf(k_t) - (n+g+\delta)k_t$ 可知，人均有效资本的增长率为：

$$\gamma_{kt} = sf(k_t)/k_t - (n+g+\delta) \tag{2-14}$$

其经济意义可以用图2-2表示。

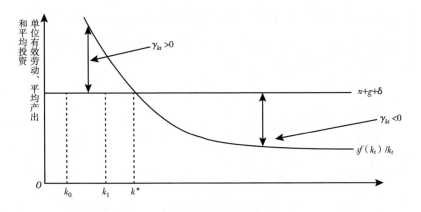

图 2 - 2　索洛模型动态

由图 2 - 2 可知，当 k 的值位于稳态 k^* 的左边时，如 k_0 或者 k_1 时，$\gamma_{kt} > 0$，即 k 的增长率大于零，k 值将继续增加，但增长率随着 k 值向稳态的接近而不断减小；在稳态时，$sf(k_t)/k_t = n + g + \delta$，此时 $\gamma_{kt} = 0$；随着 k 值的进一步上升，k 的增长率 γ_{kt} 不断下降并小于零，在稳态 k^* 右边，由于 $\dot{k}$ 为负，k 值会下降。最终只有当 k 等于 k^* 时，$\dot{k}$ 等于零，此时 k 保持不变。可见，不论 k 始于何处，它总会收敛于 k^*，即单位有效劳动资本更低的经济体其人均有效资本增长率更大，经济增长存在收敛性。同时，由索洛模型的动态图可知，当一个经济体系中每一经济体均具有相同的 s、n、g 和 δ 以及生产函数时，这些经济体即具有相同的稳态。在结构特征相同时，初始经济参数较小的地区比初始经济参数较大的地区具备较高的经济增长率，也就是落后经济体往往比发达经济体具有较高的增长率，并且随着时间推移，所有国家或地区将收敛于相同的稳态，具有相同的人均产出。

索洛模型所说明的是经济体若趋向于相同稳态就必须具有一致的结构参数和相同的生产函数，如果不具备这一条件，那么经济体只能够达到自身的稳定状态，即如果经济体不具备相同的结构参数则不一定能达到相同的稳态。根据 Barro 和 Sala-i-Martin（1997）的分析，当两个不同的经济体存在经济稳态结构参数的差异时，它们会收敛于各自的稳态，称之为条件收敛。富裕经济体的初始人均资本量、储蓄率均大于贫穷经济体，那么富裕经济体具有更高的稳态值。因此从长期来看，富裕与贫穷经济体的人均收入仍存在差异：富裕地区仍然比贫穷地区具有更高的人均收入。条件收敛可以用图 2 - 3 来表示。

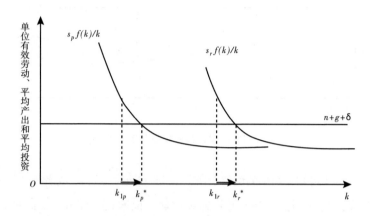

图 2 - 3　不同经济体的稳态

如图 2 - 3 所示，落后经济体最终收敛于 k_p^*，而发达经济体最终收敛于 k_r^*，不同经济体会收敛于自身的稳态，且发达经济体增长速率高于落后经济体，离稳态越远，收敛速率越快。

因此，新古典增长理论所提出的条件收敛是对绝对收敛的补充，即落后经济体向发达经济体收敛是有条件的，必须在稳态结构参数相同时才会出现人均收入增长率与初始水平存在负相关关系；如果不同经济体结构参数不同，人均收入差异仍将存在。索洛模型还证明储蓄率、劳动力增长率、折旧率、资本产出弹性以及技术进步率是影响稳态的重要因素，只有当这些因素（结构参数）均相同时，各地区才具有相同的稳态水平，即收入水平的绝对收敛不一定存在，更多情况下是以相同的结构参数为条件。但新古典模型视技术进步和储蓄率为外生变量，既与现实情况不相符，又无法对长期经济增长做出有效的解释。

（二）新增长理论与收敛性

到 20 世纪 80 年代，以 Romer（1986）和 Lucas（1988）为代表的新增长理论对经济增长收敛性提出了疑问，并改进了新古典增长理论关于技术进步外生不变的假设，与新古典增长理论强调经济增长收敛机制为资本边际报酬递减不同的是，新增长理论认为经济增长收敛机制为技术扩散。新增长理论的发展可以划分为两个阶段：AK 增长理论阶段和 R&D 增长理论阶段。

AK 增长理论阶段是以 Romer 和 Lucas 的研究为代表，这一阶段的研究对新古典增长理论研究的结论提出了疑问，认为要素具有边际报酬不变的特征，不同经济体有不同的增长速率，且经济中不存在稳态均衡，人均产出差异呈现发散趋势，不存在收敛机制。Romer 在内生增长理论模型中从理论的角度提出了对经济增长收敛性的怀疑。在分析知识资本及技术进步对于经济增长收敛性的影响时，必然应考虑由于技术本身所呈现的知识形态而存在扩散的性质，Lucas 最先在其模型中体现这种思想，其比较了关于经济增长的三大类模型，即强调物质资本的积累和科技进步的模型、强调通过学校教育的人力资本（一般化人力资本）积累的模型和强调通过"干中学"的人力资本（专业化人力资本）积累的模型，得出的结论为：在引入专业化人力资本后，起初具备丰富人力资本的国家将持续地获得较高的经济增长率；反之最初就处于人力资本劣势的国家将只能专业化生产低技术含量的商品，由此获得较低的经济增长率。

R&D 增长理论阶段认为技术进步是经济增长的主要源泉，不同经济体之间的经济增长差异主要缘于其不同的技术进步水平，技术进步水平差异而非劳均资本存量的差异导致了经济体之间不同的产出水平；落后经济体向发达经济体收敛的主要原因是存在技术扩散，如果存在技术扩散导致的技术赶超，经济增长收敛现象就会出现，这一结论弥补了新古典增长理论将技术进步视为增长模型中外生变量的缺陷。Benhabib 和 Spiegel（1994）、Bernard 和 Jones（1996）认为，落后国家（地区）的技术追赶速度和落后国家（地区）与发达国家（地区）之间的技术差距成正比关系，因而，在拓展增长模型时应包含技术扩散这一因素。同时，Barro 和 Sala-i-Martin（1995）提出了标准国际技术扩散模型——领导国和追随国模型，并强调新古典增长模型的核心思想——条件收敛获得了强大的数据事实支持。由此，经济增长收敛机制的拓展主要是从关注资本边际报酬递减到关注技术扩散、转移，如 Kumar 和 Russell（2002）的研究。Barro 和 Sala-i-Martin（1997）发展的技术扩散模型则认为决定经济增长收敛速度的因素之一是经济系统的开放程度。Razin 和 Yuen（1997）发现，在存在技术扩散的情况下，劳动力的流动能够缩小地区之间的经济增长差距。

在 20 世纪 90 年代之前的关于经济增长收敛的研究文献中，绝大多数文献将研究区域视为独立的个体，忽略了空间之间的交互影响。随着经济增长收敛性研究的进一步发展以及 20 世纪 90 年代后空间计量研究的兴起，Romer 的内生增长理论也引起了一定范围的争议。Krugman（1987）指出区域之间的技术溢出是引起经济增长收敛的重要因素之一，尤其是在区域性收敛分析中。Anselin（1988）、Anselin 和 Florax（1995）、Anselin 和 Rey（1997）在文献中也相继提出区域经济分析中应该考虑到区域之间的交互作用和空间异质性，由此在经济增长收敛中空间相关的影响正被学者们所重视。Martin 和 Sunley（1998）对传统内生增长理论中关于区域经济增长的收敛是一个缓慢且不连续的过程这一观点提出疑问，认为内生增长理论有很强的区域暗示性且在区域环境等要素的解释方面很有限制性，并通过论证认为工业化国家的区域经济增长收敛速度比传统理论模型中阐述的要慢得多，且认为大多数研究没有考虑到地理和空间因素。Rey 和 Montouri（1999）在分析美国区域经济增长收敛时指出，在经济模型中加入空间因素的重要性，但空间因素对于经济增长收敛有无作用没有一致结论。之后的学者主要运用实证的方法力求从经验数据中找寻经济增长收敛的空间相关性证据，且由于空间交互作用一般与空间距离呈负相关关系，所以这种空间相关性证据经常需要在一个国家内部的区域经济增长收敛性研究中搜寻。

三 经济增长收敛性经验研究

区域经济增长收敛性研究首先需要回答各个时期收敛性存在与否以及表现为何种概念上的收敛。为此，研究者需要围绕上述问题对世界各国的经济增长收敛性进行计量分析，此间学者们采用的分析方法和计量模型却各不相同，从研究的区域来看主要分为跨国收敛的经验研究、国外区域收敛的经验研究和基于中国样本的区域收敛的经验研究三种。

（一）跨国收敛的经验研究

跨国收敛的经验研究主要选取若干发达国家与发展中国家样本进行分析验证经济增长收敛性的存在及其特征等，其中以全球绝大多数国家或欧洲地区作为样本的文献居多。Baumol（1986）及 Abramovitz（1986）是最先从实证角度探讨经济增长收敛性问题的，二者均采用 Maddison 提供的 1870～1979 年包括美国、英国、德国、日本等在内的 16 个较富裕的工业化国家数据进行了经济增长收敛性实证分析。Baumol（1986）分析的结论为，样本国家在经济增长过程中显示了慢速率收敛，且提出 β 收敛的理念，并迅速被其后的学者广泛运用于其他区域的经济增长收敛性研究。Abramovitz（1986）的实证结果显示，如果所分析的国家均有足够的社会生产力来吸引较先进的生产技术，那么这些国家的经济增长可能呈现较强的收敛性，另外，落后地区能以较快的步伐来追赶发达国家还取决于其他因素，如技术扩散、资源的迁移及投资率等。然而 DeLong（1988）认为 Baumol 的样本选择有偏差，其分析结果不能涵盖发展中国家及其他富裕但经济增长不收敛的国家，且 Baumol 的研究对引起经济增长收敛的原因分析较少。Barro（1991）利用 98 个国家 1960～1985 年的样本数据进行经济增长收敛性分析，结果显示，人均 GDP 的增长率与人均 GDP 初始水平之间的负相关关系只有当人均 GDP 在一定的水平之下时才成立，突破临界值后，它们之间的关系就变得模糊起来，甚至呈现微弱的正相关关系。Mankiw 等（1992）的研究是对索洛模型的经典实证研究（著名的 MRW 分析框架），他们的研究时期为 1960～1985 年，将世界各国分为 3 个样本，并将投资占 GDP 的比率、人口增长、人力资本投资以及初期人均 GDP 水平共同作为回归方程的解释变量，实证结果显示，非石油国家和发展中国家并不存在绝对 β 收敛，而 OECD 国家之间则存在显著的绝对 β 收敛。Sala-i-Martin（1995）对包括 OECD 国家、美国 48 个州、日本辖区的 47 个县及部分欧洲国家在内的 110 个国家或地区进行经济增长收敛性的实证分析，实证结果为：从世界范围来看不存在 σ 收敛和绝对 β 收敛；研究的样本国家存在强烈的条件 β 收敛，且收敛速度均接近每年 2%。Cuadradoroura（2001）以欧盟 20 世纪 60 年代至 90 年代末的相关数据，分阶段验证了欧盟地区的经济增长收敛趋势。Arbia 和 Paelinck（2003）运用由经典捕食者－食饵模型产生的连续时间框架来分析 1985～1999 年欧盟 NUTS－2 区域的 119 个地区的经济演变，得出的实证结果为：在目前的环境下欧盟地区的人均收入并未呈现收敛性。Dan 和 Ayal

（2004）则发现，落后国家向发达国家出口的增加，可以提升落后地区与发达地区的经济增长收敛性。

Basile 和 Gress（2005）对 155 个欧洲地区 1988～2000 年的数据运用半参数空间杜宾模型分析欧洲经济增长收敛性，开启了半参数模型在收敛性分析中的首次运用。Christian 和 Antonio（2007）运用面板数据回归模型对欧洲 40 个城市的数据进行分析，结果显示，40 个城市的经济增长呈现结构式收敛。Jesus 等（2008）通过对 15 个欧盟国家 1960～1998 年的相关变量数据进行实证分析，探讨欧盟的成立对经济增长收敛性的影响，实证结果显示，欧盟的成立对长期的经济增长收敛性有正向和不对称的影响，相对不发达的国家从经济一体化过程中获益更大，这与新古典增长模型探讨的结果一致。同时还得出技术扩散并非导致经济增长收敛的唯一因素，欧盟对相对贫穷国家的财政支援也是导致经济增长收敛的重要原因。Seck（2009）利用 47 个发展中国家 1980～2006 年的面板数据进行分析，结果表明技术扩散对经济增长收敛性的影响是显著的，从技术扩散的路径来看，进口贸易比 FDI 对技术扩散的影响更有效。同时，发展中国家与发达国家如有更大的人力资源储备则从技术扩散中获得的收益更大。Pecci 和 Pontarollo（2010）对欧洲地区 1995～2007 年的数据采用空间滤波技术进行分析，得出欧洲地区的经济增长有很强的收敛性。Jakob 等（2012）利用 30 个发展中国家及 21 个发达国家 1971～2005 年的面板数据来分析经济增长收敛性与能源利用方式收敛性的关系，研究结论为：发展中国家的经济增长收敛性与能源利用方式收敛性保持一一对应的关系，即发展中国家的经济增长在向世界平均水平靠近的同时其能源利用方式及碳排放量也在向世界平均水平靠近。Burian 和 Brcak（2014）通过选取欧洲 18 个发达国家 2002～2012 年的相关数据进行聚类分析，探讨其经济增长收敛趋势。Duede 和 Zhorin（2016）对包括美国、中国、英国、法国等在内的 91 个国家 1993～2006 年及 2007～2013 年两个时间段的数据进行分析，探讨经济衰退大背景下经济增长收敛性问题，研究结果显示，自 2008 年金融危机后，σ 收敛机制迅速消失，而且城市比农村或近郊区有更高的经济增长率。

（二）国外区域收敛的经验研究

鉴于跨国研究对数据统计要求较高，且由于不同国家之间存在经济结构差异较大的问题，部分学者开始转向区域收敛的经验研究。区域收敛的经验研究一般是选择一个国家内部的区域进行收敛性分析，其中以基于美国和中国样本的研究居多。经济增长收敛的速度也是收敛理论中的重要组成部分，在区域收敛研究中除了论证收敛性存在与否，通常还测度了经济增长收敛的速度。Barro 和 Sala-i-Martin（1992）以新古典增长模型为框架分析了美国 48 个州 1980～1988 年的经济增长收敛性，实证结果显示，如果不考虑诸如初始人均收入或人均产出因素，贫穷的州比富裕的州有更高的人均收入或产出增长率，且收敛速度大概为每年 2%，并在该文中给出了估计 β 收敛的公式。Coulombe 和 Lee（1993）、Shioji（1992）、Koo 等（1998）和 Fuente（2002）将这一 β 收敛的公式分别运用于加拿大、日本、韩国和西班牙的样本中进行分析，这些分析的结果显示贫穷地区的增长速度一般比富裕地区要快，但呈现弱收敛状态，收敛速度与 Barro 和 Sala-i-Martin（1992）的结论一致，也在每年 2% 左右。Higgins 等（2003）对美国 3058 个县域的数据运用 OLS 和 2SLS 方法来分析其经济增长决定因素及收入收敛速度，研究结果显示，运用 OLS 方法得出的收敛速度是 2% 左右，但是运用 2SLS 方法得出的收敛速度是 6%～8%，且在美国各地区其收敛速度是不完全相同的。2% 的收敛速度由此也被称为"传说中的 2%"，但这一传说很快被 Abreu 等（2005）所打破。Abreu 等（2005）从已公开发表的相关文献中随机抽取 600 个样本进行分析，得出的结论为：2% 的收敛速度并不是固定不变的，当科技有突飞猛进的发展或金融、财政政策有调整时，收敛速度会有较大改变；他们的研究还发现，在区域一级，经济增长收敛速度一般会低于 2%。关于经济增长收敛速度，这一时期其他学者有不同的研究结论：其中部分学者认为区域经济增长收敛速度非常快，而还有部分学者却认为在某些地区甚至不存在收敛。Tondl（1997）采用固定效应模型进行分析，研究得出：在其样本国家间或地区内部间经济增长收敛速度很快，达到了 20%。而 Caselli 等（1996）得出的经济增长收敛速度也达到了 10%。Young 等（2003）对美国县一级的总体 σ 收敛性以及各州内部的 σ 收敛性进行了研究，认为美国县一级总体上及各州内部均不存在 σ 收敛。Ganong 和 Shoag（2012）的研究也得出了美国在一定时期不存在收敛的结果。

收敛研究对政策制定具有重要的意义，而以上所述学者在研究结论上还存在较大分歧，原因在于上述所有学者的研究均是基于横截面数据进行 OLS 回归分析，这就意味着在研究方法上可能存在较严重的估计问题，故亟须改进研究方法来得出更为精准的结论。为了在经济增长收敛性的经验研究中贡献更新更精准的结论，Quah（1992）、Bernard 和 Durlauf（1995）、Carlino 和 Mills（1996）、Islam（2003）、Magrini（2004）等提供了更有力的实证研究成果，这些学者在研究方法上引进了面板数据模型、时间序列模型、俱乐部收敛模型。这些研究成果都从方法上解决了之前学者们的研究存在的绝大多数估计问题，并在一定程度上改进了分析的结论，然而在基本结论方面和之前的学者如出一辙：虽然收敛速度很慢，但收敛现象是存在的，且在他们的研究中空间交互作用和空间异质性仍未被引起重视。伴随 20 世纪 90 年代空间计量研究的兴起，从 Anselin（1988）、Anselin 和 Florax（1995）、Anselin 和 Rey（1997）等学者的理论研究中得到启示，Durlauf 等（2001）和 Alexiadis（2013）在各自的经济增长收敛实证研究中首次建立了空间计量模型，开启了空间计量在经济增长收敛研究中运用的新篇章。Andrada 和 Timothy（2002）通过对美国南部 559 个镇 1980 ~ 1995 年的经济增长收敛情况进行估计，提出了空间趋同俱乐部及空间集群模式。Rumayya 和 Landiyanto（2005）对东爪哇地区 1983 ~ 2001 年的数据进行空间计量分析，但是没有找到俱乐部收敛的证据。随后的 Ertur 等（2006）、Ertur 和 Koch（2007）、Ramajo 等（2008）通过举例的方式介绍了空间计量在经济增长收敛研究中的运用。

（三）基于中国样本的区域收敛的经验研究

近年来中国经济发展的地区差异现象已引起国内外学者的关注，国内的经济增长收敛研究按照研究的区域可分为全国性的研究和地区性的研究，与跨国性收敛研究相似，在早期的中国国内经济增长收敛研究中，无论是国外学者还是国内学者均未考虑空间相关性问题，其研究的结论还有较大完善空间。Jian 等（1996）对中国 1953 ~ 1993 年的经济增长收敛情况进行分析，结果发现，1978 年改革开放后地区经济增长出现了明显的收敛，其与中国的农村改革有关，并且收敛性在沿海地区尤为显著。Maasoumi 和 Wang（2006）运用一个关于收敛的新概念——熵来对 1952 ~

2003 年中国各省份经济发展的收敛性进行分析，在改革开放前和开放后中国各省份的经济确实存在俱乐部收敛，且在改革开放前存在 7 个收敛俱乐部，而改革开放后有 5 个；改革开放后的收敛范围比改革开放前更广，收敛群体的特征也不能简单地用区位或政策倾斜来概括。Jefferson 等（2007）利用中国 1998 ~ 2005 年所有规模以上企业的数据来调查中国工业体制中的三个问题：由生产力的变化推动的工业增长速度，国有企业和非国有企业的经济效益问题，比较中国沿海、东北、中部及西部地区的生产力是呈现收敛还是发散。结果显示，三大非沿海地区 TFP 的增长值在 1998 ~ 2005 年大于沿海地区，即工业增长呈现收敛。

而国内关于区域经济差异的研究主要始于 20 世纪 90 年代末，近些年学者们也开始在经济增长收敛性研究中加入空间相关因素。吴新生（2009）采用收敛法对中国金融发展与经济增长的收敛性分别进行测算。王焕英、石磊（2010）采用多水平模型分别从理论和实证两方面系统地讨论了中国区域经济增长中各城市发展水平等级内部收敛性及区域之间的异质性问题。吴伟伟（2012）分阶段研究了中国西北地区经济增长差异的动态变化，研究表明，改革开放前中国西北地区经济增长趋于收敛，改革开放后其经济增长趋于发散。杨春生（2014）运用多种统计方法和模型对中国区域经济增长的收敛性问题进行分析。罗浩等（2015）研究了广东省区域经济增长的绝对收敛和俱乐部收敛。董直庆等（2015）将技术差距引入内生技术增长模型，结合 1997 ~ 2013 年中国省际面板数据，通过实证检验技术差距与经济增长和经济增长收敛性的关系。孙元元（2015）分析了中国国内、沿海以及内地全要素生产率（TFP）自身收敛性与其对经济增长收敛性影响的一致性问题。苏治、徐淑丹（2015）结合数据包络分析和随机前沿分析方法，考察了中国经济在技术要素作用下的发展路径及收敛趋势。

空间相关作用对经济增长收敛性研究的影响日趋得到学者的认同，因此，在国内学者对中国经济增长收敛性研究的相关文献中也不断涌现出空间计量模型的运用。林光平等（2006）在空间计量模型中选用了地理空间及经济空间两大权重矩阵对中国 28 个省份的经济增长进行 σ 收敛分析，结果显示，当考虑到省份间相关性，特别是经济间的相关性后，省份经济增长存在 σ 收敛。马国霞等（2007）在传统收敛模型中加入空间项构建了空间滞后模型和空间误差模型，进而对京津冀都市圈的区域经济增长收敛机制进行了实证分析。研究结果表明：京津冀都市圈在1992~2003年的经济增长存在收敛趋势，但由于强集聚效应，收敛率较低，内部差异仍很显著。张晓旭、冯宗宪（2008）的研究发现，在考虑了空间依赖性的情况下，中国地区经济增长则存在收敛的趋势。孙洋（2009）利用空间动态面板模型和空间矩阵的非嵌套检验方法，对于中国长三角、珠三角以及环渤海三大区域内部各个城市之间，1990~2006年的"经济增长收敛性"、"区域产业发展战略选择对于经济增长的影响"以及"经济增长过程中的空间效应"三个问题进行了实证分析。张伟丽（2009）应用空间自相关的方法对中国区域经济增长的俱乐部收敛进行了分析；运用空间计量分析方法，以珠三角1997~2011年24个县市级人均GDP为样本，对区域经济增长的空间相关性和收敛性进行了实证研究。张婷、李红（2013）运用空间计量分析方法，对珠三角经济增长的空间相关性和收敛性进行了实证研究。张学良（2010）利用空间计量分析方法研究得出：物质资本积累主导着长三角地区经济增长收敛的方向。史修松、赵曙东（2011）引入空间计量模型分析了中国省域经济增长及其分解要素的收敛性。张玉明、李凯（2011）使用空间计量模型实证研究了知识溢出对中国省际区域经济增长收敛性的影响。牛品一、陆玉麒（2013）通过探索性空间数据分析和空间计量分析方法，以实际人均GDP为测度指标，对江苏省65个县市的经济空间集聚、增长收敛性以及收敛机制进行了讨论。朱国忠等（2014）使用空间动态面板数据模型和1952~2008年省际GDP数据分析中国经济增长的收敛性，发现中国各省份人均GDP总体上不存在收敛性；落后省份的经济增长速度并不比发达省份高。徐鸿、赵玉（2015）在空间经济视角下对长江经济带经济增长的收敛性及其生成机制进行了检验，结果表明：长江经济带经济增长存在绝对 β 收敛，绝对 β 收敛的速度为1.41%~1.68%。陈圆圆（2015）提出了区域经济增长收敛性检验的两大分析框架——基础MRW模型和内生化MRW模型，并结合空间计量分析方法来检验中国区域经济增长的收敛性。

（四）简要评述

本节通过对相关文献进行整理分析可知，关于经济增长收敛性的研究在理论研究和经验研究等方面呈现各自的不同特征。

1. 理论研究以新古典增长理论和新增长理论为基础，且已形成较为成熟的结论

经济增长收敛是经济增长理论中一个重要且复杂的问题，长期以来得到国内外不同学派经济学者的关注。随着收敛研究的逐步深入，收敛概念可以细分为绝对 β 收敛、条件 β 收敛、σ 收敛和俱乐部收敛。这四个概念有其不同的条件和特征，相互之间存在一定的联系。经济增长中是否存在收敛性，理论和经验研究均没有一致性结论。新古典增长理论忽略了技术进步，认为由于要素投入的边际报酬递减，所以落后经济体比发达经济体具有更高的增长速度，经济增长存在收敛特征，但部分区域只存在条件收敛或俱乐部收敛。新增长理论模型将技术进步引入增长模型，并认为要素具有边际报酬不变的特征，得出了与新古典增长模型不同的结论：经济增长中不存在收敛机制，人均产出差异呈现发散趋势。同时，新增长理论指出经济增长收敛的源泉是技术扩散。

2. 经验研究对各地区存在何种收敛结论不一

在经济增长收敛的经验研究中，大部分文献证实了绝对的经济增长收敛只存在于少数国家之间，发达国家和发展中国家之间不存在绝对的经济增长收敛，但可能存在条件收敛；国外区域经验研究绝大多数论证了区域存在收敛性的特征，但表现为何种收敛的结论不一，且测度的各区域收敛速度差异较大；而总结基于中国样本的区域收敛的经验研究可知，中国区域经济增长不存在绝对收敛，但各个省域内部存在显著的收敛性，至于是存在条件收敛还是俱乐部收敛，学术界仍未有定论。

3. 注重识别区域经济增长是否收敛，但对背后的机制研究较少

经验研究文献绝大多数注重识别区域经济增长是否收敛，但对背后的机制研究较少涉及，机制研究的拓展主要是从资本边际报酬递减变换为技术扩散，且已有文献比较了资本边际报酬递减机制和技术扩散机制对收敛速度的贡献度。但绝大多数文献仍停留在回答"是否存在收敛"的问题阶段，对于"为什么（不）存在收敛"的问题只有极少数文献涉及，而且对于两种机制如何共同对经济增长收敛产生作用，至今还未形成统一的逻辑理论框架。

4. 缺乏对于空间模型设定的检验与比较

虽然空间计量分析方法的引入为经济增长收敛的理论和经验研究提供了新的思路和更准确的结论，但目前国内在区域经济增长方面考虑空间结构因素的研究才刚刚起步，较为规范的分析很少。以中国数据为样本的文献中，也仅有很少一部分学者将空间因素纳入计量模型中，且目前缺乏对于不同空间结构设定的深入探讨，对空间模型设定的检验与比较还很欠缺。

第二节　技术空间扩散文献综述

一　相关概念及含义

（一）技术扩散概念

目前为止，技术扩散概念仍未有一个被广泛认可的定义，技术扩散是技术创新的一个后续过程，同时也是新技术取得社会效益、提高社会生产效率的一个关键程序。新技术只有大规模地扩散才能让整个产业乃至全社会从新技术中获得经济效益，提高生产效率。Schumpeter（1934）最早在其创新理论里提出技术扩散的概念，其认为技术扩散是技术创新的大规模模仿。该定义强调的是技术创新传播后被其他个体借鉴并利用的现象。但比较具有影响力的是 Rogers（1983）提出的定义，即技术扩散是指随着时间的推移，一项新技术通过各种方式被社会成员所接纳的过程。Stoneman（1986）将技术扩散定义为一项新技术的广泛应用和推广。

另外，还有一些学者从技术扩散的条件、过程以及渠道等方面对其概念进行了更为明确的界定。Kodama（1986）认为技术扩散是对理解和开发所引进技术的能力的一种转移，即如果存在技术扩散，那么被扩散的区域应该具备独立吸收所引进技术的能力。Schultz（1990）认为技术扩散是指技术创新通过市场或非市场的渠道进行传播。Mansfield（1993）把技术扩散看作一个学习过程，早期的技术扩散常存在严重的技术问题，需通过大量研发去解决，根据"S 形学习曲线"可知，当新技术稳定后生产成本随之下降。傅家骥（1992）则将技术扩散定义为技术创新通过一定渠道在潜在使用者之间传播、采用的过程，并认为技术扩散可理解为由创新观点扩散、研究与开发技术扩散、技术实施扩散三部分组成。郭咸刚（2005）认为，技术扩散是技术创新必然发生的后续结果，创新成果的技术扩散是实现技术创新规模经济、增加创新效益的主要途径，新技术尤其是核心技术在跨品种、跨产业间的扩散使得创新技术收益倍数增加。该定义强调技术扩散的经济效益，认为技术扩散使得技术创新的效益增加，同时技术创新效益的增加也是导致技术扩散的主要动力。

技术扩散与技术创新、技术转移、知识溢出等概念在含义上有近似甚至重叠的部分，在部分文献中曾出现过混淆或相互替代的情况。为准确理解技术扩散的概念，本书就这四个概念做一定区分。

其一，技术扩散是技术创新的一个后续过程，在出现技术创新后，由于新技术能降低生产成本、提高生产效益，所以常会被其他企业、产业、区域模仿，或者是创新主体主动向外输出，以提高整个行业或区域的生产水平。所以技术创新是技术扩散的前提条件，技术扩散是技术创新实现更大经济收益的重要途径。

其二，技术扩散与技术转移在含义上均包含新技术通过一定渠道在空间上向其他区域移动的意思。但是，技术转移通常是有明确的技术接收对象和技术转移的目的，技术移动通常是一种人为的、主观的行为，移动的路径呈现一种已知的线性形式。技术转移过程的结束以技术接收方掌握技术为标志；技术扩散却没有明确的技术接收对象，转移的方向是未知的，路径常呈现一种不规则的放射状。技术扩散过程的结束以所有潜在接收者均掌握该技术为标志。

其三，从理论上来看，技术扩散和知识溢出是经济互动的两种类型，两者有一定的区别和联系。知识溢出是由资本带来的技术转移，即一般定义在资本上，发生的机制主要是"干中学"，强调区域内的厂商及劳动力在生产过程中不断地掌握新的生产技能。而技术扩散是通过技术传播带来的，技术的主要来源是研发，研发成功后就会出现技术的传播。知识溢出与技术扩散的主要区别在于，知识溢出效应主要起源于实物资本，即劳动力和一般资本的流动，实际上知识溢出是由资本的流动性带来的间接作用；而技术扩散主要起源于研发，即技术扩散的本质起源是技术创新。

本书结合 Schumpeter 和 Schultz 的观点，认为技术扩散的含义可以从两个方面来理解：一是从新技术传播者的角度来看，技术扩散是技术进步的后续过程，一项新技术从创新地向接收地转移，在空间上有一定的转移范围限制，并使得所影响范围内的经济体生产成本下降，生产效率提高；二是从新技术引进者的角度来看，技术扩散是新技术学习的过程，技术引进者根据当地特定的环境对引进的新技术加以吸收、改进并利用，从而产生更高的经济效益。

（二）技术空间扩散含义

目前，国内外众多学者对技术扩散进行了大量研究，且研究的视角主要基于微观尺度和时间序列层面，对于从空间角度来研究技术扩散的文献仍较少，也没有文献对技术空间扩散做明确的定义。作为技术扩散研究的一个新视角，技术空间扩散为研究技术进步提供了全新的思路，是对技术扩散的进一步拓展，是地理学与技术扩散以及经济学的一个更高层次的融合。国内外众多学者有大量关于技术扩散的研究文献，但对技术空间扩散的研究还相当有限，这一研究课题仍有待于深化和不断完善。本书在前人研究成果与技术扩散的定义基础上来总结技术空间扩散应涵盖的信息。首先，技术空间扩散是指新技术在向外传播时，由于受空间距离的影响，信息的有效流动一定程度上受阻。其次，新技术在不同区域间的扩散会由于空间关联的原因形成一定的空间效应，使得技术的扩散呈现两类不同的模式：一类是距离扩散模式，即创新技术向其周围地区呈放射状扩散；另一类是等级扩散模式，即由高等级中心向低等级中心跳跃式扩散。最后，空间距离是影响技术空间扩散的最主要因素，但不是唯一因素，其他如技术差距、区域产业发展、技术供给等因素均能对技术空间扩散产生影响。

从技术空间扩散的范围来看，可以将之分为国内扩散和国际扩散。当技术扩散发生在企业内部、企业间和行业间时，从地理空间来看，通常是技术在国内进行传播，即国内技术空间扩散；而当技术扩散发生在开放经济各国时，技术就由一国向他国传播，即国际技术空间扩散。

二 技术空间扩散模式研究

开创技术空间扩散研究先河的是瑞典的地理学家 Haugerstrand

（1952），其在技术扩散中引入空间因素进行研究，他认为，技术是通过"学习"或"交流"来实现扩散的，如果扩散信息的积累效果高于潜在采用者对创新的阻力水平，那么就会发生技术扩散。Haugerstrand 认为，在技术扩散的过程中空间距离是影响信息流动的主要阻力，技术空间扩散的模式主要由信息流动和产生阻力的空间特征所决定。沿着 Haugerstrand 的研究步伐，后来的学者对技术空间扩散的研究主要集中于模式、影响因素和途径三个方面来展开。

区域经济学家理查森继 Haugerstrand 后对技术空间扩散的模式进行分类归纳，认为技术空间扩散模式主要分为两大类。一类是距离扩散模式，即技术扩散并没有确定的方向，由扩散源呈放射状向四周扩散。持这一观点的主要代表学者有 Darwent（1952）、Morrill（1970）等。另一类是等级扩散模式，即从高等级中心向低等级中心扩散，这种扩散形式具有一定的跳跃性和明确的方向性。持这一观点的主要代表学者有 Richardson（1973）、Casetti（1969）和 Pedersen（1970）。在等级扩散模式的研究中，Pedersen（1970）证明了距离衰减系数越小，自然距离对技术空间扩散的影响越小，而对等级距离的影响越大。此后的研究中，极化理论认为增长极向其周边地区进行的技术空间扩散是等级扩散模式，这一理论还强调了空间非均质性在技术空间扩散中的基础作用。在两大模式研究的理论基础上还有部分学者选取一定区域进行了实证分析。杨文智等（2009）通过构建技术空间扩散相对强度的理论模型，以沪宁沿线各市为例进行分析，结论显示，在沪宁沿线的技术扩散中，距离扩散占主导作用。

三 技术空间扩散影响因素研究

关于技术空间扩散影响因素研究目前主要集中于空间距离、技术差距、产业结构三个方面。而其他诸如国民收入、语言、文化习俗等方面的影响因素不是主要影响因素，因此较少文献有涉及。

（一）空间距离

空间距离是技术空间扩散最主要的影响因素，也是学者们着墨较多的因素。早期的研究一般认为空间距离对技术空间扩散产生显著的负向影响，且在时间维度方面呈现随着时间的推移扩散强度会显著降低直至消失。Coe

31

和 Helpman（1995）借助内生增长理论的思路进行建模，研究一个行业的研发投入与另一个行业的生产率之间的关系来验证技术空间扩散的存在，他们测度了国际技术空间扩散的强度，并强调技术空间扩散受距离变化的影响。Combin 等（2012）利用 Chat 数据库数据也进一步论证了这一假设的合理性。之后的学者们则更精准地分析了地理距离与技术空间扩散之间的关系，而一般性的结论为地理距离对技术空间扩散产生显著的负向影响，技术空间扩散首先会发生在邻近地区。Criliches（1992）提出知识生产函数，并在此基础上指出技术空间扩散可能随距离递减。Anselin 和 Bera（1998）指出技术空间扩散存在局部性特征，地理距离越近对技术空间扩散吸收效率越高，技术空间扩散对区域创新的影响随着距离的增加而衰减。Jaffe 等（2000）通过选取美国专利数据用专利引用关系来体现技术空间扩散的方向和强度，分析结果显示，专利的引用呈现明显的地方集中化趋势，且随着距离的增加，技术空间扩散效应明显下降，技术空间扩散对区域创新的影响力随着空间距离的增加而衰减。Eaton 和 Kortum（1999）对西方五国研究表明，技术空间扩散率在国家内部比国际高 200 倍。Maurseth（2001）通过对欧洲地区的经济增长收敛与地理和科技之间的关系进行实证分析发现，地区之间的距离每增加 1%，其预期的技术空间扩散效应就会减少 0.37%。Keller（2002）通过实证研究发现，技术空间扩散存在一定的门槛效应，即空间距离每增加 1200 公里，技术空间扩散效应就要减少 50%，且这种随距离衰减的现象随着时间的推移显著降低直至消失，出现这一现象与当今信息网络高速发展息息相关。Adams（2002）对美国企业研发中心进行问卷调查发现，公共 R&D 和企业 R&D 的局部化影响范围为 200 公里。Laura 和 Giovanni（2003）利用欧洲 86 个地区 1977～1995 年的 R&D 和专利数据进行分析，研究表明，技术空间扩散具有很强的地域特性，只有在距离扩散源 300 公里范围内的部分地区才会获取技术空间扩散效应。

从已有的对地理距离这一影响因素的研究来看，地理距离对技术空间扩散的负向影响使其成为重要的解释变量来衡量技术空间扩散的最终效果，但由于地理距离并非技术空间扩散的机制，将其设置为测度技术空间扩散效应模型的解释变量并非合理，即以空间距离作为因，以其他指标作为果来测度技术空间扩散效应这种方法过于简单，由此得出地理距离的变化引起了技术空间扩散效应的变化这种结论也是比较荒谬的。除此之外，通过对以往文献的梳理可知，大多文献对技术空间扩散的测度为间接而非直接衡量技术空间扩散效应，这使得较多测度结果并不能真正反映技术空间扩散的强度。

（二）技术差距

空间扩散理论认为，当创新者与其周围的空间产生"位势差"时，技术空间扩散就会发生。但是如果区域之间存在巨大的技术差距，可能接受扩散的区域无法有效吸收扩散源的信息，那么这种技术差距就会阻碍技术空间扩散，尤其是发展中国家与发达国家之间的技术差距会直接影响技术空间扩散的效果。对于技术差距对技术空间扩散的影响研究目前仍存在一定的争论，持技术差距越大技术空间扩散越强观点的学者和较大技术差距会阻碍技术空间扩散的学者各执一词。Findlay（1978）构建了内生动态化模型，从理论上论证了技术差距越大技术空间扩散的效应越明显，但是这一结论未得到实证研究的支持。Kokko（1994）对乌拉圭 FDI 进行的研究发现，技术空间扩散产生的条件是本土企业和技术空间扩散国企业的技术差距不能太大。持类似观点的还有 Glass 和 Saggi（2000），他们认为较大的技术差距意味着企业吸收扩散源技术的能力较弱，从而不具备从跨国企业的技术空间扩散中获益的可能。周密（2009）运用 1990～2004 年中国数据实证探讨了影响技术空间扩散的空间距离、技术差距、产业联系和政府行为四大因素，结果表明，空间距离、产业联系与技术空间扩散正相关，技术差距与技术空间扩散负相关，而政府行为对技术空间扩散的作用不明显。赵艺（2015）通过 DEA 方法测算了中国各省份的 TFP，证实了北京、上海和广东对其他省份的技术空间扩散效应的存在，同时，在影响因素方面，较大的技术差距对技术空间扩散有负向影响。

（三）产业结构

在产业结构影响技术空间扩散的研究中，部分学者认为产业趋同会有利于技术空间扩散。Mansfield（1993）是较早研究技术空间扩散的学者之一，也是以产业为载体研究技术空间扩散的代表人物。其利用美国、日本和欧洲的产业创新数据进行分析比较，发现区域的产业结构确实会在一定程度上影响企业对创新技术的吸收，而产业结构趋同则会有利于企业对扩散技术的吸收。Hakura 和 Jaumotte（1999）研究了 1970～1993 年的 87 个国家数据，结果表明，产业内贸易相比产业间贸易更容易吸收贸易带来的技术。Jaffe 等（1993）利用企业的技术位置向量和市场位置向量构造产业的技术空间扩散指标，研究结果表明，构造的技术空间扩散指标对产业的 R&D 投入、专利申请数、产业绩效等相关决策的作用显著。除了上述因素外，技术空间扩散还会受到收入、技术供给以及语言等其他因素的影响，但以这些因素为主要研究对象的文献较少，因此本书不一一阐述。

四 技术空间扩散途径研究

对技术空间扩散途径的研究主要集中在国际技术空间扩散方面，且其广泛探讨始于 20 世纪 90 年代。Keller（2001）和 Mohnen（2001）在对国际技术空间扩散途径进行整理的基础上，将国际技术空间扩散渠道总结为：①国际进口贸易；②外商直接投资（FDI）；③科学家、工程师等较高学历层次人才的移民、学术交流和技术考察等；④科技期刊等出版物的发行、专利申请、专利转让等；⑤跨国合作和国际并购等；⑥国外技术的直接购买。学术界将技术空间扩散提高生产率的方式分为物化型技术空间扩散和非物化型技术空间扩散，前者指技术包含在商品中，通过商品流动引起技术空间扩散；后者指通过信息交流的方式产生技术空间扩散。物化型技术空间扩散主要通过货物贸易和外商直接投资的形式实现，非物化型技术空间扩散主要通过国际技术贸易的形式实现。而学术界广泛赞同的、被认为是技术空间扩散最重要的两个途径是国际进口贸易和外商直接投资，因此，本书下面就以这两种途径为重点概述其国内外研究现状。

（一）国际进口贸易

关于国际进口贸易的技术空间扩散效应，学术界的研究主要基于 CH、CHH 和 LP 这三个模型，其中 CH 模型是最具开创性意义的。Grossman 和 Helpman（1991）指出，首先，国际进口贸易使得一国可以从他国进口大量中间产品和资本产品，而这些进口产品在品种和质量上差异化程度较大，产品之间存在的这种互补性通过投入 – 产出效应可以迅速提高进口地的生产率；其次，国际进口贸易使国家之间关于生产方式、组织管理、产品工艺设计和市场信息进行更深层次的交流，有效提高各国生产要素的回报率；再次，国际进口贸易可以让技术落后国直接使用外国先进技术，提升本国生产率；最后，国际进口贸易还为技术落后国模仿先进技术提供了可能性，而技术模仿使技术落后国生产成本大幅度降低，再通过技术空间扩散影响整个国家的经济。Coe 和 Helpman（1995）运用 22 个 OECD 国家 1971~1990 年的数据进行研究，建立了 CH 模型，研究结果显示，贸易伙伴国的 R&D 资本存量有助于提高本国的 TFP。随后 Coe 等（1997）利用 1971~1990 年 22 个发达国家和 77 个发展中国家数据，在 CH 模型中引入人力资本进行研究，该模型被称为 CHH 模型，结论显示，"南北贸易"促进了技术空间扩散。CH 模型及 CHH 模型为之后的学者研究 R&D 溢出效应的实证分析奠定了基础，学者们在对 CH 模型和 CHH 模型进行改造后展开了大量研究，其中，Lichtenberg（1998）在接受 CH 模型的基本假设前提下，建议使用从各贸易伙伴国的进口额占该国总产出的比例作为权重，计算国外 R&D 资本存量对本国的溢出总量，实证结果显示，进口贸易是国际技术空间扩散的重要途径之一，该模型被称为 LP 模型。

学者们在 CH、CHH 及 LP 这三个模型基础上运用不同国家的相关数据进行了大量实证研究，其中对发达国家的研究比较广泛。Sjoholm（1996）以专利数量作为技术空间扩散的代表变量对瑞士技术进步与其和贸易伙伴国的双边进口额关系进行了研究。Eaton 和 Kortum（2001）利用 19 个 OECD 国家 1990 年的数据对理论模型进行拟合，证明了进口贸易可以使一国获得国外的技术溢出。Falvey 等（2002）利用 5 个 OECD 国家和 52 个发展中国家 1976~1999 年的面板数据分析进口贸易对发展中国家的技术空间扩散效应。Lee（2003）利用韩国 1976~1991 年的行业数据进行分析，发现国外 R&D 资本通过贸易和 FDI 对本国生产率有正向效应，但效应不大。Madsen（2005）采用 1883~2002 年 13 个 OECD 国家的数据进行实证研究，结果表明，进口贸易带来的技术空间扩散能给 OECD 国家带来 200% 的 TFP 增长。同时也有一些学者以发展中国家的数据作为样本对进口贸易形式的技术空间扩散进行了讨论。Evenson 和 Singh（1997）运用亚洲 11 个国家 1970~1993 年的数据进行经验研究，结果表明，进口贸易带来的技术空间扩散效应促进了这些发展中国家生产率的增长。Colombo 等（1999）通过分析 87 个国家数据发现，在发展中国家，产业间贸易在技术空间扩散中扮演着重要角色。虽然大量理论和实证研究证实了进口贸易带来技术空间扩散效应，但也有对此结论持反对意见的相关研究存在。Eaton 和 Kortum（1996）将贸易距离引进 CH 模型中进行研究发现，进口贸易无助于技术空间扩散。Keller（2000）利用产业数据进行分析发现，如果某一国家在本国的进口总量中占据较小比重，则进口产品结构对技术空间扩散影响不大。持相同观点的学者还有 Lumenga-Neso 等（2005）、Griffith 等（2002）。

国内近年来也涌现了大批关于进口贸易促进技术空间扩散的相关研究，且以实证研究为主，但研究结论并不一致。左萌（2010）通过改进 LP 模型以 1989～2007 年的数据为样本，对中国进口贸易的技术空间扩散效应进行分析。张化尧和王赐玉（2012）采用全要素生产率模型，对中国 1985～2007 年的进口、出口、FDI 和对外直接投资四种外溢渠道配合相关统计数据进行了分析，结果显示，国际贸易因素对 TFP 的影响作用不显著。刘美玲和黄文军（2015）基于中国 1999～2012 年的省际面板数据，验证了进口贸易显著地提升了中国全要素生产率，以及技术效率和规模效率。

具体而言，国际贸易作为技术空间扩散的重要途径是通过进出口来实现的，即在进口资本产品和中间产品的过程中，进口国能直接分享物化在进口产品上的技术成果，提高本国产品技术含量，推动本国生产率的提高。在进口贸易中，进口国通过进口先进技术和产品，一方面可以降低进口国科技创新的成本投入；另一方面进口国通过引进先进技术和产品，创造出属于本国的新技术和产品，进行技术再创新。在出口贸易中，出口需求如果增大也会刺激出口商寻找和发明新技术，进行技术创新，在增加出口量的同时提升本国的技术水平，而且这种出口学习效应也会扩散到本国的其他产业，引起整体技术水平的提高。虽然出口贸易对技术空间扩散的影响方向和贡献度比进口贸易更加不明确，分析的结论还稍嫌单薄，但上文所阐述的机制在理论上仍具有可能性，在实践中也有案例可追溯。

（二）外商直接投资

在经济全球化背景下，外商直接投资在世界范围内大幅兴起，FDI 的技术空间扩散作用不容小觑，跨国公司通过对外直接投资内部化实现其技术转移，给东道国带来技术空间扩散，FDI 的技术空间扩散主要是通过跨国公司的子公司来实现的。20 世纪 90 年代以前各国学者基本上认同 FDI 技术空间扩散效应存在的合理性和重要性，并广泛采取局部均衡理论分析 FDI 的溢出效应及其影响因素。Macdougall（1960）首次将技术空间扩散视为 FDI 的一个重要现象，由此引起了各国学者对这一问题的普遍关注。Caves（1971）的研究表明，跨国公司的进入加快了技术转移和扩散的速度。Koizumi 和 Kopecky（1980）指出，东道国与 FDI 输出国的技术差距越大，技术空间扩散率就越高。Haddad 和 Harrison（1993）、Aitken 和 Harrison（1999）研究发现，FDI 的技术溢出效应并不明显，相反呈现负效应。Kinoshita（2001）通过建立 FDI 与东道国 R&D 相互作用产生技术空间扩散的模型，证明当东道国能吸收 FDI 带来的技术时才能提高其国内技术水平。Driffield 等（2002）就英国制造业 1989～1992 年的行业面板数据研究了 FDI 以及 R&D 的技术空间扩散效应。Beata（2002）研究发现，FDI 以国内市场为导向时这种行业间的技术空间扩散效应更明显。Gorg 和 Strobl（2005）研究认为，东道国企业通过模仿外资企业的产品和生产运营模式，获取技术空间扩散效应。

中国学者对 FDI 技术空间扩散效应的研究相对而言起步较晚。季颖颖等（2014）利用 2003～2007 年中国工业企业数据，研究 FDI 技术溢出效应随时间变化的动态过程，结果表明，随着 FDI 进入东道国的时间推移，技术溢出效应的变化呈扁 S 形曲线。黄宁和丁清旭（2015）分析了 1998～2013 年中国吸收 FDI 的质量，通过分析，认为中国 FDI 总体质量注定了其 FDI 技术溢出效应不明显。林冰和宫旭红（2015）研究发现，中国 FDI 技术溢出效应呈现倒 U 形变化特征。王惠和王树乔（2016）使用 DEA-Malmquist 指数方法测算 2004～2013 年江苏省 28 个行业的全要素生产率，回归结论显示，FDI 技术溢出效应以及吸收能力在行业间存在明显不同。

通过对 FDI 技术空间扩散效应文献研究脉络的梳理可以看出，技术空间扩散效应研究的广度和深度都有了较大提高，但仍然存在三个方面的不足。一是理论研究滞后于实证研究。目前国内外在 FDI 技术溢出效应的研究方面更多侧重于计量方法的运用，理论研究似乎显得有些停滞，因此，未来的研究应在理论上有所突破。二是计量模型存在改进的空间。目前对计量模型中变量的选取和定义尚未达成共识，从而会影响研究结果的客观性。三是一般文献对 FDI 溢出效应与技术溢出效应并没有做严格区分，实际上，FDI 溢出效应包括生产经营的各个方面，但技术溢出效应则专指技术的影响，研究技术溢出效应需尽量去除非技术因素的影响。

五　技术空间扩散的绩效测度研究

技术空间扩散效应的测度一直是技术空间扩散研究的难点，也是研究技术空间扩散必须解决的问题和研究的起点。目前，技术空间扩散在促进技术进步和区域经济增长方面所起的作用已被大多数学者所认可，但现有理论面临的困境是：如何测度技术空间扩散的效应？如何在考虑技术空间扩散影响因素的条件下对技术空间扩散效应进行测度？截至目前，技术空间扩散效应的测度还未形成定论，但已有学者提出了技术空间扩散的绩效测度模型，主要包括 CH 模型、LP 模型和 FFG 模型，下文将对这三大模型进行阐述。

（一）CH 模型

最早对国际技术空间扩散效应进行定量分析的是 Coe 和 Helpman（1995），他们在研究中以内生增长模型为基础，以 22 个 OECD 国家的数据为样本，以本国的 R&D 资本存量代表本国的技术知识存量，在构造外国的 R&D 资本存量时，使用一国对外国的进口份额作为权重，以 TFP 为因变量，由此构建了贸易溢出计量模型，简称 CH 模型。该模型一般形式如下：

$$\ln TFP_{it} = \alpha_{it}^0 + \alpha_{it}^d \ln S_{it}^d + \alpha_{it}^f \frac{M_{it}}{Y_{it}} \ln S_{it}^f + \varepsilon_{it} \qquad (2-15)$$

其中，t 为时间，$i = 1,2,\cdots,n$，代表国家。

在式（2-15）中，α^0 为常数项；α^d 表示国内 R&D 资本存量对 TFP 增长的弹性；$\alpha^f \frac{M_{it}}{Y_{it}}$ 表示国外 R&D 资本存量对 TFP 增长的弹性，其中，M_{it} 是 i 国从所有贸易伙伴国的进口总额，Y_{it} 是 i 国的 GDP，$\frac{M_{it}}{Y_{it}}$ 被称为进口渗透率，反映一国进口水平对外国技术溢出的影响，即进口规模在技术空间扩散中的重要性；S^d 表示国内 R&D 资本存量；S^f 表示国外 R&D 资本存量；ε_{it} 为误差项。需要说明的是，S^f 为以进口额比重为权重的进口贸易伙伴国 R&D 资本存量的加权平均值，即：

$$S^f = \sum_j \frac{M_{ij}}{M_i} \cdot S_j^d \, (i \neq j) \qquad (2-16)$$

M_{ij} 表示 i 国从 j 国的进口量，M_i 为 i 国的进口总量，S_j^d 为 j 国的 R&D 资本存量。

将式（2-16）代入基本模型得到 CH 模型的完整形式，即：

$$\ln TFP_{it} = \alpha_{it}^0 + \alpha_{it}^d \ln S_{it}^d + \alpha_{it}^f \frac{M_{it}}{Y_{it}} \ln\left(\sum_j \frac{M_{ij}}{M_i} \cdot S_j^d\right) + \varepsilon_{it} \qquad (2-17)$$

（二）LP 模型

在 CH 模型的基础上国内外众多学者尝试对 S^f 的加权平均值进行了改进，进一步完善了 CH 模型。其中 Lichtenberg（1998）对 CH 模型进行了修正，建立了 LP 模型。由于 CH 模型在采用 $\frac{M_{it}}{Y_{it}} \cdot \ln\left(\sum_j \frac{M_{ij}}{M_i} \cdot S_j^d\right)$ 计量外国 R&D 资本存量对本国的技术溢出效应时存在"总量偏差"问题，即如果将几个贸易伙伴国合并后，技术空间扩散的总量远大于合并前分别扩散的技术之和。为减小这种偏差，LP 模型中提出"R&D 强度"的概念，建议采用本国从各贸易伙伴国的进口额与各贸易伙伴国的总产出的份额加权来计算国外 R&D 资本存量权重。LP 模型与 CH 模型的主要区别在于，LP 模型使用各贸易伙伴国的总产出而非本国进口总额作为各国 R&D 资本存量权重的分母，即：

$$S^f = \sum_j \frac{M_{ij}}{Y_j} \cdot S_j^d \, (i \neq j) \qquad (2-18)$$

故 LP 模型的基本形式为：

$$\ln TFP_{it} = \alpha_{it}^0 + \alpha_{it}^d \ln S_{it}^d + \alpha_{it}^f \frac{M_{it}}{Y_{it}} \ln\left(\sum_j \frac{M_{ij}}{Y_j} \cdot S_j^d\right) + \varepsilon_{it} \qquad (2-19)$$

其中 Y_j 为 j 国的 GDP，由于 LP 模型在经济意义上更能体现国际技术空间扩散的本质，所以其得到了广泛推广和运用。

（三）FFG 模型

Falvey 等（2002）在研究发达国家的 R&D 资本存量对发展中国家的贸易溢出效应时，对 CH 模型进行了修正，在分析技术空间扩散效应对经济增长的影响时直接分析其对产出增长的影响，而不是分析其对全要素生产率的影响。FFG 模型按照是否考虑时间因素引起的变化可以分为静态模型和动态模型，静态模型分析一个稳定状态向另一个稳定状态的变化规律，并考察各变量变化的过渡期政策影响；动态模型是为了分析国外技术空间扩散对经济增长的短期和长期影响。FFG 的静态模型如下：

$$\Delta \ln y_{it} = \beta_1 \Delta \ln KS_{it}^f + \beta_2 \ln y_{i,0} + \beta_3 (\frac{\ln v}{GDP})_{it} + \beta_4 \Delta \ln POP_{it} + \\ \beta_5 EDU_{it} + \beta_6 \Delta \ln TTI_{it} + \beta_7 SACHS_{it} + \varepsilon_{it}$$

（2 – 20）

其中，y_{it} 表示人均 GDP；KS_{it}^f 表示外国技术空间扩散量；$y_{i,0}$ 表示初始人均 GDP；$(\frac{\ln v}{GDP})_{it}$ 表示国内总投资与 GDP 的比例；POP_{it} 表示人口数量；EDU_{it} 表示初始人力资本（用 25 岁以上人口接受中学教育的百分数表示）；TTI_{it} 表示贸易指数；$SACHS_{it}$ 表示 Sachs 和 Warner 的开放度指数。

FFG 的动态模型是在静态模型基础上增加了被解释变量的 2 阶滞后值，将之作为解释变量，其形式如下：

$$\Delta \ln y_{it} = \alpha_1 \Delta \ln y_{i,t-1} + \alpha_2 \Delta \ln y_{i,t-2} + \beta_1 \Delta \ln KS_{it}^f + \beta_2 \ln y_{i,0} + \beta_3 (\frac{\ln v}{GDP})_{it} + \\ \beta_4 \Delta \ln POP_{it} + \beta_5 EDU_{it} + \beta_6 \Delta \ln TTI_{it} + \beta_7 SACHS_{it} + \varepsilon_{it}$$

（2 – 21）

六　技术空间扩散的门槛效应研究

随着技术空间扩散研究的深入，学者们发现，在技术空间扩散过程中技术溢出效应除了受到空间距离、技术差距和产业结构的影响外，其他相关要素还必须达到要求的最低标准，技术空间扩散效应才会凸显出来，Borensztein 等（1998）称这些要素为技术空间扩散的门槛条件。一般而言，技术空间扩散存在内在门槛条件和外在门槛条件，内在门槛条件指东道国是否有条件吸收空间扩散的技术，外在门槛条件指内外资企业之间的技术差距。

　　Moschos（1989）研究认为当经济发展水平未达到某一特定值时，国际贸易对经济增长的拉动作用较小，从而验证了国际贸易对技术进步的影响存在门槛效应。Kokko 等（1996）对 1988 年乌拉圭制造企业的 FDI 技术溢出效应进行检验，认为技术空间扩散存在门槛效应，只有在东道国企业与外国企业之间的技术差距适中的情况下才会产生积极显著的技术空间扩散效应。Kinoshita（2000）对 12 个 OECD 国家产业数据进行研究，证明了 R&D 门槛的存在性。Girma 和 Katharine（2001）利用门槛回归计算了英国 FDI 产生正向技术溢出效应时的技术吸收能力的门槛值。Falvey 等（2002）在模型中考虑了贸易开放度，认为贸易开放度对技术空间扩散也具有门槛效应。Dalgic（2013）分别以研发资金强度和研发人员强度作为吸收能力的替代指标，采用门限回归预测不同水平的研发资金强度和研发人员强度对 FDI 技术空间扩散的影响差异。

　　李梅和柳士昌（2012）运用中国 2003～2009 年 FDI 的逆向技术溢出效应计算了技术差距在逆向技术空间扩散效应中的门槛值。尹建华和周鑫悦（2014）通过建立面板门槛模型，运用中国 2003～2010 年的省际面板数据研究技术差距对逆向技术溢出效应的影响，实证结果表明，技术差距对逆向技术溢出效应存在两个门槛值。季颖颖等（2014）对中国城市面板数据建立门槛回归模型，研究了 FDI 技术溢出效应随时间变化的动态过程。陈建丽等（2015）研究显示，FDI 研发活动对中国内资企业存在正向技术溢出效应，内资企业研发资金强度和研发人员强度对 FDI 技术溢出有非线性影响，存在显著的单门限效应。王聪等（2016）利用山西省数据研究得出：山西省 FDI 技术溢出效应对创新绩效影响存在内部差异性，技术吸收能力呈现显著门限效应。

七　简要评述

　　通过对技术空间扩散文献的梳理和分析可知，随着技术空间扩散研究的深入，相关研究的内容和模型均有了较大突破，其研究现状存在如下两大特征。

（一）尚缺乏完整、严谨的理论研究体系

　　作为研究技术创新的新视角，技术空间扩散综合了地理学与技术扩散

的相关理论，是对技术扩散的进一步拓展，完善补充了技术创新及技术进步的相关研究。但是通过回顾文献我们发现，截至目前，学术界并没有对技术空间扩散做明确的定义，作为技术扩散的一个新视角，仍未提炼出自身的理论，尚缺乏一个独立、完整、严密的科学理论体系。研究重点也大多集中在对理论和概念性的知识解释上，而缺乏系统性的实证分析，没有将理论和实际问题相联系使得技术空间扩散理论的现实指导意义不强。但研究范式目前已朝空间经济学方向发展，不再停留于经济学和地理学的交叉阶段。

（二）针对中国各个省份和地区之间的技术空间扩散影响因素分析较少

针对技术空间扩散的影响因素研究，国内外学者的研究重点均在空间距离、技术差距和产业结构三个方面，同时也有部分文献考虑到国际因素的影响。在实证研究方面，针对中国各个省份和地区之间技术空间扩散影响因素的文献仍罕见。关于技术空间扩散途径的研究，现有文献基于国际进口贸易和外商直接投资两大视角进行了研究，同时也较为深入地探讨了技术接收国吸收技术空间扩散的主要门槛。在研究结论方面，绝大多数文献认为国际进口贸易和外商直接投资两种途径的技术空间扩散效应是存在的，然而针对途径的研究，实证文献较多，理论方面还需进一步突破。在技术空间扩散绩效测度方面，主要有 CH 模型、LP 模型和 FFG 模型，因LP 模型在对国外技术空间扩散测度的权重选取上更科学，因此被学者们广泛运用。

第三章　中国各省区市技术发展与经济增长演变特征分析

　　20 世纪 90 年代中国开始实施科教兴国战略，坚持科学技术是第一生产力，提高科技对经济增长的贡献率。自此，中国社会的发展也逐步向知识经济时代迈进，技术发展为加快转变经济增长方式提供了强大的动力。那么，在科教兴国战略的指引下，中国 20 多年的科技发展以及经济增长呈现何种特征？本章分两节内容对这一问题进行分析，第一节利用 1991 ~ 2015 年中国各省区市面板数据对各省区市技术发展水平进行测度，并对技术发展分布现状进行可视化比较分析；第二节从各省区市人均 GDP 绝对差异和空间变化特征两个维度来探寻中国区域经济增长的演变特征。

第一节　中国各省区市技术发展的测度与分布现状

　　如何正确测量技术是研究技术空间扩散的基础，最常见的测度技术的指标包括全要素生产率（TFP）和专利授权量，而 TFP 的估算方法又包括索洛剩余法和数据包络分析法的 Malmquist 指数方法。下文将利用这两种方法对中国各省区市的技术发展水平和技术发展的分布现状进行分析。

一　利用索洛剩余法对技术发展的估算与分布

　　全要素生产率是指所有生产要素的生产率，是在一个经济系统中所有投入要素加权综合后形成综合投入的产出效率，能真实全面地反映全部要素投入量的节约。而全要素生产率常被视为技术的代表，包含技术进步和技术效率提高两个部分。索洛剩余法最早由 Solow（1956）提出，基本思路是估算出总量生产函数后，用产出增长率扣除各投入要素增长率的贡献后的残差来测算全要素生产率，故也称生产函数法。

在规模收益不变和希克斯中性技术假设下，全要素生产率增长就等于技术进步率。总量生产函数为：

$$Y_t = \Omega(t)F(X_t) \tag{3-1}$$

其中，Y_t 为产出；$X_t = (x_{1t}, x_{2t}, \cdots, x_{nt})$ 为要素投入向量；假设 $\Omega(t)$ 为希克斯中性技术系数；进一步，假设 $F(\cdot)$ 为一次齐次函数，即关于所有投入要素都是规模收益不变的。式（3-1）两边对时间求导得：

$$\frac{\dot{Y}_t}{Y_t} = \frac{\dot{\Omega}(t)}{\Omega(t)} + \sum_{n=1}^{N} \delta_n \left(\frac{\dot{x}_{nt}}{x_{nt}}\right) \tag{3-2}$$

其中，$\delta_n = \left(\frac{\partial Y_t}{\partial x_{nt}}\right) \left(\frac{x_{nt}}{Y_t}\right)$ 为各投入要素的产出份额，由式（3-2）转换得：

$$\frac{\dot{\Omega}(t)}{\Omega(t)} = \frac{\dot{Y}_t}{Y_t} - \sum_{n=1}^{N} \delta_n \left(\frac{\dot{x}_{nt}}{x_{nt}}\right) \tag{3-3}$$

式（3-3）为全要素生产率增长的索洛残差公式，各投入要素的产出份额 δ_n 的测算需要通过估算总量生产函数才能获得。下面采用资本和劳动力两要素的柯布-道格拉斯生产函数 $Y_t = AK_t^{\alpha}L_t^{\beta}$，其中，$Y_t$ 为产出，L_t 为劳动力投入，K_t 为资本存量，α、β 分别为平均资本产出份额和平均劳动力产出份额。两边同时取自然对数有：

$$\ln Y_t = \ln(A) + \alpha\ln(K_t) + \beta\ln(L_t) + \varepsilon_t \tag{3-4}$$

通常我们假设 $\alpha + \beta = 1$，即：

$$\ln(Y_t/L_t) = \ln(A) + \alpha\ln(K_t/L_t) + \varepsilon_t \tag{3-5}$$

可以利用 OLS 估计该模型，其中资本存量需要采用永续盘存法进行测算，其计算公式为：

$$K_t = I_t/P_t + (1 - \delta_t)K_{t-1} \qquad\qquad (3-6)$$

其中，K_t 为 t 年的实际资本存量，K_{t-1} 为 $t-1$ 年的实际资本存量，P_t 为固定资产投资价格指数，I_t 为 t 年的名义投资，δ_t 为 t 年的固定资产的折旧率。如果基期资本存量的值以及固定资产的折旧率确定了以后，那么可以利用式（3-6）给出各年的实际资本存量。

本书的固定资产的折旧率以及基期资本存量值采用单豪杰（2008）的计算方法，折旧率为 10.96%。很多文献采用了张军（2004）所使用的计算结果，但本书认为单豪杰（2008）的测算方法摒弃了以往文献中部分不合理的估算假定和前后不一致的推算方法，重新构建了资本存量估算中的核心指标，对基期资本存量和折旧率的确定进行了细致的推算，其结果更具说服力，因此本书采用其计算资本存量的方法和折旧率的计算结果。劳动力投入采用历年年底各省区市从业人员数来表示。同时由于固定资产投资价格指数①、资本形成总额等数据的统计年份最早为 1991 年，鉴于数据的可得性，本章选取的样本区间为 1991～2015年。所采用的数据来源于 1992～2016 年的《中国统计年鉴》，其中各省区市的产出均以 1991 年为基期进行指数平减；资本存量按照永续盘存法进行计算。基期的实际资本存量采用各省区市 1991 年的实际资本形成额比上平均折旧率 10.96% 与 1991～1995 年投资增长率的平均值之和得到。利用式（3-5）回归得出资本存量和劳动力的产出弹性，确定了资本存量和劳动力的产出弹性后，TFP 可以根据式（3-3）计算得出，不同省区市在不同年份具有不同的 TFP 值，其中各年的全要素生产率前五名的省市如表3-1所示。

---

① 广东 1991～2000 年的固定资产投资价格指数、海南 1991～1999 年的固定资产投资价格指数、重庆 1991～1996 年的固定资产投资价格指数数值缺失，均使用相应年份的全国固定资产投资价格指数数值替代；西藏 1991～2015 年的固定资产投资价格指数缺失，采用相应年份西藏地区的零售价格指数（RPI）替代。

表 3 - 1　1991 ~ 2015 年全要素生产率前五名的省市

年份	第一名		第二名		第三名		第四名		第五名	
	区域	TFP 值	区域	TFP 值	区域	TFP 值	区域	TFP 值	区域	TFP 值
1991	浙江	1.120	上海	0.874	福建	0.764	广东	0.657	湖北	0.617
1992	浙江	1.106	上海	0.859	福建	0.776	广东	0.701	湖北	0.625
1993	浙江	0.986	上海	0.889	福建	0.808	广东	0.750	河北	0.658
1994	浙江	0.947	上海	0.846	广东	0.799	福建	0.794	河北	0.682
1995	浙江	0.887	广东	0.820	上海	0.794	福建	0.759	河北	0.689
1996	浙江	0.840	广东	0.813	上海	0.777	福建	0.736	河北	0.689
1997	广东	0.828	浙江	0.811	上海	0.783	福建	0.736	河北	0.690
1998	广东	0.837	上海	0.795	浙江	0.785	辽宁	0.729	福建	0.722
1999	广东	0.855	上海	0.828	浙江	0.781	辽宁	0.767	江苏	0.737
2000	广东	0.874	上海	0.852	辽宁	0.802	浙江	0.790	福建	0.716
2001	广东	0.900	上海	0.895	辽宁	0.841	天津	0.742	北京	0.732
2002	广东	0.930	上海	0.921	辽宁	0.895	江苏	0.827	浙江	0.821
2003	广东	0.963	上海	0.953	辽宁	0.942	浙江	0.837	天津	0.805
2004	广东	0.996	辽宁	0.967	上海	0.963	浙江	0.861	天津	0.842
2005	广东	1.022	上海	0.999	辽宁	0.968	江苏	0.876	天津	0.873
2006	上海	1.074	广东	1.066	辽宁	0.986	江苏	0.921	浙江	0.898
2007	上海	1.148	广东	1.120	辽宁	1.009	江苏	0.971	天津	0.909
2008	广东	1.142	上海	1.110	辽宁	1.024	江苏	1.011	天津	0.925
2009	广东	1.138	上海	1.120	江苏	1.041	辽宁	1.033	浙江	0.936
2010	广东	1.158	上海	1.153	江苏	1.074	辽宁	1.056	天津	1.023
2011	上海	1.185	广东	1.163	江苏	1.097	辽宁	1.066	浙江	0.972
2012	上海	1.221	广东	1.165	江苏	1.116	辽宁	1.056	浙江	0.982
2013	上海	1.252	广东	1.160	江苏	1.142	辽宁	1.042	浙江	0.993
2014	上海	1.209	江苏	1.171	广东	1.158	辽宁	1.021	浙江	1.008
2015	上海	1.237	江苏	1.201	广东	1.168	浙江	1.027	辽宁	1.027

从表 3 - 1 可知，中国全要素生产率在 1991 ~ 2015 年呈现一定的阶段性分布特征，但总体来看，中国技术前沿地区主要为沿海省市。其中，1991 ~ 1996 年，浙江的 TFP 值最高，说明其具备最强的应用技术的能力；1997 ~ 2005 年，广东取代浙江成了中国 TFP 值最高的地区，且浙江的 TFP 值也逐渐被上海超越；2006 ~ 2010 年上海和广东成为中国 TFP 值具有绝对优势的地区，且江苏的技术发展优势逐步显现；2011 年及以后上

海再次超越广东成为中国技术应用能力最强的区域，且江苏逐渐超越广东成为中国技术应用能力的又一高地。

二　中国各省区市利用 DEA – Malmquist 指数方法对 TFP 指数及其分解的衡量

索洛剩余法计算全要素生产率时受到如下假设条件的限制：①生产函数形式既定；②规模报酬不变；③各生产单位的行为得到优化；④技术变革中性。而如果不满足这些假设条件，那么估计是有偏的。

数据包络分析法（DEA）则能避免预先设定函数形式的限定，防止出现模型设定错误导致的测算偏差；同时 DEA 方法属于非参数方法，其对样本容量要求较低。DEA-Malmquist 指数方法最先由 Caves 等（1982）提出，随后 Fare 等（1994）成功将 DEA-Malmquist 指数方法应用于技术的衡量。该方法可将全要素生产率指数（tfpch）分解为技术进步指数（techch）和技术效率指数（effch）两个部分，其中，技术效率指数描述了从上一时期到下一时期每个省区市追赶最佳生产前沿的情况；技术进步指数则表述了技术前沿从上一时期到下一时期的移动情况。该指数大于 1，表示生产率有增长；该指数小于 1，表示生产率有下降。

利用 DEAP 2.1 软件，使用 1991～2015 年中国各省区市产出水平、资本存量及从业人员数，选择基于产出导向的 DEA 方法，得到 1991～2015 年中国各年份的 DEA-Malmquist 指数及其分解，如图 3 - 1 所示。

从各阶段纵向来看，1998 年及以前，全国 31 个省区市全要素生产率的提高主要依靠技术效率的提高，技术进步的贡献不大，说明 1998 年及以前改革开放政策对技术的促进作用主要体现在提高生产效率方面；1999～2008年，相对于技术进步，这一时期各省区市在技术的应用和管理方面的效率开始下降；2008～2015 年，DEA-Malmquist 指数开始小于 1，且技术效率和技术进步指数也基本小于 1，说明近年来中国技术增长率的下降是技术进步和技术效率的双双下降所致。

表 3 - 2 显示了 1991～2015 年中国各省区市的 TFP 指数及其分解，全要素生产率指数（tfpch）排在前五位的区域依次为：上海（1.046）、

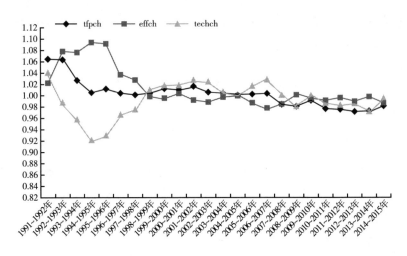

图 3 – 1　各省区市技术效率指数、技术进步指数和 TFP 指数历年均值

注：图中数据为历年 TFP 指数及其分解的各省区市算术平均值。

江苏（1.045）、北京（1.043）、天津（1.036）和辽宁（1.033）。技术进步指数（techch）排在前三位的区域依次为：北京（1.047）、上海（1.046）、天津（1.020）和新疆（1.020）。技术效率指数（effch）排在前三位的区域依次为：甘肃（1.035）、江苏（1.031）和海南（1.030）。各省区市的技术效率指数比较接近，绝大多数区域的技术效率指数在 1 之上，其在效率方面地区差距不大，因此造成中国东西部技术发展差距的并不是技术效率。相反，各省区市的技术进步指数则存在较大的差异，且 DEA-Malmquist 指数基本随技术进步指数的变化而波动，说明各省区市的技术应用能力及经济发展差距主要由技术进步水平的不同所导致。

　　从平均值看，索洛剩余法计算的 TFP 值与 DEA-Malmquist 指数存在一定差异，由于 DEA-Malmquist 指数实际上是生产率的增长比率，是相对数，其数值大于 1 表示生产率有增长，小于 1 表示生产率有下降，DEA-Malmquist 指数本身不能直接用于回归模型，因此真正的生产率水平值应是 DEA-Malmquist 指数逐年累乘的结果，即以 1991 年为基期，取值为 1，1992 ~ 2015 年累积指数由 DEA-Malmquist 指数通过逐年累乘得到。表 3 – 2 显示了 DEA – Malmquist 指数、累乘 DEA-Malmquist 指数及索洛剩余法计算的 TFP 指数，其中索洛剩余法 TFP 值和累乘 DEA-Malmquist 指数均为 2015 年的数值。

表 3 - 2　1991 ~ 2015 年各省区市 DEA-Malmquist 指数及三种技术衡量方法比较

区域	DEA-Malmquist 指数	技术效率指数	技术进步指数	累乘 DEA-Malmquist 指数,2015 年	索洛剩余法 TFP 值,2015 年
北　京	1.043	0.997	1.047	2.782	0.944
天　津	1.036	1.016	1.020	2.346	0.900
河　北	0.986	1.008	0.978	0.709	0.843
山　西	0.993	1.004	0.989	0.842	0.649
内蒙古	1.014	1.005	1.009	1.380	0.687
辽　宁	1.033	1.019	1.014	2.158	1.027
吉　林	1.002	1.001	1.001	1.037	0.698
黑龙江	0.991	1.001	0.990	0.810	0.829
上　海	1.046	1.000	1.046	2.968	1.237
江　苏	1.045	1.031	1.014	2.906	1.201
浙　江	0.985	0.995	0.991	0.699	1.027
安　徽	0.986	1.026	0.960	0.709	0.854
福　建	1.005	0.994	1.011	1.123	0.839
江　西	0.995	1.020	0.975	0.890	0.732
山　东	1.012	1.019	0.993	1.330	0.995
河　南	0.980	1.006	0.975	0.621	0.560
湖　北	0.980	1.010	0.970	0.616	0.857
湖　南	0.985	1.021	0.965	0.702	0.826
广　东	1.020	1.011	1.008	1.595	1.168
广　西	0.971	1.005	0.966	0.499	0.638
海　南	1.030	1.030	1.000	2.020	0.741
重　庆	0.982	1.017	0.965	0.650	0.787
四　川	0.986	1.022	0.964	0.714	0.838
贵　州	0.972	1.020	0.953	0.506	0.582
云　南	0.986	1.012	0.975	0.716	0.585
西　藏	0.987	1.004	0.984	0.739	0.509
陕　西	0.999	1.020	0.979	0.967	0.809
甘　肃	1.007	1.035	0.973	1.187	0.715
青　海	0.982	0.991	0.991	0.648	0.452
宁　夏	0.992	0.995	0.997	0.832	0.394
新　疆	1.023	1.003	1.020	1.712	0.588

注：表中数据为各省区市 TFP 指数及其分解的年度算术平均值。

第二节　中国区域经济增长演变的特征分析

一　中国各地区人均 GDP 绝对差异比较

为考察中国各地区经济增长差异，我们首先以各地区人均 GDP 指标来进行分析，为保证数据的完整性，本书选取 1991 ~ 2015 年作为样本的研究时期，对全国 31 个省区市相关数据进行统计。数据来源于《新中国六十年统计资料汇编》《中国统计年鉴》。为了消除物价变动的影响，人均 GDP 指标数据按 1991 年价格指数进行平减。随着改革开放进程的推进，从总体来看，中国按 1991 年价格指数计算的人均 GDP（为表述简洁，下文以中国人均 GDP 来替代）呈现逐年增长的态势，如图 3 - 2 所示。1991 年全国人均 GDP 为 1892.76 元，之后人均 GDP 增速有迅速走高的趋势，其中，1992 年底中国正式确立社会主义市场经济体制，而当年的人均 GDP 也开始突破 2000 元大关，达到 2135.03 元，且当年的人均 GDP 增速达到 12.8%。1994 年中国开始进行财政分税改革，搭建了中央与地方财政分配关系的基本制度框架，财政分权对中国人均 GDP 增长具有重要正向效应，1993 年和 1994 年中国人均 GDP 增速分别为 12.6%、11.8%，但之后增速有所放缓。

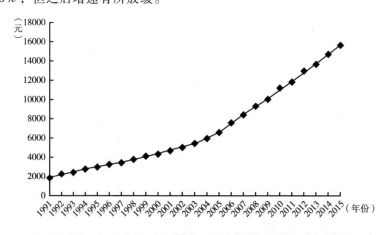

图 3 - 2　中国人均 GDP 平均值变动趋势

21 世纪以来，特别是 2006 年和 2007 年中国人均 GDP 再次突破两位数的增速，分别为 12.1% 和 13.6%，按照 1991 年价格指数计算的人均 GDP 分别为 7379.31 元和 8382.90 元。而在 2008 年受全球金融危机的影响以及中国经济结构的失衡，人均 GDP 增速有所下降，特别是 2012 年以来，增速维持在 6% ~7% 的范围，2015 年中国按照 1991 年价格指数计算的人均 GDP 达到 15623.13 元，为 1991 年的 8.25 倍。

从东部、中部、西部三大经济带①来看，如图 3－3 所示，东部、中部、西部人均 GDP 与全国总体走势大致相似，呈逐年增长的趋势。东部地区人均 GDP 自 1991 年以来远高于全国、中部以及西部地区，且随着时间的推移这种差距总体呈现扩大的趋势。中部地区人均 GDP 高于西部地区但略低于全国平均水平。西部地区人均 GDP 水平远低于东部地区，且与中部和全国平均水平也存在一定差距，2015 年中部人均 GDP 为西部的 1.12 倍，而东部的这一数值为西部的 2.17 倍。因此，从绝对差距来看，中国的区域经济绝对非均衡总体呈扩大的趋势。

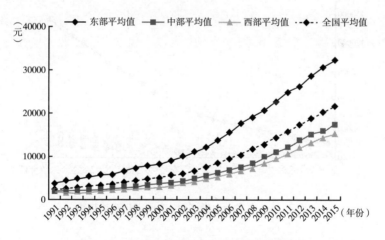

图 3－3 中国三大经济带人均 GDP 变动趋势

① 东部地区包括北京、天津、河北、辽宁、上海、江苏、浙江、福建、山东、广东及海南 11 个省市；中部地区包括山西、吉林、黑龙江、安徽、江西、河南、湖北、湖南 8 个省份；西部地区包括重庆、四川、贵州、云南、广西、陕西、甘肃、青海、宁夏、内蒙古、新疆以及西藏 12 个省区市。

　　为进一步深入分析中国区域经济增长的区际差异，本书根据各省区市的地理区位和学术界对中国经济圈的划分，将31个省区市划分为七大经济圈：①环渤海经济圈，包括北京、天津、河北、山东和山西；②东北经济圈，包括辽宁、吉林、黑龙江和内蒙古；③泛长三角经济圈，主要由上海、浙江、江苏和安徽组成；④中部经济圈，包括河南、湖北、湖南；⑤泛珠三角经济圈，包括广东、广西、江西、福建和海南；⑥西南经济圈，包括重庆、四川、贵州、云南和西藏；⑦西北经济圈，包括陕西、甘肃、青海、宁夏和新疆。

　　由图3-4可知，七大经济圈的人均GDP均呈上升态势，人均GDP水平最高的是环渤海经济圈，且近几年来其增长速度也远超其他区域；其次为泛长三角经济圈、东北经济圈、泛珠三角经济圈；最低的为西北经济圈，其人均GDP低于全国水平。

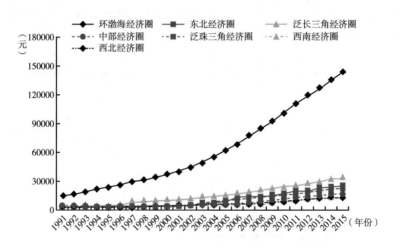

图3-4　中国七大经济圈人均GDP变动趋势

二　中国省际区域经济增长的空间变化特征分析

（一）中国人均GDP增长的空间变化趋势

　　首先，从整体来看，中国人均GDP分布的空间格局从1991年至今呈现向东、向南集聚的特征，即在20世纪90年代，中国东部、中部、西部的人均GDP分布并未存在明显的差异和严格的三大经济带的划分界限，但从 2003 年以后，经济向东、向南集聚的特征较明显，中部和西部人均 GDP 的相对比例开始逐渐下降，与东部的差异逐步增加。其次，从微观来看，北京、天津、辽宁、江苏、浙江和广东的人均 GDP 一直处于前列，是中国区域经济发展的"领头雁"，但山东自 2009 年以后其人均 GDP 也和上述 6 个省份居于同一层次。最后，中国当前区域经济发展的空间格局存在较明显的东高、中平、西低的特征。

从三大经济带内部来看，对于东部地带，北京、天津、上海、辽宁、江苏、浙江和广东一直处于中国区域经济发展的前列，山东在 2009 年以后亦成为中国区域经济增长的前沿地区。对于中部地带，湖北一直处于中部地区的前列，而其周边邻近的河南、湖南、安徽以及江西的经济发展处于劣势，一度成为区域经济发展的洼地。对于西部地区，内蒙古在 2003 年后人均 GDP 大幅提升，甚至和东部的很多省市处于同一个等级；新疆人均 GDP 相对水平在 1991~1997 年处于上升态势，与东部沿海的福建及山东处于同一层次，但在 2003 年后其所占比例逐年下降。甘肃、黑龙江及贵州的经济发展水平一直处于弱势地位，不仅严重低于东部地区，在中部、西部地带也始终处于劣势。

（二）中国省际区域经济全局空间自相关分析

随着经济的增长和区域发展政策的引导，现实经济中的区域是一个个开放的系统。随着市场经济体制在全国的逐步建立和完善，经济体彼此间的相互联系和影响逐渐加深，一个区域经济体的经济发展状况不再仅仅依赖自身条件，同时也会受到其周边地区的冲击，区域经济行为存在一定的溢出效应，区际空间相关性明显。区域经济增长过程中空间相关性会影响其增长率及空间分布特征，因此，在区域经济增长收敛研究中必须考虑空间相关性，使模型更加真切地反映实际情况，而从估计效果来看，也将避免遗漏变量问题。空间分析分为两大类：探索性空间数据分析和确认性空间数据分析。探索性空间数据分析，是通过对数据全面深入分析来解释与空间位置相关的空间依赖、空间关联或空间自相关现象，主要是采用空间统计方法，定义空间权重矩阵，运用不同规则对空间关系进行定量分析；确认性空间数据分析，通常先以相关理论为基础建模，然后用空间数据对模型进行检验，模型的估计和校准是通过利用空间数据来完成的。

探索性空间数据分析一般包括全局空间自相关分析和局部空间自相关分析。全局空间自相关分析是对空间邻接或空间邻近区域的属性值在整个区域的空间特征的描述，常以全局 Moran's I（莫兰指数）来表示，其基本表达式为：

$$\text{Moran's I} = \frac{\sum_{i=1}^{n} \sum_{j=1}^{n} w_{ij}(x_i - \bar{x})(x_j - \bar{x})}{S^2 \sum_{i=1}^{n} \sum_{j=1}^{n} w_{ij}} \qquad (3-7)$$

其中，x_i 为 i 区域变量值，x_j 为 j 区域变量值，S^2 为样本方差，w_{ij} 为空间权重矩阵的（i,j）元素，$\bar{x}$ 为 x_{ij} 的平均值。Moran's I 的取值范围为（-1,1），大于 0 表示正自相关，小于 0 表示负自相关，等于 0 表明不存在空间自相关。

与全局空间自相关不同的是，局部空间自相关描述的是一个空间单元与其领域的相似程度，能够表示每个局部单元服从全局总趋势的程度，并提示空间异质，说明空间依赖是如何随位置变化的。其常用的反映指标是局部 Moran's I，计算公式为：

$$\text{Moran's I} = \frac{x_i - \bar{x}}{S^2} \sum_{j \neq i} w_{ij}(x_j - \bar{x}) \qquad (3-8)$$

为考察中国各省区市之间是否存在空间依赖性，即空间自相关性，下文首先利用全局莫兰指数（Moran's I）来进行中国 31 个省区市 1991～2015 年人均 GDP 的空间自相关分析，其结果见表 3-3。从表中可知中国各省区市空间经济溢出效应的强弱以及显著性。1991～2015 年中国 31 个省区市人均 GDP 的 Moran's I 值均显著大于零，表明中国各省区市之间存在高度显著的正向空间相关性，且 1991～2006 年 Moran's I 值基本呈现上升的趋势，说明在这期间中国各省区市之间的经济联系在不断增强，且正向空间相关性代表相邻地区的经济发展特征相似，因此，中国区域经济发展在空间上呈现一定的收敛性。但 2007 年后 Moran's I 值略有下降，表明各经济体之间的经济空间外溢和经济依存度有所下降。

表 3 - 3　1991 ~ 2015 年中国各省区市人均 GDP 的 Moran's I 检验结果

年份	Moran's I	P 值	年份	Moran's I	P 值
1991	0.213	0.010	2004	0.320	0.000
1992	0.238	0.005	2005	0.323	0.000
1993	0.257	0.003	2006	0.327	0.000
1994	0.270	0.004	2007	0.326	0.000
1995	0.282	0.002	2008	0.325	0.000
1996	0.292	0.001	2009	0.326	0.001
1997	0.298	0.001	2010	0.327	0.001
1998	0.304	0.001	2011	0.319	0.001
1999	0.309	0.001	2012	0.314	0.001
2000	0.309	0.001	2013	0.310	0.001
2001	0.308	0.001	2014	0.306	0.001
2002	0.308	0.001	2015	0.302	0.002
2003	0.315	0.000			

第三节　本章结论

本章首先利用 1991 ~ 2015 年中国各省区市面板数据分别采用索洛剩余法和数据包络分析法的 Malmquist 指数方法对各省区市技术发展水平进行测度，再从人均 GDP 绝对差异、空间变化特征及空间自相关关系三个方面来分析中国省际区域经济增长差异的演变特征，得出如下结论。

第一，从总体纵向来看，中国各省区市全要素生产率的增长主要归功于技术效率的提高。1991 ~ 2015 年中国全要素生产率的年均增长率为 0.2%，主要由技术效率增长引起，技术进步的贡献率相对不高，而近年来中国技术增长率因技术进步和技术效率的双双下降而有所降低，说明在经济发展水平更高时其 TFP 增长有放缓的趋势。可能的原因是，我国固定资产投资的增长率多年来快于经济增长率，其带来的后果是资本存量快速增长，而产能过剩越来越严重。明显的指标就是，2000 年以来，资本产出比在不断提高。过剩的产能其实并未参加生产活动，但在估计 TFP 时仍然认为它们都在参与生产，这就必然会造成 TFP 的估计值偏低，或 TFP 的增长率偏低。

第二，从 DEA-Malmquist 指数分解来看，各省区市的技术增长及经济发展差距主要归咎于技术进步水平存在较大差异。从 DEA-Malmquist 指数分布来看，各省区市全要素生产率指数分布与技术进步指数分布基本趋于一致，且技术进步指数较高的省区市主要分布于沿海，而中国技术效率指数相对较高的省区市主要分布于中西部。

第三，从整体来看，中国省际区域经济增长的绝对差异在逐渐增大且经济向东、向南集聚的特征明显，但各省区市之间存在显著的正向空间相关性。从纵向来看，中国人均 GDP 呈现逐年增长的态势，东部、中部、西部三大经济带，七大经济圈的人均 GDP 呈逐年增长的趋势，与全国总体走势大致相似；从空间分布来看，中国人均 GDP 分布的空间格局从 1991 年至今呈现向东、向南集聚的特征，且当前区域经济发展的空间格局存在较明显的东高、中平、西低的特征；从空间相关关系来看，中国各省区市之间存在高度显著的正向空间相关性，但自 2007 年后各经济体之间的经济空间外溢和经济依存度有所下降。

第四章 中国各省区市技术空间扩散效应检验

自 20 世纪 90 年代以来，在区域经济快速增长的同时，中国省际的技术空间扩散效应亦日益明显，新经济地理理论强调，相较于科技创新的成本投入，技术空间扩散更能有效地缓解区际技术增长差距。同时，伴随国际竞争力的不断增强，外商直接投资和进口贸易也成了中国吸收国际技术空间扩散的主要方式。因此，研究中国省际和国际技术空间扩散效应并分析其变化特征，可为区域经济转型发展以及区域技术创新提升的政策制定提供理论参考。本章运用空间动态面板模型考察了中国省际以及国际技术空间扩散效应。

从第三章的分析可知，技术应用能力的强弱是导致中国各省区市经济增长差距的重要原因，技术进步和技术效率提高对经济增长的贡献在近年来也在显著提高。技术在省际的扩散现象使得接受技术的区域可以以较低的成本获得技术先进区域的经济溢出，缩小经济增长差距。另外，已有文献研究表明，在技术空间扩散过程中其扩散效应随着地理距离的增加有减弱的趋势，各省区市之间的技术空间扩散效应有多大、是否受空间距离的影响是本章即将讨论的问题之一。另外，各省区市的技术发展不仅受国内省区市之间技术空间扩散的影响，国际技术空间扩散也是区域技术进步和技术效率提高的重要推动力，国际技术空间扩散的主要渠道包括外商直接投资和进口贸易两种，目前中国已成为全球最大的贸易进口国和外商直接投资吸引国。学习发达国家的先进技术和管理经验，是中国在进口和外资开放的同时提高生产效率的重要途径。贸易进口成为引进出口国先进技术和管理经验的最直接的渠道，本国通过进口发达国家的最终产品直接分享国外研发活动的成果，也能通过进口中间产品提高本国终端商品的技术含量。外商直接投资能弥补发展中国家的"资金缺口"，提高东道国的投资水平，主要通过作用于东道国的资本积累使其产生技术空间扩散效应。一般认为 FDI 对东道国技术发展产生正向溢出效应。两种国际技术空间扩散方式的效应在中国的变现如何是本章即将探讨的第二个问题。

随着区域开放度的提高，技术空间扩散过程中区域之间的空间交互作用日趋明显，本区域的研发投入和技术进步对相邻甚至其他距离较远区域都可能产生冲击，同样本区域通过 FDI 和进口贸易形式获得的技术增长也会对其他区域产生一定的促进作用，技术增长在区域之间存在溢出效应。因此在考察技术空间扩散过程中区域空间相关性成为不可避免的关键因素。随着技术空间扩散效应的凸显，关于技术空间扩散与经济增长收敛性的经验研究日益增多，关于国际技术空间扩散效应的经验研究大都证实了外商直接投资与进口贸易形式的国际技术空间扩散效应的存在，如 Falvey 等（2002）、Lumenga-Neso 等（2005）、Madsen（2005）、Gorg 和 Strobl（2005）、张化尧和王赐玉（2012）、刘美玲和黄文军（2015）。而对于如何测度省际的技术空间扩散效应、省际技术空间扩散效应和国际技术空间扩散效应与经济增长收敛性之间关系的经验研究尚缺乏。本章首先在 LP 模型的基础上提出了省际技术空间扩散效应测度的方法，并利用中国省际面板数据将省际技术空间扩散和外商直接投资形式以及进口贸易形式的国际技术空间扩散效应同时纳入统一的分析框架中进行实证检验。与单一维度的研究相比，基于三种不同途径的技术空间扩散与经济增长收敛性的研究不仅可以更全面准确地探讨经济增长收敛的技术空间扩散机制，而且能比较不同途径的技术空间扩散效应对经济增长收敛的影响程度。

第一节　空间权重矩阵的选取

为定义某一区域与相邻区域的空间相关关系，空间计量学在计量模型中引入空间权重矩阵来反映这种相关关系。空间权重矩阵的设置有多种方法，包括基于空间邻接关系的空间邻接矩阵、基于空间距离的空间距离矩阵以及基于经济联系的经济距离矩阵三种，下文分别对上述三种矩阵进行比较。为进行空间自相关分析，本书对空间权重矩阵进行行标准化处理，即将矩阵中的每一元素除以其所在行元素之和，以使得每行元素之和等于 1。

1. 空间邻接矩阵

空间邻接矩阵是根据区域之间在空间上的邻接关系来构建的空间权重矩阵 w_{ij}，即依据空间是否相邻而设定，一般采用一阶 Rook 相邻矩阵。其数学表达式为：

$$w_{邻接} = w_{ij} = \begin{cases} 1 & （当区域 i 与 j 相邻） \\ 0 & （当区域 i 与 j 不相邻） \end{cases} \qquad (4-1)$$

空间邻接矩阵为 N 阶对称矩阵，且对角线上元素均为 0，为便于解释，一般将该矩阵进行标准化，即对每个观测点 i 而言 $\sum_j w_{ij} = 1$，标准化后的矩阵为非对称矩阵，但性质与原矩阵相同。该矩阵仅以空间邻接关系作为设定标准，因此在考察空间联系时忽略了距离造成的空间成本以及区域之间的经济联系造成的空间关联性。海南在地理位置上与任何省区市均不存在边界邻接关系，但在经济社会往来中与广东和广西较密切，因此本书假设海南与广东和广西相邻。

2. 空间距离矩阵

空间距离矩阵是根据区域之间的地理空间距离来构建的空间权重矩阵 w_{ij}，即依据空间距离的远近而设定，更详细的是依据空间距离的倒数而设定，一般距离越近，权重越大，反之亦然。其数学表达式为：

$$w_{地理} = w_{ij} = \begin{cases} \dfrac{1}{d_{ij}} & (i \neq j) \\ 0 & (i = j) \end{cases} \qquad (4-2)$$

其中，d_{ij} 为 i 省区市与 j 省区市省会之间的距离，省会距离可依据 ArcGIS 软件求得。

3. 经济距离矩阵

由于空间距离仅反映经济体之间地理区位构成的联系，不足以反映区域真实经济的空间影响和依赖关系，而经济体的经济总量往往成为区域联系的重要决定因素，故在其权重矩阵中应列在考虑范围内。经济距离矩阵是结合了空间因素和经济因素构建的相邻地区联系的经济差异性矩阵，其能更好地反映区域之间由地理距离和经济发展差异所导致的双重空间效应，因此，本章中地理距离门槛效应测度时采用经济距离矩阵。其数学表达式为：

$$w_{经济} = w_{ij} = w_{地理} \times E \qquad (4-3)$$

E 为地区间经济差异性矩阵，主对角线元素为 0，非对角线元素为地区间人均 GDP 差额的倒数，其公式为：

$$E_{ij} = \frac{1}{|\bar{Y}_i - \bar{Y}_j|} \qquad (4-4)$$

其中，$Y_i = \frac{1}{t_1 - t_0 + 1} \sum_{t=t_0}^{t_1} Y_{it}$，$Y_{it}$ 为地区 i 在 t 时期的人均 GDP 均值。显然，地区间的人均 GDP 差距越小，其对应的 E_{ij} 就越大；反之，E_{ij} 就越小。

第二节　模型的设定、变量与描述性分析

在开放经济条件下，区域的技术水平不仅由本地的研发投入决定，还取决于其他省区市和国外的技术空间扩散。本地的研发投入一般分为研发经费投入和人力资本投入。来自其他省区市的技术空间扩散则一般由其他省区市的研发经费投入决定。而国际技术空间扩散则主要通过进口贸易和外商直接投资两种渠道来实现，贸易伙伴国的 R&D 投入会物化在贸易产品中，通过进口间接对本国技术水平产生影响；FDI 对东道国经济的影响，不仅表现在增加东道国的资本存量、提高投资质量上，而且 FDI 的大量流入对东道国根本性的影响是技术空间扩散，使东道国的技术水平不断提高。

一　计量模型设定

本书基于上述基本观点和事实，在 Romer（1990）提出的知识生产函

数式（4-5）基础上建立中国各省区市的技术生产函数。

$$dA_{i,t} = G(LR_{i,t}, KR_{i,t}, A_t) \tag{4-5}$$

式（4-5）中 KR 和 LR 分别表示 R&D 部门的资本存量和劳动力；A 表示知识存量，可以理解为来自其他地区的技术空间扩散；dA 是知识的增量；t 表示时间，i 表示不同的地区。

参照 Coe 和 Helpman（1995）的模型，我们采用全要素生产率（TFP）的对数来表示技术的改变，并将其他变量也转变为对数形式，为此我们的技术生产函数普通面板模型为：

$$\ln TFP_{i,t} = C_i + \alpha \ln LR_{i,t-1} + \beta \ln KR_{i,t-1} + \theta \ln\left(\sum_{i,j\neq i} \xi_j KR_{j,t-1}\right) + \eta \ln F_{i,t-1} +$$
$$\lambda \ln\left(FDI_{i,t-1}^* \cdot \sum_j RD_j\right) + \tau \ln\left(M_{i,t-1}^* \cdot \sum_j RD_j\right) + \varepsilon_{i,t} \tag{4-6}$$

式（4-6）中，$KR_{i,t-1}$、$LR_{i,t-1}$ 分别表示区域 i 的 R&D 部门的资本存量和劳动力；$\sum_{i,j\neq i} \xi_j KR_{j,t-1}$ 代表省际技术空间扩散；$FDI_{i,t-1}^* \cdot \sum_j RD_j$ 表示区域 i 通过 FDI 形式的技术空间扩散；$M_{i,t-1}^* \cdot \sum_j RD_j$ 表示区域 i 通过进口贸易形式的技术空间扩散；$F_{i,t-1}$ 表示基础设施建设水平。α、β 分别是 R&D 部门的劳动力和资本存量的产出弹性，θ 为来自国内其他各省区市的技术空间扩散系数，η 为基础设施建设水平对技术进步的影响系数，λ、τ 分别为外商直接投资和进口贸易形式的技术空间扩散系数。由于被解释变量（TFP）和解释变量通过 FDI 形式的技术空间扩散以及通过进口贸易形式的技术空间扩散之间可能存在双向因果关系导致的内生性问题，为缓解这一内生性问题，本书将所有解释变量滞后一期。

因中国各省区市在技术空间扩散方面可能存在一定的空间效应，即空间距离会影响技术空间扩散的方向及效应，如果直接利用普通面板模型忽略空间效应进行参数估计，会引起估计结果有偏，因此本书建立空间动态面板模型进行估计，并与普通面板模型进行比较分析。空间动态面板模型存在空间滞后模型（SLM）、空间误差模型（SEM）及空间杜宾模型（SDM）三种主要形式。如果本地区技术进步被解释变量与邻近区域的技术进步之间有相互依赖关系，则采用空间滞后模型；如果技术进步被解释变量与邻近区域的技术进步之间的空间依赖性体现在对被解释变量有影响的遗漏变量上或者是不可观测的随机冲击上，则采用空间误差模型；如果除了相邻区域的技术进步的空间溢出外，邻近区域的其他影响因素对本地区的技术进步也有影响，则应该采用空间杜宾模型。

中国各省区市技术空间扩散效应空间滞后模型的形式为：

$$
\begin{aligned}
\ln TFP_{i,t} = {} & \rho w \ln TFP_{i,t} + \alpha \ln LR_{i,t-1} + \beta \ln KR_{i,t-1} + \theta \ln \left(\sum_{i,j \neq i} \xi_j KR_{j,t-1} \right) + \\
& \eta \ln F_{i,t-1} + \lambda \ln \left(FDI_{i,t-1}^* \cdot \sum_j RD_j \right) + \\
& \tau \ln \left(M_{i,t-1}^* \cdot \sum_j RD_j \right) + u_i + \lambda_t + \varepsilon_{i,j}
\end{aligned}
\tag{4-7}
$$

其中，ρ 为空间滞后系数，度量空间滞后项 $w \ln TFP_{i,t}$ 对 $\ln TFP_{i,t}$ 的影响；w 为空间权重矩阵；u_i 为空间个体效应；λ_t 为时间效应；$\varepsilon_{i,j}$ 为白噪声。此模型为空间和时间双向效应模型，如果去掉 u_i，则为时间效应模型；如果去掉 λ_t，则为空间效应模型。

中国各省区市技术空间扩散效应空间误差模型的形式为：

$$
\begin{aligned}
\ln TFP_{i,t} = {} & \alpha \ln LR_{i,t-1} + \beta \ln KR_{i,t-1} + \theta \ln \left(\sum_{i,j \neq i} \xi_j KR_{j,t-1} \right) + \\
& \eta \ln F_{i,t-1} + \lambda \ln \left(FDI_{i,t-1}^* \cdot \sum_j RD_j \right) + \\
& \tau \ln \left(M_{i,t-1}^* \cdot \sum_j RD_j \right) + u_{i,t}, u_{i,t} = \rho \sum_{i=1}^n w_{ij} u_{j,t}
\end{aligned}
\tag{4-8}
$$

其中，$u_{i,t}$ 是空间自相关误差项，$\sum_{i=1}^n w_{ij} u_{j,t}$ 表示相邻区域 j 的误差项对区域 i 的空间影响，ρ 是空间自相关系数，如果 $\rho = 0$，则简化为一般的线性回归模型。

中国各省区市技术空间扩散效应空间杜宾模型的形式为：

$$
\begin{aligned}
\ln TFP_{i,t} = {} & \rho w \ln TFP_{i,t} + \alpha \ln LR_{i,t-1} + \beta \ln KR_{i,t-1} + \theta \ln \left(\sum_{i,j \neq i} \xi_j KR_{j,t-1} \right) + \\
& \eta \ln F_{i,t-1} + \lambda \ln \left(FDI_{i,t-1}^* \cdot \sum_j RD_j \right) + \tau \ln \left(M_{i,t-1}^* \cdot \sum_j RD_j \right) + \\
& \gamma_1 w \ln LR_{i,t-1} + \gamma_2 w \ln KR_{i,t-1} + \gamma_3 w \ln F_{i,t-1} + \\
& \gamma_4 w \ln \left(\sum_{i,j \neq i} \xi_j KR_{j,t-1} \right) + \gamma_5 w \ln \left(FDI_{i,t-1}^* \cdot \sum_j RD_j \right) + \\
& \gamma_6 w \ln \left(M_{i,t-1}^* \cdot \sum_j RD_j \right) + u_i + \lambda_t + \varepsilon_{i,t}
\end{aligned}
\tag{4-9}
$$

其中，$w\ln LR_{i,t-1}$、$w\ln KR_{i,t-1}$、$w\ln F_{i,t-1}$、$w\ln(\sum\limits_{i,j\neq i}\xi_j KR_{j,t-1})$、$w\ln(FDI^*_{i,t-1}\cdot$

$\sum\limits_j RD_j)$ 及 $w\ln(M^*_{i,t-1}\cdot\sum\limits_j RD_j)$ 分别为相邻地区的 R&D 劳动力、R&D 资本存量、公路里程数、省际技术空间扩散、外商直接投资渠道的技术空间扩散及进口贸易渠道的技术空间扩散的空间滞后项；u_i 为空间个体效应；λ_t 为时间效应；$\varepsilon_{i,t}$ 为白噪声。

二 变量说明与数据处理

1. 被解释变量（$TFP_{i,t}$）

本节的全要素生产率（$TFP_{i,t}$）为前文中利用 DEAP 2.1 软件计算出的累乘 DEA – Malmquist 指数。

2. R&D 劳动力及 R&D 资本存量（$LR_{i,t-1}$、$KR_{i,t-1}$）

解释变量中 $LR_{i,t-1}$ 和 $KR_{i,t-1}$ 分别为各地区的 R&D 劳动力和 R&D 资本存量，其中 R&D 劳动力用各地区的 R&D 人员数表示；R&D 资本存量采用永续盘存法进行计算，计算公式为 $RD_{i,t}=RD_{i,t-1}(1-\delta)+E_{i,t-1}$，其中，$E_{i,t-1}$ 表示研发经费内部支出，基期研发资本存量计算公式为 $RD_{i,0}=E_{i,0}/(g_i+\delta)$，$g_i$ 为实际研发经费内部支出 1992 ~ 2015 年的平均增长率，δ 为资本存量的折旧率，本书依据 Griliches（1990）、Coe 和 Helpman（1995）的研究，将 δ 设为 10%。为了消除物价水平的变动对 R&D 资本存量的影响，我们需要构造 R&D 资本价格指数进行调整，本章采取的是以消费物价指数和固定资产投资价格指数的加权合成，其中消费物价指数的权重为 0.55，固定资产投资价格指数为 0.45，即加权价格指数 = 0.45 × 固定资产投资价格指数 + 0.55 × 消费物价指数。① 数据来源于《中国统计年鉴》（1990 ~ 2016 年）及《中国科技统计年鉴》（1990 ~ 2016 年）。

---

① 重庆 1996 年之前的数据包含在四川内，为增加样本量，我们通过使用 1997 年重庆和四川这一数据的比例对 1996 年前的四川数据进行拆分以获得重庆的相关数据。广东 1991 ~ 2000 年的固定资产投资价格指数、海南 1991 ~ 1999 年的固定资产投资价格指数，均使用相应年份的全国固定资产投资价格指数替代；西藏 1991 ~ 2015 年的固定资产投资价格指数缺失，采用相应年份西藏地区的零售价格指数（RPI）替代。

3. 省际技术空间扩散（$\sum_{i,j\neq i}\xi_j KR_{j,t-1}$）

以除本地区外其他所有省区市全部 R&D 资本存量总和乘以本地区的 GDP 与所有省区市 GDP 之和的比重来测度省际技术空间扩散，技术先进地区也一般是经济发达地区，因此以本地区的 GDP 与所有省区市 GDP 之和的比重作为衡量省际技术空间扩散的权重较为合理。数据来源于《中国统计年鉴》（1990～2016 年）、《中国科技统计年鉴》（1990～2016 年）以及前瞻数据库。

4. 基础设施建设水平（$F_{i,t-1}$）

由于基础设施建设在中国经济发展和技术进步过程中发挥了重要作用，且公路交通在经济发展过程中的空间溢出效应较为突出，所以，本书以省域公路里程数来表示各省区市基础设施建设水平，公路包括各省区市的城市间、城乡间、乡村间能行驶汽车的公共道路。数据来源于《中国统计年鉴》（1990～2016 年）。

5. 国际技术空间扩散（$FDI^*_{i,t-1}\cdot\sum_j RD_j$、$M^*_{i,t-1}\cdot\sum_j RD_j$）

国际技术空间扩散主要通过外商直接投资和进口贸易形式来实现，理论上讲，要测度各省区市通过外商直接投资及进口贸易形式获得的技术空间扩散值，需要各省区市历年详细的分国家的 FDI 及进口贸易数据，但现有的统计资料无法提供这些数据。考虑到各地区获得的国际技术空间扩散值与 FDI 及进口贸易高度相关，本书分别用各省区市的 FDI 额和进口额占产出比重（即外资开放水平 FDI^* 和进口贸易开放水平 M^*）乘以外资国家（或出口国家）的 R&D 资本存量来估计各省区市的国际技术空间扩散值，即：

$$FDI^*_{i,t-1} = \frac{FDI_{i,t-1}}{Y_{i,t-1}}, M^*_{i,t-1} = \frac{M_{i,t-1}}{Y_{i,t-1}} \qquad (4-10)$$

FDI 渠道的国际技术空间扩散为 $FDI^*_{i,t-1}\cdot\sum_j RD_j$，而进口贸易渠道的国际技术空间扩散为 $M^*_{i,t-1}\cdot\sum_j RD_j$，其中，$FDI_{i,t-1}$、$M_{i,t-1}$ 分别为各省区市历年的实际外商直接投资额和实际进口额。

由于各地区的外商直接投资及进口贸易伙伴较多，穷尽所有投资国及进口贸易国的数据不具实际操作可能性，也无必要性。但 OECD 的统计数据分析显示，全球 R&D 支出 80% 以上来源于 OECD 国家，其中美国、日本、德国、法国、英国、意大利和加拿大又是 OECD 国家中 R&D 经费投入和科技创新活动较多的国家。同时，上述 7 国的进口量在中国贸易结构中也一直占据约 50% 的比例。因此，本书选取上述 7 国作为外商直接投资国及贸易伙伴国的代表具有较为可靠的事实依据，即 RD_j 为 G7 国家的 R&D 资本存量。

外商直接投资额按照各省区市固定资产价格指数进行平减，折算为 1991 年不变价，各省区市产出额按照各省区市地区生产总值价格指数进行平减，折算为 1991 年不变价，并按照 1991 ~ 2015 年的美元兑人民币汇率换算为人民币数额。进口额按照各省区市零售物价指数进行平减，折算为 1991 年不变价，并按照 1991 ~ 2015 年的美元兑人民币汇率换算为人民币数额。各国历年的 R&D 资本存量的计算仍使用永续盘存法，研发滞后期和折旧率采用 Hur 和 Watanabe（2002）的研究成果，分别为 3 年和 13%。数据来源于《中国统计年鉴》（1990 ~ 2016 年）、《中国科技统计年鉴》（1990 ~ 2016 年）、前瞻数据库、OECD 统计数据库以及世界银行网站。

三　描述性分析

由于数据的可得性等原因，我们最终确定的样本期为 1991 ~ 2015 年，选定除香港、澳门和台湾以外的 31 个省区市。表 4 - 1 报告了主要变量的相关系数与描述性统计。各个解释变量之间相关系数的绝对值最大为 0.801，进一步考察方差膨胀因子（VIF），我们发现其取值区间为 [1.67，5.00]，在可接受范围内，因此本节的解释变量之间不存在严重的多重共线性。[①]

---

① 根据经验法则，如果最大的方差膨胀因子 $VIF = \max\{VIF_1, \cdots, VIF_n\} \leqslant 10$，则表明解释变量之间不存在严重的多重共线性。

表 4 – 1　主要变量的相关系数与描述性统计

变量	$\ln TFP_{i,t}$	$\ln LR_{i,t-1}$	$\ln KR_{i,t-1}$	$\ln F_{i,t-1}$	$\ln\left(\sum\limits_{i,j\neq i}\xi_j KR_{j,t-1}\right)$	$\ln\left(FDI^*_{i,t-1}\cdot\sum\limits_j RD_j\right)$	$\ln\left(M^*_{i,t-1}\cdot\sum\limits_j RD_j\right)$
$\ln TFP_{i,t}$	1.000						
$\ln LR_{i,t-1}$	0.031	1.000					
$\ln KR_{i,t-1}$	0.106	0.801	1.000				
$\ln F_{i,t-1}$	−0.217	−0.009	0.052	1.000			
$\ln\left(\sum\limits_{i,j\neq i}\xi_j KR_{j,t-1}\right)$	0.003	0.358	0.457	0.579	1.000		
$\ln\left(FDI^*_{i,t-1}\cdot\sum\limits_j RD_j\right)$	0.383	−0.004	0.029	−0.226	−0.306	1.000	
$\ln\left(M^*_{i,t-1}\cdot\sum\limits_j RD_j\right)$	0.378	−0.055	−0.039	−0.323	−0.371	0.654	1.000
样本量	775	775	775	775	775	775	775
均值	0.158	10.150	4.018	10.876	5.189	0.270	2.122
标准差	0.361	1.414	1.706	0.935	1.234	1.668	1.334
最小值	−0.696	5.318	−0.534	8.071	3.142	−4.367	−1.327
最大值	1.111	13.425	7.934	12.643	8.090	3.825	5.995

注：表格上半部分为变量相关系数，下半部分为变量描述性统计。

　　一般而言，各省区市的 R&D 劳动力与 R&D 资本存量等之间可能存在较强的多重共线性，而增加样本容量可使参数估计量的方差减小，本节所采用的总样本量为 775，在一定程度上降低了解释变量之间的多重共线性。

第三节　计量分析结果

　　根据式（4 – 6）、式（4 – 7）、式（4 – 8）及式（4 – 9）利用 Stata 13 分别运用普通面板模型及空间动态面板模型对中国各省区市技术空间扩散效应进行分析。无空间相关性的普通面板模型运用 OLS 估计，对于空间动态面板模型采用 MLE 估计。首先进行随机效应及固定效应检验，其 Hausman 检验结果的 Chi-Sq 值为 −26.34，因此应采用空间动态面板随机效应模型进行分析，在进行空间固定效应检验后再进行时间固定效应检验，其结果为 F（23，30）＝33.98，相应 P 值为 0.0000，说明应在模型中包含时间效应；而在检验模型是否存在个体效应时，其 Breusch-Pagan LM 检验结果的 Chi-Sq 值为 3216.67，相应 P 值为 0.0000，说明在随机效应与混合回归二者之间，应该选择随机效应。因此应在空间动态面板随机效应模型中包括时间效应，建立个体和时间双向随机效应模型比较合适。回归最终结果如表4－2所示。

表4－2　技术空间扩散效应回归结果

变量	无空间相关性（RE）	SEM（RE）	SLM（RE）	SDM（RE）
$\ln LR_{i,t-1}$	− 0.1251 *** (0.0260)	− 0.1204 *** (0.0292)	− 0.1135 *** (0.0275)	− 0.0277 *** (0.0103)
$\ln KR_{i,t-1}$	0.1246 *** (0.0249)	0.1183 *** (0.0257)	0.1156 *** (0.0254)	0.0448 *** (0.0117)
$\ln F_{i,t-1}$	0.0174 (0.0283)	0.0397 (0.0287)	0.0368 (0.0294)	0.0020 (0.0339)
$\ln(\sum_{i,j\neq i}\xi_j KR_{j,t-1})$	0.0535 *** (0.0205)	0.0843 *** (0.0238)	0.0907 *** (0.0245)	0.0839 *** (0.0315)
$\ln(FDI^*_{i,t-1}\cdot\sum_j RD_j)$	0.1264 *** (0.0344)	0.1445 (0.2931)	0.1597 ** (0.0709)	0.1325 *** (0.0461)
$\ln(M^*_{i,t-1}\cdot\sum_j RD_j)$	0.0981 *** (0.0364)	0.0798 (0.2879)	0.0751 ** (0.0210)	0.0441 *** (0.0151)
$wx - LR_{i,t-1}$				− 0.0336 (0.0450)
$wx - KR_{i,t-1}$				0.1124 (0.0832)
$wx - F_{i,t-1}$				0.1520 ** (0.0640)
$wx - \ln(\sum_{i,j\neq i}\xi_j KR_{j,t-1})$				0.1206 * (0.0691)
$wx - \ln(FDI^*_{i,t-1}\cdot\sum_j RD_j)$				− 0.0361 (0.2239)
$wx - \ln(M^*_{i,t-1}\cdot\sum_j RD_j)$				0.0418 *** (0.0090)

变量	无空间相关 性(RE)	SEM(RE)	SLM(RE)	SDM(RE)
Spatial $-\rho$		0.1181 (0.1470)	-0.0322 (0.1041)	0.1156 ** (0.0135)
R^2	0.0953	0.1461	0.1743	0.3194
Log-likelihood		182.8074	182.5591	235.7587
Hausman 检验	-26.34			
Breusch-Pagan LM 检验	3216.67 [0.0000]			
时间效应 F 检验				33.98 [0.0000]
Wald 检验	69.32 [0.0000]			
观测值	744	744	744	744

注：( ) 内的值为回归系数的稳健标准误；[ ] 内的值为相应统计量的 P 值；*** 、** 、*
分别表示 1% 、5% 和 10% 的显著性水平；Log-likelihood 是对数极大似然值；Hausman 检验的零假
设是随机效应模型是合理的模型，拒绝零假设表示应该使用固定效应模型；Breusch-Pagan LM 检
验的零假设是误差项独立同分布，拒绝零假设说明存在随机效应；时间效应 F 检验的零假设是无
时间效应，拒绝零假设表明模型中包含时间效应；wx 表示自变量的空间滞后项，如 $wx - LR_{i,t-1}$
表示各省区市 R&D 劳动力的空间滞后项，下同。

由表 4 - 2 的模型估计结果可知：首先，空间动态面板模型相较于普
通面板模型，其拟合度（R^2）更高，三个空间动态面板模型中，SDM 模
型的拟合度最高；其次，SEM 和 SLM 模型的空间自相关系数均不显著，
而 SDM 模型的空间自相关系数在 5% 的水平下显著；最后，对数似然检
验也表明，SDM 模型的对数极大似然值最大。因此，本节采用空间杜宾
模型回归结果进行分析。首先，SDM 模型中空间自相关系数 ρ（Spatial -
ρ）值为 0.1156，且在 5% 的水平下通过显著性检验，说明经济地理邻近
对技术进步具有显著的正向空间效应，即中国各省区市的技术进步在相邻
地区之间具有显著的空间相关性。

各省区市之间的技术空间扩散系数为 0.0839，且在 1% 的水平下通过
显著性检验，说明中国各省区市之间存在正向技术空间扩散，技术在区域
之间的传播和借鉴有利于各省区市的技术增长。通过外商直接投资渠道和
进口贸易渠道的国际技术空间扩散系数分别为 0.1325 和 0.0441，说明外

商直接投资和进口贸易总体上均显著提高了中国各省区市的全要素生产率，且外商直接投资方式的技术空间扩散效应大于进口贸易方式，这一结论与黄先海和张云帆（2004）得出的结果一致①。

关于空间滞后项，各省区市之间技术空间扩散系数为 0.1206，且在 10% 的水平下显著，说明国内其他省区市的技术空间扩散对本地区全要素生产率的提高有显著正向作用。外商直接投资渠道的技术空间扩散的空间滞后项系数为 -0.0361，未通过显著性检验，即相邻地区的外商直接投资渠道的技术空间扩散对本地区的经济增长具有负向影响，但未通过显著性检验。这说明外商直接投资在区域分布上存在一定的不平衡，区域之间尤其是相邻区域之间在吸引外商直接投资上存在一定的竞争性，但对区域全要素生产率降低的作用不显著。进口贸易形式的技术空间扩散的空间滞后项系数为 0.0418，且在 1% 的水平下显著，说明对于各省区市而言，各区域全要素生产率的提高受其邻近省区市的外生冲击（进口贸易）所表现出来的空间相关性是一种互补性。

观察各个控制变量，可以得出以下结论。第一，R&D 部门人员数对 TFP 的影响显著为负，且这种负向效应是通过降低技术效率产生的，对技术进步影响不显著，表明总体而言，各省区市经济增长方式仍较粗放，TFP 的提高对人力资本的依赖不高，甚至出现"相对过剩"的人力资本现象。其空间滞后项系数为负，但不显著，说明相邻区域的人力资本对本区域的 TFP 并无显著影响。第二，R&D 部门资本存量对 TFP 的影响显著为正，且这种影响是通过技术进步实现的，表明 R&D 经费支出的增加有力地促进了新技术和新知识的诞生，推动了社会前沿技术进步。其空间滞后项系数为正，但不显著，表明相邻区域的 R&D 支出对本区域的 TFP 提高并无明显推动作用。第三，省域公路里程数对 TFP 增长有一定正向效应，但不显著，说明本区域的基础设施建设水平对区域技术发展的促进作用在短期内并不能显现，这也许和基础设施建设一般周期较长，对技术发展发挥的作用较缓慢有关。但省域公路里程数的空间滞后项对 TFP 增长有显著的正向促进作用，

---

① 黄先海和张云帆（2004）运用 CH 模型结合中国 1980～2000 年的总量经济数据进行分析，结论显示，FDI 和进口贸易均对中国产生正向的技术空间扩散效应，且通过 FDI 的技术空间扩散效应大于通过进口贸易形式的技术空间扩散效应。

说明基础设施建设水平的提高对相邻区域技术发展具有正向的溢出性。

为进一步考察技术空间扩散对技术进步和技术效率提高的驱动作用，本节将利用技术进步和技术效率作为被解释变量，运用时间和空间双向随机效应模型进行空间动态面板数据回归分析，表4-3的第（1）和第（2）列报告了其回归结果；由于技术空间扩散对 TFP 可能不仅有短期影响，也可能存在长期影响，所以为了分析技术空间扩散的时效性，我们将全部解释变量分别滞后2~3期，表4-3第（3）和第（4）列为其回归结果。表4-3的第（1）和第（2）列回归结果显示，各省区市之间的技术空间扩散对技术效率的溢出效应并不显著，而对技术进步的作用却显著为正，说明各省区市之间的技术空间扩散主要是通过技术进步溢出影响本区域的 TFP 增长。

表4-3　技术效率、技术进步回归及技术空间扩散效应的时效性

变量	技术效率（RE）（1）	技术进步（RE）（2）	滞后2期全要素生产率（RE）（3）	滞后3期全要素生产率（RE）（4）
$\ln LR_{i,t-1}$	0.0230 ** (0.0110)	-0.0507 (0.0433)	-0.0330 (0.0352)	-0.0424 * (0.0246)
$\ln KR_{i,t-1}$	0.0283 (0.0566)	0.0165 *** (0.0055)	0.0160 (0.0278)	0.0157 (0.0276)
$\ln F_{i,t-1}$	0.0748 *** (0.0200)	-0.0768 ** (0.0304)	0.0103 (0.0318)	0.0145 (0.0326)
$\ln(\sum_{i,j\neq i}\xi_j KR_{j,t-1})$	0.0152 (0.0195)	0.0991 *** (0.0286)	0.0243 *** (0.0083)	-0.2441 *** (0.0323)
$\ln(FDI^*_{i,t-1}\cdot\sum_j RD_j)$	0.0079 *** (0.0026)	0.0246 (0.1056)	0.0841 *** (0.0320)	0.0726 *** (0.0136)
$\ln(M^*_{i,t-1}\cdot\sum_j RD_j)$	0.2272 (0.3039)	0.1691 *** (0.0211)	-0.3438 *** (0.1264)	-0.4140 *** (0.0532)
$wx-LR_{i,t-1}$	-0.2042 *** (0.0290)	0.1706 *** (0.0406)	-0.0210 (0.0429)	-0.0253 (0.0407)
$wx-KR_{i,t-1}$	-0.0890 *** (0.0330)	0.2014 *** (0.0659)	0.0156 (0.0830)	0.0155 (0.0849)
$wx-F_{i,t-1}$	0.0835 (0.0995)	0.0685 (0.0579)	0.0808 (0.0725)	0.0291 (0.0608)
$wx-\ln(\sum_{i,j\neq i}\xi_j KR_{j,t-1})$	0.0594 (0.0391)	0.0612 *** (0.0220)	0.1740 ** (0.0683)	0.1918 *** (0.0689)

续表

变量	技术效率（RE）(1)	技术进步（RE）(2)	滞后2期全要素生产率(RE)(3)	滞后3期全要素生产率(RE)(4)
$wx - \ln(FDI_{i,t-1}^* \cdot \sum_j RD_j)$	0.0320 (0.0363)	−0.0681 *** (0.0261)	−0.0596 ** (0.0246)	−0.4963 ** (0.2064)
$wx - \ln(M_{i,t-1}^* \cdot \sum_j RD_j)$	0.0619 (0.1175)	−0.0201 (0.2120)	0.1047 *** (0.0112)	0.1294 *** (0.0242)
Spatial−ρ	0.3209 *** (0.0552)	0.2964 ** (0.1330)	0.0280 (0.1126)	0.0437 (0.1114)
R^2	0.0229	0.1203	0.1121	0.0865
Log-likelihood	595.5206	326.3358	252.7547	268.4820
Hausman 检验	484.69 [0.0000]	−20.65	−0.74	−20.65
时间效应 F 检验	38.70 [0.0000]	38.79 [0.0000]	36.22 [0.0000]	12.82 [0.0000]
Wald 检验	69.42 [0.0000]	46.79 [0.0000]	19.02 [0.0041]	21.69 [0.0014]
观测值	744	744	713	682

注：（）内的值为回归系数的稳健标准误；[ ]内的值为相应统计量的 P 值；*** 、** 、* 分别表示1% 、5% 和10% 的显著性水平；Log-likelihood 是对数极大似然值；Hausman 检验的零假设是随机效应模型是合理的模型，拒绝零假设表示应该使用固定效应模型；时间效应 F 检验的零假设是无时间效应，拒绝零假设表明模型中包含时间效应。

　　同时回归结果还显示，外商直接投资和进口贸易形式这两种国际技术空间扩散形式虽然均对本区域的 TFP 产生正向影响，但是它们在扩散机制上存在显著差异：外商直接投资通过对技术效率的正向溢出影响本区域的 TFP 增长，对本区域的技术进步溢出效应不显著；而进口贸易则相反，其主要是通过对技术进步的正向溢出来影响本区域的 TFP 增长，对本区域的技术效率溢出效应不显著。两者的空间滞后项回归结果表明，相邻区域的外商直接投资对本区域存在显著的负向技术进步溢出效应，但对技术效率的溢出效应并不显著；相邻区域的进口贸易对本区域的技术进步和技术效率的溢出效应均不显著。两种国际技术空间扩散方式对各省区市 TFP 的影响机制和效果的实证结果与现实情况也相吻合：外商直接投资可以通过技术示范效应为本地区及其周边区域提供技术模仿和学习的机会，且外资企业通过上下游企业关联直接提高了本土企业的管理和技术效率，因此，外商直接投资主要是通过提高本区域的技术效率来促进 TFP 的增长。而进口贸易渠道获得的国外先进技术主要影响技术进步，对技术效率则无显著影响，原因有可能是通过进口国外先进设备和技术可以直接获得技术进步和 TFP 的增长，但是与先进技术配套的管理效率的提高和制度的完善则相对滞后。

表 4-3 的第（3）和第（4）列回归结果表明，各省区市之间技术空间扩散的正向效应随着时间推移迅速衰减，甚至在滞后 3 期时逆转为负。外商直接投资对滞后 2 期、3 期后的 TFP 增长的影响仍显著为正，且衰减速度较小，说明外商直接投资对 TFP 的溢出效应时效性较长。进口贸易对 TFP 的溢出效应在滞后 2 期和 3 期时逆转为负，说明物化在有形商品中的先进技术对本区域的技术进步和 TFP 增长的作用是短暂的，因此，进口贸易渠道的技术空间扩散并非中国各省区市提高其全要素生产率的有效手段。

第四节　本章结论

本章利用 1991～2015 年中国各省区市面板数据，采用空间动态面板模型考察了中国省际以及国际技术空间扩散效应，结论如下。

第一，中国各省区市之间存在显著的正向技术空间扩散效应，且主要是由技术进步引起的。随着国内市场一体化逐渐深化，本地区研发投入的增加不仅对本地区全要素生产率产生正向效应，而且对其他地区（尤其是周边地区）也会产生正向溢出效应。故在区域政策方面，可以从加大科技投入力度和建立区域研发联盟的角度进行思考。由 DEA-Malmquist 指数分解的回归结果可知，各省区市之间的正向技术空间扩散效应主要是由技术进步产生的，技术效率的影响并不显著。而空间滞后项系数的回归结果显示，国内其他省区市的技术空间扩散对本地区全要素生产率的提高也有显著正向作用。各省区市之间技术空间扩散效应随着时间推移会不断弱化，甚至逆转为负。

第二，外商直接投资、进口贸易的国际技术空间扩散效应均显著为正，但它们的影响机制不尽相同。从总效应来看，外商直接投资方式的技术空间扩散效应大于进口贸易方式，但外商直接投资主要是通过影响技术效率促进区域 TFP 增长，而进口贸易主要通过对技术进步的正向溢出来影响本区域的 TFP 增长。相邻区域从外商直接投资渠道获得的技术空间扩散对本区域全要素生产率提高的作用不显著，而进口贸易的相邻区域间溢出效应显著为正。

第三，外商直接投资、进口贸易均可以促进全要素生产率的提高，但它们的影响时效有很大不同。外商直接投资溢出效应衰减速度较小、时效性较长，对未来几年的技术效率和全要素生产率增长仍有正向溢出效应。而物化在有形商品中的技术溢出效应时效性较短，虽然进口贸易短期内可以促进本区域及其他区域的全要素生产率增长和技术进步，但长期而言，其溢出效应迅速弱化甚至逆转为负，对全要素生产率增长产生抑制作用。

第四，R&D 部门资本存量的增加有利于全要素生产率的提高，而R&D 部门人员数增加却会抑制 TFP 增长。R&D 部门资本存量对 TFP 增长的影响主要是通过技术进步实现的，而相邻区域的 R&D 支出对本区域的TFP 提高却并无明显推动作用。除此之外，我们还发现，省域公路里程数对 TFP 增长有一定正向效应，但不显著，说明本区域及其相邻区域的基础设施建设水平短期内对区域技术发展的促进作用并不明显。

本章的研究为理解中国省际技术空间扩散效应及国际技术空间扩散效应提供了一个新的视角，并且得到了若干富有启发的结果。在考察中国各省区市技术增长的同时，加入空间相关性影响，将技术与空间区位的内在联系通过促进 TFP 增长的要素在不同区位的分布以及扩散表现出来，对技术进行测度，对其分布进行可视化展示，并利用确认性空间数据分析方法深入细致地分析其技术空间扩散效应的大小，以及省际技术空间扩散和国际技术空间扩散的影响路径、机制和时效性，而这也恰恰是以往研究中常被忽视的一点。但本章的研究还只是一个开始，如何进一步从微观机制方面来探讨技术空间扩散效应是下一步需要研究的重要内容。

第五章　技术空间扩散与中国省际经济增长的收敛分析

新发展理念强调经济长远发展的动力源自创新，创新是引领发展的第一动力，随着知识经济的不断发展，各区域在不断提高自身竞争力的过程中，科技创新及技术进步的作用日渐凸显，且已成为衡量一个地区科技实力的重要尺度，增强科技创新能力、促进技术进步对提高区域核心竞争力的发展起决定性作用。但一项创新技术本身对经济增长的影响和社会生产力的提高需要一定的条件，只有借助扩散，它的潜在经济效益才能最大限度地发挥出来。根据第四章对中国各省区市技术空间扩散效应的分析可知：各省区市之间存在显著的正向技术空间扩散效应，且主要是由技术进步引起的；而外商直接投资、进口贸易的国际技术空间扩散效应也均显著为正。那么中国各省区市之间的技术空间扩散效应、FDI 及进口贸易形式的国际技术空间扩散效应对区域经济增长会产生怎样的影响是值得进一步研究的内容。

自 20 世纪 90 年代初中国建设社会主义市场经济以来，区域经济呈现多年的持续快速发展态势，但逐步推进的区域差异化发展战略使得沿海与内地的经济发展差距日益扩大，最终影响了经济发展效率。技术空间扩散效应对区域经济增长收敛会产生何种影响？中国地区经济增长是否存在收敛现象？本章将运用空间面板计量模型以中国 31 个省区市为研究对象，对中国省际技术空间扩散效应、FDI 及进口贸易形式的国际技术空间扩散效应是否影响或促进了经济增长 σ 收敛、β 收敛以及俱乐部收敛进行实证研究。

第一节　中国省际区域经济增长的 σ 收敛分析

σ 收敛是指人均产出水平上的收敛，传统的 σ 收敛定义为不同地区之间人均 GDP 的离差随时间推移而趋于下降。σ 收敛通常采用统计指标进行分析，相对简单且其测度的结果也相对粗略。衡量离差程度的指标包括标准差（SD）、变异系数（CV）、Theil 指数（T）。下文将利用这些指标对中国各省区市的 σ 收敛特性进行分析。

一 标准差概念及结果分析

1. 标准差概念

标准差度量了经济体的人均产出水平与均值之间的离散程度，如果经济体人均 GDP 的标准差随着时间推移呈逐渐缩小的趋势，则说明经济体之间存在经济增长收敛，反之，则意味着经济体之间存在经济增长发散。标准差用式（5-1）表示：

$$SD_t = \sqrt{\frac{1}{n}\sum_{i=1}^{n}(y_{it} - \overline{y}_t)^2} \tag{5-1}$$

其中，y_{it} 为经济体 i 在 t 时期的人均 GDP，$\overline{y}_t$ 为所有经济体在 t 时期的平均人均 GDP。

2. 全国人均 GDP 分析结果

以 1991~2015 年各地区人均 GDP 标准差表示的地区发展差距绝对水平相应地由 1991 年的 1257.68 元扩大到 2015 年的 10768.66 元，增长了 7.56 倍，年均增长率为 9.36%，区域间人均 GDP 绝对差距仍然较大。同时从图 5-1 可看出，各地区人均 GDP 标准差的这种扩大趋势表现出明显的阶段性特征：从 1991 年到 1995 年的 5 年间，标准差每年都呈缓慢扩大趋势，从 1257.68 元上升到 2076.47 元，扩大了 0.65 倍，年均增长率为 13.35%；从 1996 年到 2006 年标准差呈缓慢增长趋势，11 年间扩大了 1.57 倍，年均增长率为 9.90%；而从 2007 年开始至 2015 年其人均 GDP 差距增长幅度开始下降，9 年间标准差仅扩大了 0.65 倍，年均增长率为 6.46%。从以上分析可知，随着时间的推移，中国人均 GDP 标准差呈现上升的趋势，1991~2015 年中国各省区市的经济增长并没有出现收敛趋势，而呈现明显的发散趋势。

3. 三大经济带分析结果

图 5-2 显示了东部、中部、西部三大经济带人均 GDP 标准差随时间变化的趋势特征，从图中可看出，1991~2015 年，东部地区人均 GDP 标

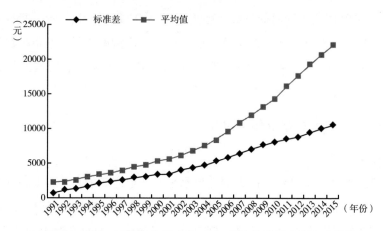

图 5 - 1 1991 ~ 2015 年中国人均 GDP 平均值及标准差变动趋势

准差明显高于中部和西部地区，1991 ~ 2008 年，东部地区人均 GDP 标准差与全国人均 GDP 标准差比较接近，但 2009 ~ 2015 年东部地区人均 GDP 标准差略低于全国水平。2004 年以前中部地区和西部地区人均 GDP 标准差一直比较接近，自 2004 年开始，中部地区人均 GDP 标准差开始与西部地区产生差距。1991 年中国东部地区人均 GDP 标准差为 1593.12 元，到 2015 年扩大到 10087.75 元，较 1991 年扩大了 5.33 倍，年均增长率为 7.99%；中部地区人均 GDP 标准差，2015 年较 1991 年扩大了 7.49 倍，年均增长率为 9.32%；而西部地区 1991 年的人均 GDP 标准差为 301.40 元，2015 年为 5314.51 元，比 1991 年扩大了 16.63 倍，年均增长率为 12.70%。

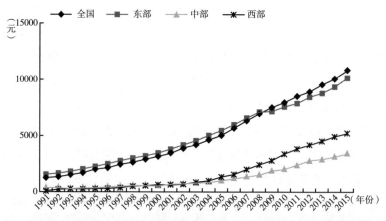

图 5 - 2 1991 ~ 2015 年中国三大经济带人均 GDP 标准差变动趋势

东部、中部、西部地区人均 GDP 标准差的这种扩大趋势也同全国人均 GDP 标准差一样表现出明显的阶段性特征，其中东部地区的人均 GDP 标准差变化速率可以分为两个阶段：第一阶段是从 1991 年到 2008 年的 18 年间，东部地区的人均 GDP 标准差每年都呈快速扩大趋势，其标准差由 1593.12 元扩大至 7068.59 元，扩大了 3.44 倍，年均增长率为 9.16%，表明这期间东部地区的经济增长呈现快速发散的状态；第二阶段是从 2009 年到 2015 年的 7 年间，人均 GDP 标准差增速呈缓慢下降趋势，其标准差由 7291.53 元扩大至 2015 年的 10087.75 元，仅扩大了 0.38 倍，年均增长率为 5.56%。

中部地区人均 GDP 标准差变化可以分为三个阶段。第一阶段是 1991~2004 年，人均 GDP 标准差增速较平稳。其标准差由 1991 年的 396.32 元扩大至 2004 年的 947.62 元，扩大了 1.39 倍，年均增长率为 6.94%，表明 1991~2004 年中部地区经济增长呈发散状态。第二阶段为 2005~2010 年，人均 GDP 标准差增速加快，6 年间标准差扩大了 0.97 倍，年均增长率为 14.52%，即 2005~2010 年中部地区人均 GDP 呈现快速发散状态。第三阶段是 2011~2015 年，人均 GDP 标准差增速开始放缓，年均增长率为 8.53%，表明经济发散速度又开始放缓。

西部地区人均 GDP 标准差变化基本可以划分为两个阶段：第一阶段是 1991~2005 年，人均 GDP 标准差增速在这一期间呈现不断上升的趋势，15 年间人均 GDP 标准差扩大了 3.64 倍，年均增长率达到 11.59%，表明在这一期间，西部地区的经济发散速度逐渐扩大；第二阶段为 2006~2015 年，人均 GDP 标准差增长了 2.12 倍，西部地区的经济仍保持高速增长。

总结上述分析结果可知，从人均 GDP 标准差数据来看，中国东部、中部、西部经济增长在 1991~2015 年均未出现收敛状态，而是呈现明显的发散趋势，且东部的人均 GDP 标准差明显高于中部、西部，三大经济带经济增长的扩散趋势均呈现一定的阶段性。

4. 七大经济圈分析结果

图 5-3 显示了七大经济圈人均 GDP 标准差随时间变化的趋势特征，从图中可看出，自 1991 年以来，七大经济圈用标准差衡量的 σ 值均随着时间的推移总体呈现上升的态势，即从总体来看，七大经济圈均未出现经济增长的收敛，而是呈发散状态。比较来看，泛长三角经济圈的人均 GDP

标准差明显高于其他经济圈，其标准差从 1991 年的 2398.08 元扩大至 2015 年的 14822.63 元，扩大了 5.18 倍，年均增长率为 7.89% ，说明泛长三角经济圈区际的人均 GDP 绝对差距较其他经济圈更大，区域经济非均衡态势更加严重。紧跟其后的是环渤海经济圈、泛珠三角经济圈、东北经济圈、西南经济圈；中部经济圈和西北经济圈人均 GDP 绝对差距相对较小。

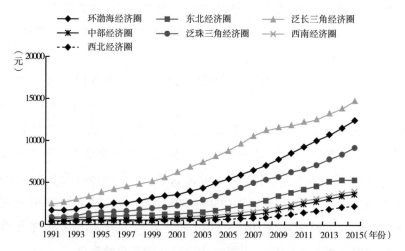

图 5 - 3　1991 ~ 2015 年中国七大经济圈人均 GDP 标准差变动趋势

二　变异系数概念及结果分析

1. 变异系数概念

变异系数是样本标准差与样本平均数的比值，同标准差一样，也是反映数据离散程度的绝对值。其数值大小不仅受变量值离散程度的影响，而且受变量值平均水平大小的影响。其计算公式如下：

$$CV_t = \frac{\sigma_t}{\bar{y}_t} = \frac{1}{\bar{y}_t} \sqrt{\frac{1}{n} \sum_{i=1}^{n} (y_{it} - \bar{y}_t)^2} \qquad (5-2)$$

变异系数与标准差相比，不受量纲的影响，因此可以更客观地进行比较分析。

2. 全国及三大经济带分析结果

图 5 - 4 显示了全国及东部、中部、西部三大经济带人均 GDP 变异系数随时间变化的趋势特征。

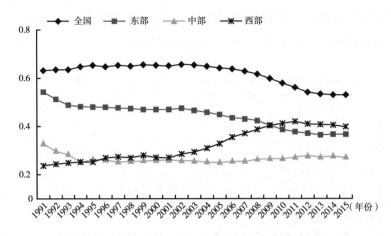

图 5 - 4　1991 ~ 2015 年全国及三大经济带变异系数

从图 5 - 4 可知，变异系数的分析结果与标准差分析的结果存在较大差异。从整体来看，全国及东部地区的变异系数呈下降趋势，存在收敛现象，而中部和西部地区则没有明显的收敛态势。具体而言，全国经济增长的变异系数的变化趋势不太明显，但也经历了起伏波动的两个阶段：第一阶段是 1991 ~ 2002 年，变异系数呈微弱上升的趋势，各省区市经济增长不存在收敛；第二阶段是 2003 ~ 2015 年，变异系数呈现不断下降趋势，各省区市经济增长呈现一定的收敛态势。东部地区的变异系数自 1991 年以来基本呈下降趋势，说明自改革开放以来，中国东部各省区市的经济增长存在明显的收敛趋势。中部地区变异系数同全国一样也存在两个阶段的变化：第一阶段是 1991 ~ 1997 年，其变异系数呈缓慢下降趋势，中部各省区市的经济增长存在一定的收敛；第二阶段是 1998 ~ 2015 年，其经济增长由收敛状态向微弱发散状态转换。西部各省区市的变异系数的变化趋势可以分为三个阶段：第一阶段是 1991 ~ 1999 年，变异系数基本稳定，经济增长不存在明显的收敛或发散趋势；第二阶段是 2000 ~ 2011 年，变异系数呈明显上升趋势，说明这一阶段西部各省区市的经济增长存在明显的发散状态；第三阶段是 2012 ~ 2015 年，变异系数呈现微弱下降趋势，说明这一阶段西部各省区市的经济增长已由发散状态向收敛状态转换。

3. 七大经济圈分析结果

图 5 - 5 显示了七大经济圈人均 GDP 变异系数随时间变化的趋势特

征，从图中可看出，自 1991 年以来，七大经济圈用变异系数衡量的 σ 值的变化特征与用标准差衡量的 σ 值的变化特征明显不同。

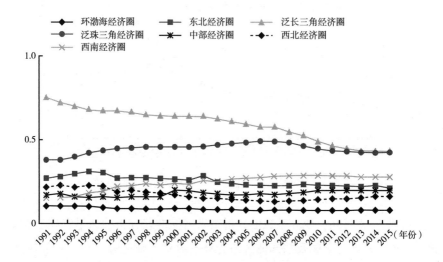

图 5 – 5　1991～2015 年七大经济圈变异系数

比较来看，泛长三角经济圈和泛珠三角经济圈的人均 GDP 变异系数明显高于其他经济圈，且自 2013 年以来泛长三角经济圈与泛珠三角经济圈的变异系数基本相同。其中，泛长三角经济圈的变异系数自 1991 年以来一直下降，说明泛长三角经济圈区际的人均 GDP 绝对差距较其他经济圈更大，区域经济非均衡态势更严重，但区际差异随时间推移在不断缩小，各省区市的经济增长出现明显的收敛趋势。泛珠三角经济圈的变异系数自 2008 年以来逐步下降，各省区市的经济增长出现收敛态势。而环渤海经济圈、东北经济圈、西南经济圈、中部经济圈和西北经济圈的变异系数随时间推移基本呈稳定状态，区际差异没有明显变化，经济增长不存在收敛或发散的现象。

三　Theil 指数概念及结果分析

1. Theil 指数概念

Theil 指数是将信息理论中的熵概念应用于经济分析中，最初用来衡量国家之间的收入差距，其计算公式为：

$$T_t = \sum_i \sum_j \left(\frac{Y_{ijt}}{Y_t}\right)\ln\left(\frac{\dfrac{Y_{ijt}}{Y_t}}{\dfrac{N_{ijt}}{N_t}}\right) \qquad (5-3)$$

其中, Y_{ijt} 为区域 i 中第 j 个经济体的 GDP, N_{ijt} 为区域 i 中第 j 个经济体的人口数量, Y_t 和 N_t 表示 GDP 和总人口数量。其公式可以进一步分解为区域间差距 T_{Bt} 和区域内差距 T_{Wt} :

$$T_t = T_{Bt} + T_{Wt} = \sum_i \left(\frac{Y_{it}}{Y_t}\right)\ln\left(\frac{\dfrac{Y_{it}}{Y_t}}{\dfrac{N_{it}}{N_t}}\right) + \sum_i \sum_j \left(\frac{Y_{ijt}}{Y_t}\right)\ln\left(\frac{\dfrac{Y_{ijt}}{Y_t}}{\dfrac{N_{ijt}}{N_{it}}}\right) \qquad (5-4)$$

$\dfrac{Y_{it}}{Y_t}$ 为区域 i 的 GDP 占全国 GDP 的比重; $\dfrac{N_{it}}{N_t}$ 表示区域 i 的人口占全国总人口的比重; $\dfrac{Y_{ijt}}{Y_{it}}$ 表示第 j 省区市的 GDP 在区域 i 的 GDP 中所占的比重; $\dfrac{N_{ijt}}{N_{it}}$ 为第 j 省区市的人口在区域 i 总人口中所占比重。

2. 全国及三大经济带总体差异水平及其演变

图 5-6 描述了 1991~2015 年全国及三大经济带 Theil 指数的演变趋势, 用 Theil 指数衡量的全国及三大经济带的经济差距变动情况和前面变异系数的变化情况比较相似。

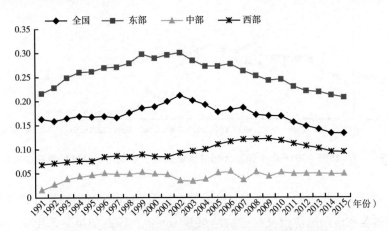

图 5-6　1991~2015 年全国及三大经济带 Theil 指数

首先，全国总体经济差距呈现先波动上升而后稳步下降的态势，Theil 指数在 2002 年达到高峰，自 2003 年以来，随着收入水平的提高，区域发展不平等程度开始缩小。

其次，通过比较三大经济带可以发现，东部地区的经济差异明显高于中部和西部地区，从变化趋势来看，东部地区经济差距和全国总体经济差距的变动情况基本吻合，Theil 指数在 2002 年达到最大值 0.301，随后开始下降，经济增长存在收敛现象。而中部地区的 Theil 指数则基本保持稳定，经济增长总体上不存在发散或收敛的状态。西部地区的 Theil 指数先缓慢上升而后下降，在 2009 年达到最大值后开始缓慢下降，说明经济增长呈现先发散后收敛的态势。

最后，图 5 - 7 显示了 1991 ~ 2015 年中国三大经济带的经济总体差距及分解的区域间和区域内差距的演变趋势，从图中可看出，自 1995 年以来，用 Theil 指数衡量的中国区域经济差距中区域间的差距比区域内的差距更明显，即区域间的差距在区域总体差距中占主要地位，但区域总体差距与区域内差距的演变趋势较为接近。从具体构成上看，2015 年的区域总体差距为 0.06，其中区域内差距为 0.01，而区域间差距为 0.05。

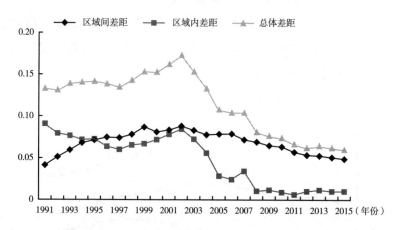

图 5 - 7　1991 ~ 2015 年中国三大经济带区域间、区域内及总体差距演变趋势

由以上分析可知，标准差、变异系数以及 Theil 指数三种统计指标测度的中国各省区市经济增长收敛的结果并不一致，因此如果只采用统计指标进行经济增长收敛性测度不仅不准确，还无法确定其最终结论。因此，下文将采用基于空间效应的计量模型来对中国省区市技术空间扩散与经济增长收敛进行分析。

第二节　基于空间效应的中国省区市经济增长绝对 β 收敛分析

为考虑区域之间的相互影响，即空间相关性问题，本章尝试对传统的 β 收敛定义进行拓展，将区域之间的空间依赖关系与 β 收敛关系结合起来进行分析。从本章第一节分析可知：中国各省区市的经济增长均不同程度地与其他省区市，尤其是相邻省区市存在一定的经济空间依赖和影响关系，当外生冲击对其中某一地区经济造成影响时，往往也会波及邻近地区。因此在讨论经济增长收敛时简单通过区域差异指标进行测度会造成与实际情况不相符的误差，需要将空间相关性纳入模型才能对各省区市经济增长收敛做出正确分析，且各地之间的经济互动产生的经济空间溢出效应也是地区经济增长收敛的重要原因之一。因此下文利用空间动态面板模型对中国省际经济增长绝对 β 收敛进行分析。在进行实证分析之前，首先进行空间动态面板模型的理论推导，为比较分析，我们再分别利用不含空间效应的一般动态面板模型与包含空间效应的空间动态面板模型进行估计，并进行对比分析。

一　收敛的新古典分析：空间动态面板模型的理论推导

依据索洛模型可知：

$$Y_{i,t} = K_{i,t}^{\alpha}(A_{i,t}L_{i,t})^{1-\alpha} \tag{5-5}$$

其中，Y 是产出水平，K 是资本存量，A 是知识，L 是劳动力，AL 为有效劳动。资本的增长率为：

$$\dot{K}_{i,t} = sY_{i,t} - \delta K_{i,t} \tag{5-6}$$

其中，s 为储蓄率，δ 为折旧率。

劳动力和知识按照外生的 p 和 g 的速率增长，即：

$$L_{i,t} = L_{i,0}\,e^{pt}, A_{i,t} = A_{i,0}\,e^{gt} \tag{5-7}$$

由于区域之间存在技术空间扩散，区域经济存在一定的空间相关性，因此区域 i 在 t 时刻的技术存量不仅由其自身技术的初始水平 $A_{i,0}$ 和增长率 g 决定，还受其相邻省区市的技术增长率影响。因此我们将技术设定为：

$$A_{i,t} = A_{i,0} e^{gt} \prod_{j \neq i}^{n} A_{j,t}^{\lambda w_{i,j}} \quad (5-8)$$

其中，$A_{j,t}^{\lambda w_{i,j}}$ 为相邻省区市的技术增长率，技术空间扩散效应主要体现在 λ（$0 < \lambda < 1$）上，而 $w_{i,j}$ 则测度了相邻省区市 j 的技术空间扩散程度。对式（5-8）中的 $A_{i,t}$ 取对数得：

$$\ln A_{i,t} = \ln A_{i,0} + gt + \lambda \sum_{j \neq i}^{n} w_{i,j} \ln A_{j,t} \quad (5-9)$$

写成矩阵形式，我们令 $\ln A_t = (I - \lambda W_n)^{-1} \ln A_0 + \frac{gt}{1-\lambda} l_n$。

其中，l_n 是由 n 个 1 组成的列向量，而空间权重矩阵 W_n 是对角线元素均为 0，其他元素标准化至 0 和 1 之间，因此，$A_{j,t}$ 的增长率为：

$$\frac{\dot{A}_{j,t}}{A_{j,t}} = \frac{g}{1-\lambda} \quad (5-10)$$

令 $\hat{k}_{i,t} = \frac{k_{i,t}}{A_{i,t}L_{i,t}}, \hat{y}_{i,t} = \frac{Y_{i,t}}{A_{i,t}L_{i,t}}$，因此，$\hat{y}_{i,t} = \hat{k}_{i,t}^{\alpha}$。故可以得到：

$$\dot{\hat{k}}_{i,t} = s\hat{k}_{i,t}^{\alpha} - (\frac{\dot{L}_{i,t}}{L_{i,t}} + \frac{\dot{A}_{i,t}}{A_{i,t}} + \delta_i)\hat{k}_{i,t} = s\hat{k}_{i,t}^{\alpha} - (p + \frac{g}{1-\lambda} + \delta_i)\hat{k}_{i,t} \quad (5-11)$$

均衡时，$\dot{\hat{k}}_{i,t} = 0$，即：

$$\hat{k}_{i,t}^* = \left[\frac{s_i}{p + g/(1-\lambda) + \delta_i}\right]^{\frac{1}{1-\alpha}}, \hat{y}_{i,t}^* = \left[\frac{s_i}{p + g/(1-\lambda) + \delta_i}\right]^{\frac{\alpha}{1-\alpha}} \quad (5-12)$$

其中，s_i 和 δ_i 为区域 i 的储蓄率和折旧率。对有效人均资本存量进行对数线性化，就可以得到：

$$\frac{\partial(\ln \hat{k}_{i,t} - \ln \hat{k}_i^*)}{\partial t} = -\varphi^i(\ln \hat{k}_{i,t} - \ln \hat{k}_i^*) \quad (5-13)$$

其中，$\varphi^i = (1-\alpha)(p + \frac{g}{1-\lambda} + \delta_i)$ 是区域 i 的收敛速度，求解关于 $\ln k$ 的

一阶差分方程，并且利用 $\ln\hat{k}_{i,t}$ 与 $\ln\hat{y}_{i,t}$ 在时间上的路径相同的性质，可以得到：

$$\ln\hat{y}_{i,t_2} = -e^{-\varphi\tau}\ln\hat{y}_{i,t_1} + (1 - e^{-\varphi t})\ln\hat{y}_t^* \qquad (5-14)$$

其中，$\tau = t_2 - t_1$，$\hat{y}_i^* = \left[\dfrac{s_i}{p + g/(1-\lambda) + \delta_i}\right]^{\frac{\alpha}{1-\alpha}}$ 并不取决于 t，进一步，我们令 $y_{i,t} = \dfrac{Y_{i,t}}{L_{i,t}}$ 为人均产出，那么 $\ln y_{i,t} = \ln\hat{y}_{i,t} + \ln A_{i,t}$，因此可得到：

$$\ln y_{i,t_2} = \ln A_{i,t_2} - e^{-\varphi\tau}\ln A_{i,t_1} + e^{-\varphi\tau}\ln y_{i,t_1} + \ln\hat{y}_i^*(1 - e^{-\varphi\tau}) \qquad (5-15)$$

重新整理，将式（5-15）两边同时减去 $\ln y_{i,t_1}$ 得：

$$\ln y_{i,t_2} - \ln y_{i,t_1} = \ln A_{i,t_2} - e^{-\varphi\tau}\ln A_{i,t_1} + (e^{-\varphi\tau} - 1)\ln y_{i,t_1} + \ln\hat{y}_i^*(1 - e^{-\varphi\tau})$$
$$\qquad (5-16)$$

将上述 $\ln A_t$ 的表达式代入式（5-16）得：

$$(I - \lambda W_n)(\ln y_{t_2} - \ln y_{t_1}) = (I - \lambda W_n)(e^{-\varphi\tau} - 1)\ln y_{t_1} + (1 - e^{-\varphi\tau})\ln A_0 +$$
$$g(t_2 - e^{-\varphi\tau}t_1)l_n + (I - \lambda W_n)(1 - e^{-\varphi\tau})\ln\hat{y}_t^* \qquad (5-17)$$

因此最后需要估计的方程为：

$$\ln y_t = \lambda W_n\ln y_t + \gamma\ln y_{t-1} + \rho W_n\ln y_{t-1} + c_n + \eta_t l_n + \varepsilon_{n,t} \qquad (5-18)$$

其中，$W_n\ln y_t$ 和 $W_n\ln y_{t-1}$ 描述了技术空间扩散带来的各省区市之间的经济空间依赖性。

由上述推导可知 $\gamma = e^{-\varphi\tau}$ 为衡量经济增长收敛的系数，由此可知经济增长收敛速度 $\varphi = -(\ln\gamma)/\tau$，收敛半衰周期 $T = -[\ln(0.5)]/\varphi$。

个体特征的向量为：

$$c_n = (1 - e^{-\varphi\tau})(\ln A_0 + \frac{\alpha}{1-\alpha}\ln X_n - \frac{\alpha\lambda}{1-\alpha}W_n\ln X_n)\beta \qquad (5-19)$$

二　中国省际经济增长绝对 β 收敛分析的空间计量模型和估计方法

空间回归模型研究代表国家、地区等观察值之间复杂的依赖关系，具有空间依赖具体特征的潜在数据生成过程的不确定性使得模型中含有因变量和解释变量的空间滞后。与解释变量相关的任何一个对象（地区）的改变将会影响该地区本身（直接效应），并潜在地影响其他所有地区（间接效应）。为比较分析，本书首先利用不含空间效应的一般动态面板模型进行回归分析，再考虑空间相关性，利用包含空间效应的空间动态面板模型进行估计。

1. 模型设定

首先考虑一般动态面板模型：

$$\ln y_{i,t} = \beta \ln y_{i,t-1} + \mu_i + \varepsilon_{i,t} \tag{5 - 20}$$

其中，因变量 $\ln y_{i,t}$ 是当期人均 GDP 的对数值；自变量 $\ln y_{i,t-1}$ 是滞后期人均 GDP 的对数值，β 为当期人均 GDP 对数值对滞后期人均 GDP 对数值的弹性，是对地区经济增长收敛的衡量，若 β 显著小于 1，则表明经济增长存在绝对 β 收敛性，若 β 显著大于 1，则表明经济增长是发散的；μ_i 是个体效应，$\varepsilon_{i,t}$ 是时间效应。

再使用空间动态面板模型进行估计，其回归方程为：

$$\ln y_{i,t} = \alpha + \lambda \sum_{j \neq i}^{n} w_{i,j} \ln y_{i,t} + \beta \ln y_{i,t-1} + \rho \sum_{j \neq i}^{n} w_{i,j} \ln y_{i,t-1} + \mu_i + \varepsilon_{i,t} \tag{5 - 21}$$

其中，$w_{i,j}$ 是权重矩阵，本书分别采用空间邻接矩阵、空间距离矩阵以及经济距离矩阵进行估计，并比较其估计结果。该模型利用个体效应 μ_i 来控制各省区市之间的差异；利用时间效应 $\varepsilon_{i,t}$ 来控制各期政府宏观经济政策或者世界经济形势变化对各省区市经济增长的影响。$\varepsilon_{i,t}$ 是随个体与时间而改变的扰动项，假设 $\{\varepsilon_{i,t}\}$ 为独立同分布，且与 μ_i 不相关。λ 和 ρ 描述各省区市之间经济的当期和滞后期的相关程度。

2. 估计方法

对于动态面板模型，由于解释变量中包含被解释变量的滞后项，存在内生性问题，如果采用 OLS 估计会导致组内估计量（FE）不一致而存在"动态面板偏差"问题。n 小而 T 大，故偏差较小，可通过偏差校正的方法（LSDV）得到一致估计。蒙特卡罗模拟结果显示，对于长面板，无论在偏差大小还是均方差误方面，LSDV 法都明显优于差分 GMM 估计法和系统

GMM 估计法。而对于 n 较大而 T 较小的短动态面板，一般采用差分 GMM 估计法和系统 GMM 估计法。差分 GMM 估计法首先对动态面板模型进行一阶差分以消去个体效应，但由于差分后的 $\Delta y_{i,t-1}$ 依然与 $\Delta \varepsilon_{i,t}$ 相关，故 $\Delta y_{i,t-1}$ 为内生变量。Anderson-Hsiao 提出使用 $y_{i,t-2}$ 作为 $\Delta y_{i,t-1}$ 的工具变量，然后进行 2SLS 估计，可称之为 "Anderson-Hsiao 估计量"。显然 $y_{i,t-2}$ 与 $\Delta y_{i,t-1}$ 相关，在 $\{\varepsilon_{i,t}\}$ 不存在自相关的前提下，$y_{i,t-2}$ 是有效工具变量（IV）。同理，更高阶的滞后变量 $\{y_{i,t-3}, y_{i,t-4}, \cdots\}$ 也是有效 IV。Arellano-Bond 使用所有可能的滞后变量作为 IV（IV 个数多于内生变量个数）进行差分 GMM 估计，可称之为 "Arellano-Bond 差分 GMM 估计量"。Nickell 证明，动态面板偏差在数量级上与 T^{-1} 相当，故当 $T \to \infty$ 时，动态面板偏差趋向于 0，但差分 GMM 在做差分时会存在一些问题：①做差分时如果 T 很大，工具变量过多容易产生弱工具变量问题，产生偏差；②如果被解释变量的持续性很强，即序列 $\{y_{i,t}\}$ 具有较强的持续性，一阶自回归系数接近于 1，导致弱工具变量问题；③不随时间变化的变量在做差分时会被消掉，无法估计其系数。为解决上述②、③问题，Arellano 和 Bover 使用 $\{\Delta y_{i,t-1}, \Delta y_{i,t-2}\}$ 作为 $y_{i,t-1}$ 的 IV，并对水平方程进行 GMM 估计。Blundell 和 Bond 将差分 GMM 与水平 GMM 结合在一起，将差分方程与水平方程作为一个方程系统进行 GMM 估计，可称之为 "Blundell-Bond 系统 GMM 估计量"。系统 GMM 估计法可以避免弱工具变量问题，并可估计不随时间变化的变量的系数，但前提是扰动项不存在自相关。为比较分析，本书在估计一般动态面板模型时，将对比这两种估计方法的系数估计值和标准误。空间回归模型考察区域之间交互关系的同时也可以适应扩展的建模策略，以描述多地区间的交互作用。然而，这样的大量信息也增加了估计的难度。OLS 估计空间回归模型可能导致对含有空间滞后因变量模型的回归参数、空间参数和标准误估计的不一致性。然而，对这些模型的最大似然估计量却是一致的。因此，在估计方法上本书的空间回归模型均采用最大似然估计法。

3. 数据来源

为考察中国各地区经济增长差异，我们首先以各地人均 GDP 指标来进行分析，为保证数据的完整性，本书选取 1991～2015 年作为样本的研究时期，对全国 31 个省区市相关数据进行统计。数据来源于《新中国六十年统计资料汇编》，并使用《中国统计年鉴》将数据继续更新至 2015 年。

三 一般动态面板模型实证结果

使用一般动态面板模型进行回归分析，由于本书选取的面板数据横截面维度 $n=31$，时间维度 $T=25$，比较难以判别是长面板数据还是短面板数据，因此本书将对比短面板和长面板的不同分析结果。在一般动态短面板模型的估计中可以采用两步差分 GMM 估计法和两步系统 GMM 估计法，而一般动态长面板模型常采用偏差校正 LSDV 法进行估计。回归结果如表 5-1 所示。

表 5-1　绝对 β 收敛一般动态面板模型回归结果

变量	短面板差分 GMM 估计	短面板系统 GMM 估计	长面板偏差校正 LSDV $[i(ah)]$	长面板偏差校正 LSDV $[i(ab)]$	长面板偏差校正 LSDV $[i(bb)]$
$\ln y_{i,t-1}(\beta)$	0.9943 *** (0.0004)	0.9969 *** (0.0002)	0.9952 *** (0.0015)	0.9951 *** (0.0013)	0.9954 *** (0.0013)
常数项	0.1491 *** (0.0033)	0.1265 *** (0.0023)			
收敛速度 (φ)	0.0058	0.0032	0.0048	0.0049	0.0046
AR(1)检验	-0.0851 [0.0024]	-0.0502 [0.0023]			
AR(2)检验	-0.4078 [0.6834]	-0.3675 [0.7133]			
Sargan 检验	30.7710 [0.9345]	30.7617 [0.9336]			

注：（ ）内的值为回归系数的稳健标准误；[ ] 内的值为相应统计量的 P 值；*** 表示 1% 的显著性水平；Arellano-Bond AR（1）和 AR（2）分别检验模型扰动项的差分是否存在一阶自相关和二阶自相关；Sargan 检验的零假设是工具变量过度识别，接受零假设表示所有工具变量均有效。$i(ah)$ 表示在进行 LSDV 法估计时用来指定偏差校正的初始值使用 Anderson-Hsiao 估计量；$i(ab)$ 表示在进行 LSDV 法估计时用来指定偏差校正的初始值使用 Arellano-Bond 差分 GMM 估计量；$i(bb)$ 表示在进行 LSDV 法估计时用来指定偏差校正的初始值使用 Blundell-Bond 系统 GMM 估计量。

从表 5 - 1 可知，使用差分 GMM 估计法和系统 GMM 估计法时，模型的 AR（2）检验的 P 值分别为 0.6834、0.7133，因此，可以在 5% 的显著性水平下"接受扰动项差分的二阶自相关系数为 0 的假设"，即可以接受扰动项 $\{\varepsilon_{i,t}\}$ 无自相关的原假设，可以使用差分 GMM 估计法和系统 GMM 估计法。使用差分 GMM 估计法估计的系数 β 为 0.9943，收敛速度为 0.58%；而使用系统 GMM 估计法估计的系数 β 为 0.9969，收敛速度为 0.32%。采用长面板偏差校正 LSDV 法进行估计，当指定偏差校正的初始值使用 Anderson-Hsiao 估计量 $i(ah)$ 时，其估计的收敛速度为 0.48%，且估计系数为 0.9952，显著小于 1；而采用 Arellano-Bond 差分 GMM 估计量 $i(ab)$ 作为初始值时，其估计的收敛速度为 0.49%，且估计系数为 0.9951；而采用 Blundell-Bond 系统 GMM 估计量 $i(bb)$ 作为初始值时，其收敛速度为 0.46%，且估计系数为 0.9954。这表明，中国各省区市经济增长总体而言存在收敛，采用不同的模型估计的收敛速度稍有差异，但收敛速度基本在 0.32% 和 0.58% 之间。中国各省区市经济增长存在一定的空间相关性，忽略了空间效应可能得到有偏误的结果，因此下文将在一般动态面板模型中加入空间效应探究中国各省区市的经济增长是否收敛。

四　空间动态面板模型实证结果

由以上分析可知需要在模型中加入空间效应 ρ，整合原有的数据利用空间动态面板模型来考察中国各省区市的经济增长是否收敛，首先需要进行随机效应与固定效应的检验，如果式（5 - 21）中的 ρ 与某个解释变量相关，则称之为固定效应模型；如果 ρ 与所有解释变量均不相关，则称之为随机效应模型。选择上述哪种效应模型是通过 Hausman 检验来进行判别的。两种不同效应模型的回归结果及 Hausman 检验结果如表 5 - 2 所示。从表中可知三种空间权重矩阵模型的 Hausman 检验结果分别为 24.65、32.07 和 18.03，在 5% 的显著性水平下均通过了检验，故应采用固定效应模型进行分析。在进行空间固定效应检验后再进行时间固定效应检验，其结果为 F = 48.70，相应 P 值为 0.0000，因此应在空间固定效应模型中包括时间效应，即建立空间和时间双向固定效应模型比较合适。空间动态面板模型估计的参数值和标准误结果如表 5 - 2 所示。

表 5 - 2 绝对 β 收敛空间动态面板模型回归结果

变量	空间邻接矩阵	空间距离矩阵	经济距离矩阵
$\ln y_{i,t-1}(\beta)$	0.9539 *** (0.0083)	0.9462 *** (0.0089)	0.9562 *** (0.0094)
$wx - \ln y_{i,t-1}(\rho)$	-0.0088 (0.0780)	0.7629 ** (0.3299)	0.6313 ** (0.2713)
$wx - \ln y_{i,t}(\lambda)$	-0.0122 (0.1094)	-0.9335 ** (0.3830)	0.6313 ** (0.2655)
收敛速度 (φ)	0.0472	0.0553	0.0448
半衰周期(T)	14.68	12.54	15.48
R^2	0.9988	0.9886	0.9954
Log-likelihood	1851.5374	1860.7399	1841.0885
Hausman 检验	24.65 [0.0000]	32.07 [0.0000]	18.03 [0.0000]
Breusch-Pagan LM 检验	109.06 [0.0000]	109.06 [0.0000]	109.06 [0.0000]
时间效应 F 检验	48.70 [0.0000]	48.70 [0.0000]	48.70 [0.0000]
观测值	744	744	744

注:( ) 内的值为回归系数的稳健标准误;[ ] 内的值为相应统计量的 P 值;*** 、** 分别表示 1% 、5% 的显著性水平;Log-likelihood 是对数极大似然值;Hausman 检验的零假设是随机效应模型是合理的模型,拒绝零假设表示应该使用固定效应模型;Breusch-Pagan LM 检验的零假设是误差项独立同分布,拒绝零假设说明存在随机效应;时间效应 F 检验的零假设是无时间效应,拒绝零假设表明模型中包含时间效应。

首先,三种空间矩阵权重下的空间动态面板模型的拟合度均较高,且空间邻接矩阵模型的最高。但一般情况下,我们认为经济距离矩阵既考虑了地理距离对区域经济空间交互作用的影响,同时也考虑了经济发展水平差异的影响,所以相比较空间邻接矩阵和空间距离矩阵,经济距离矩阵更符合实际情况,更适合于考虑空间效应的收敛模型。估计的结果显示,空间距离矩阵模型的拟合度最低,这可能是因为模型中自变量只有因变量的滞后期,尚有主要影响因素没有考虑进来。从参数系数来看,三种空间权重矩阵模型的 β(即 $\ln y_{i,t-1}$ 项的系数)的估计值均小于 1,说明中国各省区市之间的经济增长呈现绝对 β 收敛特征,即落后地区的经济增长速度相对发达地区更快。三种空间权重矩阵模型估计的收敛速度相差不大,经济距离矩阵模型估计的收敛速度最小，为 4.48%，收敛半衰周期为 15.48 年；空间邻接矩阵模型次之，其收敛速度为 4.72%，收敛半衰周期为 14.68 年；空间距离矩阵模型估计的收敛速度最大，为 5.53%，收敛半衰周期为 12.54 年。

其次，从 λ 的估计值来看，空间距离矩阵和经济距离矩阵的估计结果均支持空间相关性，说明中国各省区市之间的经济增长当期值存在显著的空间相关性，但空间距离矩阵的 λ 估计值小于 0 且在 5% 的水平下通过显著性检验，即各省区市之间的经济增长当期值存在一定的负相关关系；而经济距离矩阵的 λ 估计值却在 5% 的水平下显著大于 0，这应该和经济距离矩阵中包含各地人均 GDP 数据有非常密切的关系；空间邻接矩阵的 λ 估计值为负但不显著。以上结果说明各省区市之间的经济增长当期值存在一定的空间相关关系，但不同空间权重矩阵模型的估计结果存在较大差异。对空间滞后项的系数 ρ 进行考察发现，空间距离矩阵及经济距离矩阵模型的估计结果均在 5% 的水平下显著大于 0，说明邻近地区滞后期经济增长会促进本区域的经济增长；而空间邻接矩阵下的滞后项系数 ρ 却小于 0 且不显著，说明邻近地区滞后期经济增长似乎会抑制一个地区的经济增长，但作用并不显著。

最后，比较一般动态面板模型和空间动态面板模型的回归结果不难发现，空间动态面板模型估计的反映收敛情况的系数 β 比一般动态面板模型估计的值小，相应地，空间动态面板模型下推算的收敛速度比一般动态面板模型的值大。这说明如果忽略了各省区市之间的空间相关性，则模型估计的收敛情况可能存在偏差，从上述回归结果来看，模型中如果没有空间权重矩阵，则会使根据模型估计系数计算的收敛速度偏小。但无论是一般动态面板模型还是空间动态面板模型，本节的估计结果均得到中国各省区市经济增长存在绝对 β 收敛的结论，而且，空间动态面板模型在设定上同时考虑了空间效应和时间效应，即模型的设定更为全面，使其比较稳健，因此估计结果也更加可信。

第三节　技术空间扩散与中国省区市经济增长
条件 β 收敛分析

通过第四章的分析可知中国各省区市之间存在显著的正向技术空间

扩散效应，技术空间扩散显著提高了各省区市的全要素生产率，进而促进了各省区市的经济增长，由本章第二节的实证分析可知中国各省区市之间存在显著的绝对 β 收敛现象，且空间相关性对收敛速度存在一定的影响，那么技术空间扩散对各省区市经济增长收敛是否存在促进作用、其作用程度如何需要进一步探讨。下文将在中国各省区市经济增长收敛模型中加入其稳态控制因素，特别是各省区市之间的技术空间扩散变量，分析其条件 β 收敛现象。

一 技术空间扩散与中国省区市经济增长条件 β 收敛模型设定

根据式（5 - 18）可知条件 β 收敛的一般动态面板模型为：

$$\ln y_{i,t} = \beta \ln y_{i,t-1} + \delta \ln X_{i,t} + \mu_i + \varepsilon_{i,t} \qquad (5-22)$$

其中，因变量 $\ln y_{i,t}$ 是当期人均 GDP 的对数值；自变量 $\ln y_{i,t-1}$ 是滞后期人均 GDP 的对数值；β 为当期人均 GDP 对数值对滞后期人均 GDP 对数值的弹性，是对地区经济增长收敛的衡量，若 β 显著小于 1，则表明经济增长存在条件 β 收敛性，若 β 显著大于 1，则表明经济增长是发散的；$X_{i,t}$ 为影响人均产出水平的其他自变量，δ 表示其他自变量对人均 GDP 对数值的影响系数；μ_i 代表个体异质性的截距项；$\varepsilon_{i,t}$ 为随个体与时间而改变的扰动项。

再使用空间动态面板模型进行估计，其回归方程为：

$$\ln y_{i,t} = \alpha + \lambda \sum_{j \neq i}^{n} w_{i,j} \ln y_{i,t} + \beta \ln y_{i,t-1} + \delta \ln X_{i,t} + \rho \sum_{j \neq i}^{n} w_{i,j} \ln y_{i,t-1} +$$
$$\eta \sum_{j \neq i}^{n} w_{i,j} \ln X_{i,t} + \mu_i + \varepsilon_{i,t} \qquad (5-23)$$

其中，$w_{i,j}$ 是权重矩阵，本书分别采用空间邻接矩阵、空间距离矩阵以及经济距离矩阵进行估计，并比较其估计结果。该模型利用个体效应 μ_i 来控制各省区市之间的差异；利用时间效应 $\varepsilon_{i,t}$ 来控制各期政府宏观经济政策或者世界经济形势变化对各省区市经济增长的影响。$\varepsilon_{i,t}$ 是随个体与时间而改变的扰动项，假设 $\{\varepsilon_{i,t}\}$ 为独立同分布，且与 μ_i 不相关。λ 和 ρ 描述各省区市之间经济的当期和滞后期的相关程度，η 为影响产出水平的其他自变量空间滞后项。

二 变量与数据说明

1. 被解释变量

被解释变量为各省区市人均 GDP（*AGDP*），同上文，为了消除物价变动的影响，人均 GDP 指标数据以 1991 年为基期利用 GDP 指数进行平减。数据来源于《新中国六十年统计资料汇编》《中国统计年鉴》。

2. 核心解释变量

各省区市接收到的来自省际技术空间扩散 $\ln(\sum_{i,j\neq i}\xi_j KR_{j,t-1})$ 和通过 FDI 及进口贸易形式的国际技术空间扩散 $\ln(FDI_{i,t-1}^{*}\cdot\sum_{j}RD_j)$、$\ln(M_{i,t-1}^{*}\cdot\sum_{j}RD_j)$ 亦是本节关注的核心变量，其设定和计算方式与第四章第二节相同。数据来源于《中国统计年鉴》（1990～2016 年）、《中国科技统计年鉴》（1990～2016 年）、前瞻数据库、Source OECD 网站中 Main Science and Technology Indicators 和 OECD 统计数据库。

3. 控制变量

各省区市的物质资本（*K*）。物质资本是经济增长的主要投入因素，一般区域物质资本的配置效率越高，资本的边际效益越大，经济的总产出就越大，物质资本对经济增长起基础性作用，因此在模型中需要引入物质资本变量。物质资本 *K* 用永续盘存法来计算获得，其计算公式为 $K_t = K_{t-1}(1-\delta)+I_t$，固定资产的折旧率以及基期资本存量值采用单豪杰（2008）的计算方法，折旧率为 10.96%。为了消除物价变动的影响，资本存量数据均按 1991 年价格指数进行平减。数据来源于《中国统计年鉴》（1990～2016 年）。

各省区市的 R&D 资本投入（*KR*）。经济增长主要源于所投入的资本和劳动力的数量，从西方经济学理论来看，资本对经济增长的作用经历了从以物质资本为主体到以人力资本为中心再到以知识资本为核心的几个阶段，知识资本是促进经济增长的内生力量，而影响知识资本的内生因素包括知识扩散、人力资本投资、研究和开发资金投入等。由于当前和过去的 R&D 支出，即 R&D 资本存量是当前知识存量较好的衡量指标，所以本节以各省区市的 R&D 资本存量来表示各省区市的 R&D 资本投入。数据来源于《中国统计年鉴》（1990～2016 年）、《中国科技统计年鉴》（1990～2016 年）。

城市化率（U）。城市的集聚效应和共享效应有利于生产率的提高，进而可以促进区域经济的发展，而城市化的实质是人口向中心城镇的集聚，因此常以城镇人口占总人口的比重来衡量城市化率。数据来源于《中国统计年鉴》（1990～2016 年）和《中国劳动统计年鉴》（1990～2016 年）。

基础设施建设（F）。基础设施建设是发展经济的基本条件，不仅仅可以提高本区域的生产效率，更能便利区域之间的经济往来。因此基础设施建设与经济增长之间可能存在紧密的联系。同第四章第二节中的设定，以省域公路里程数来表示各省区市基础设施建设的水平。数据来源于《中国统计年鉴》（1990～2016 年）。

产业结构（I）。经济通过专业化和社会分工形成一定的产业结构，同时，产业结构决定了区域的经济增长模式。非农产业产值占 GDP 的比重通常用来表示区域的产业结构，因为非农产业比重的提高意味着国民经济生产效率的提高。为此本书以非农产业产值占 GDP 的比重作为地区的产业结构指标。数据来源于《中国统计年鉴》（1990～2016 年）和《中国劳动统计年鉴》（1990～2016 年）。

由于数据可得性，样本期为 1991～2015 年，选定除香港、澳门和台湾以外的 31 个省区市。表 5－3 报告了主要变量的相关系数与描述性统计。

表 5－3　主要变量的相关系数与描述性统计

变量	变量说明	样本量	均值	标准差	最小值	最大值
$\ln AGDP$	人均 GDP	755	8.7226	0.8720	6.7979	10.8613
$\ln\left(\sum_{i,j\neq i}\xi_j KR_{j,t-1}\right)$	省际技术空间扩散	755	5.2720	1.2760	3.1420	8.1441
$\ln\left(FDI_{i,t-1}^*\cdot\sum_j RD_j\right)$	外商直接投资渠道技术空间扩散	755	0.2274	1.6776	-4.4119	3.8246
$\ln\left(M_{i,t-1}^*\cdot\sum_j RD_j\right)$	进口贸易渠道技术空间扩散	755	2.0772	1.3448	-1.3458	5.9954

变量	变量说明	样本量	均值	标准差	最小值	最大值
ln$K$	物质资本存量	755	8.2659	1.2855	4.3472	11.1215
lnKR	R&D 资本存量	755	4.0944	1.7395	-0.5345	8.0783
ln$U$	城市化率	755	-0.9612	0.4554	-2.0166	-0.1097
ln$F$	基础设施建设	755	10.9077	0.9437	8.0709	12.6622
ln$I$	产业结构	755	-0.1823	0.1105	-0.6898	-0.0044

三　一般动态面板模型实证结果

在一般动态短面板模型的估计中采用两步差分 GMM 估计法和两步系统 GMM 估计法，一般动态长面板模型采用偏差校正 LSDV 法进行估计，回归结果如表 5 - 4 所示。从表中可知，使用差分 GMM 估计法和系统 GMM 估计法时，模型 AR（2）检验的 P 值分别为 0.1693、0.7904，因此，可以在 5% 的显著性水平下 "接受扰动项差分的二阶自相关系数为 0 的假设"，接受扰动项 $\{\varepsilon_{i,t}\}$ 无自相关的原假设，可以使用差分 GMM 估计法和系统 GMM 估计法。使用差分 GMM 估计法估计的系数 β 为 0.8681，收敛速度为 14.14%；而使用系统 GMM 估计法估计的系数 β 为 0.7320，收敛速度为 31.20%。采用长面板偏差校正 LSDV 法进行估计，当指定偏差校正的初始值使用 Anderson-Hsiao 估计量 $i(ah)$ 时，其估计的收敛速度为 2.91%，且估计系数 β 为 0.9713，显著小于 1；而采用 Arellano-Bond 差分 GMM 估计量 $i(ab)$ 作为初始值时，其估计的收敛速度为 3.68%，且估计系数 β 为 0.9639；而采用 Blundell-Bond 系统 GMM 估计量 $i(bb)$ 作为初始值时，其收敛速度为 1.98%，且估计系数 β 为 0.9804。这表明，中国各省区市经济增长总体而言存在条件 β 收敛，采用不同的模型估计的收敛速度差异较大。如果将各省区市 25 年的相关数据模型当成长面板模型，则其估计的收敛速度远远小于将其当成短面板数据模型估计的收敛速度，长面板数据的估计结果与其他学者的研究结论比较接近。而造成这种偏误的原因可能是中国各省区市经济增长存在一定的空间相关性，忽略了空间效应的估计结果不准确。因此下文将在一般动态面板模型中加入空间效应探究中国各省区市的经济增长是否收敛。

省际的技术空间扩散系数在短面板及长面板模型中估计的结果均为正值，但在长面板模型中不显著，说明如果不考虑空间相关性，省际存在的技术空间扩散能促进区域经济的增长。FDI 渠道的国际技术空间扩散系数均显著为正，表明外商直接投资对中国区域经济增长有显著的推动作用。进口贸易渠道的国际技术空间扩散系数均显著为负，说明进口贸易对中国区域经济增长有一定的阻碍作用。

表 5 - 4　条件 β 收敛一般动态面板模型回归结果

变量	短面板差分 GMM 估计	短面板系统 GMM 估计	长面板偏差校正 LSDV [$i(ah)$]	长面板偏差校正 LSDV [$i(ab)$]	长面板偏差校正 LSDV [$i(bb)$]
$\ln y_{i,t-1}(\beta)$	0.8681 *** (0.0340)	0.7320 *** (0.0411)	0.9713 *** (0.0191)	0.9639 *** (0.0119)	0.9804 *** (0.0115)
$\ln(\sum_{i,j\neq i}\xi_j KR_{j,t-1})$	0.0509 *** (0.0062)	0.0491 *** (0.0158)	0.0058 (0.0073)	0.0026 (0.0043)	0.0010 (0.0045)
$\ln(FDI^*_{i,t-1}\cdot\sum_j RD_j)$	0.1699 *** (0.0132)	0.0607 *** (0.0179)	0.1362 *** (0.0304)	0.1319 *** (0.0192)	0.1172 *** (0.0211)
$\ln(M^*_{i,t-1}\cdot\sum_j RD_j)$	- 0.1585 *** (0.0125)	- 0.0418 ** (0.0173)	- 0.1396 *** (0.0281)	- 0.1335 *** (0.0176)	- 0.1229 *** (0.0194)
$\ln K$	0.0583 *** (0.0211)	0.0772 ** (0.0305)	0.0112 (0.0132)	0.0016 (0.0085)	0.0064 (0.0092)
$\ln KR$	0.0022 (0.0029)	0.0220 (0.0146)	- 0.0111 ** (0.0046)	- 0.0111 ** (0.0047)	- 0.0132 *** (0.0030)
$\ln U$	0.0068 * (0.0037)	0.0057 * (0.0031)	0.0020 (0.0068)	0.0024 (0.0045)	0.0024 (0.0051)
$\ln F$	0.0266 *** (0.0021)	0.0388 *** (0.0021)	0.0275 *** (0.0061)	0.0258 *** (0.0040)	0.0249 *** (0.0045)
$\ln I$	0.0582 (0.0471)	0.3751 *** (0.0772)	0.1201 *** (0.0361)	0.1157 *** (0.0227)	0.1031 *** (0.0255)
常数项	0.9173 *** (0.1019)	1.1409 *** (0.1248)			
收敛速度(φ)	0.1414	0.3120	0.0291	0.0368	0.0198
半衰周期(T)	4.90	2.22	23.81	18.85	35.02
AR(1)检验	- 1.3835 [0.0000]	- 1.441 [0.0000]			

变量	短面板差分GMM 估计	短面板系统GMM 估计	长面板偏差校正 LSDV[$i(ah)$]	长面板偏差校正 LSDV[$i(ab)$]	长面板偏差校正 LSDV[$i(bb)$]
AR（2）检验	−1.3745 [0.1693]	−0.2657 [0.7904]			
Sargan 检验	30.0628 [0.9460]	28.9112 [1.0000]			

注：（ ）内的值为回归系数的稳健标准误；[ ] 内的值为相应统计量的 P 值；***、**、*分别表示 1%、5% 和 10% 的显著性水平；Arellano-Bond AR（1）和 AR（2）分别检验模型扰动项的差分是否存在一阶自相关和二阶自相关；Sargan 检验的零假设是工具变量过度识别，接受零假设表示所有工具变量均有效。$i(ah)$ 表示在进行 LSDV 法估计时用来指定偏差校正的初始值使用 Anderson-Hsiao 估计量；$i(ab)$ 表示在进行 LSDV 法估计时用来指定偏差校正的初始值使用 Arellano-Bond 差分 GMM 估计量；$i(bb)$ 表示在进行 LSDV 法估计时用来指定偏差校正的初始值使用 Blundell-Bond 系统 GMM 估计量。

四 空间动态面板模型实证结果

由于本章利用空间动态面板模型来分析中国各省区市技术空间扩散与经济增长收敛性问题，即假设在式（5 - 23）中 $\beta \neq 0$，故排除了利用 SEM 模型进行分析的可能；在进行 SLM 模型分析时其空间相关系数不显著，故也被排除。因此下文采用空间杜宾模型（SDM）来进行分析。利用三种不同空间权重矩阵进行分析的 Hausman 检验结果的 Chi-Sq 值分别为 −3.30、−6.33 及 −0.98，在 1% 的显著性水平下均未通过检验，故应采用随机效应模型进行分析。在进行空间随机效应检验后再进行时间随机效应检验，其结果为 F = 48.70，相应 P 值为 0.0000，因此应在空间随机效应模型中包括时间效应，即建立包含空间和时间双向随机效应模型比较合适。空间动态面板模型估计的参数值和标准误结果如表 5 - 5 所示。

表 5 - 5　条件 β 收敛空间动态面板模型回归结果

变量	空间邻接矩阵	空间距离矩阵	经济距离矩阵
$\ln y_{i,t-1}(\beta)$	0.9581 *** (0.0091)	0.9662 *** (0.0078)	0.9713 *** (0.0075)
$\ln(\sum_{i,j \neq i} \xi_j KR_{j,t-1})$	0.0015 *** (0.0004)	0.0034 ** (0.0016)	0.0013 *** (0.0003)

变量	空间邻接矩阵	空间距离矩阵	经济距离矩阵
$\ln\left(FDI_{i,t-1}^{*}\cdot\sum_{j}RD_{j}\right)$	0.0065 ** (0.0030)	0.0044 ** (0.0021)	0.0049 ** (0.0020)
$\ln\left(M_{i,t-1}^{*}\cdot\sum_{j}RD_{j}\right)$	-0.0613 *** (0.0213)	-0.0040 ** (0.0018)	-0.0057 ** (0.0027)
$\ln K$	0.0162 *** (0.0057)	0.0183 *** (0.0064)	0.0125 *** (0.0040)
$\ln KR$	0.0085 *** (0.0028)	0.0158 *** (0.0029)	0.0092 *** (0.0024)
$\ln U$	-0.0076 ** (0.0036)	-0.0071 ** (0.0035)	-0.0105 * (0.0062)
$\ln F$	0.0077 * (0.0041)	0.0089 ** (0.0041)	0.0086 ** (0.0043)
$\ln I$	0.1557 *** (0.0200)	0.1451 *** (0.0204)	0.1443 *** (0.0208)
$wx-\ln y_{i,t-1}(\rho)$	-0.3927 *** (0.0552)	-0.6185 *** (0.0975)	-0.6066 *** (0.0582)
$wx-\ln y_{i,t}(\lambda)$	0.4319 *** (0.0951)	0.5514 ** (0.2481)	0.7459 *** (0.0621)
$wx-\ln\left(\sum_{i,j\neq i}\xi_{j}KR_{j,t-1}\right)$	0.0429 *** (0.0079)	0.0879 *** (0.0177)	0.0552 *** (0.0153)
$wx-\ln\left(FDI_{i,t-1}^{*}\cdot\sum_{j}RD_{j}\right)$	0.0670 ** (0.0295)	0.0272 ** (0.0132)	0.0097 ** (0.0047)
$wx-\ln\left(M_{i,t-1}^{*}\cdot\sum_{j}RD_{j}\right)$	-0.0138 (0.0251)	0.0233 (0.0400)	0.0208 (0.0231)
$wx-\ln K$	0.0297 ** (0.0138)	0.0090 (0.0420)	0.0096 (0.0252)
$wx-\ln KR$	-0.0126 * (0.0067)	-0.0354 ** (0.0154)	-0.0068 (0.0104)
$wx-\ln U$	0.0055 * (0.0031)	0.0454 ** (0.0195)	0.0402 ** (0.0195)
$wx-\ln F$	0.0027 *** (0.0009)	0.0039 *** (0.0006)	0.0047 *** (0.0008)
$wx-\ln I$	-0.1604 ** (0.0735)	-0.1776 * (0.0919)	-0.1514 * (0.0872)
常数项	0.3835 *** (0.1067)	0.6002 *** (0.1639)	0.4299 *** (0.1540)

变量	空间邻接矩阵	空间距离矩阵	经济距离矩阵
收敛速度(φ)	0.0428	0.0344	0.0291
半衰周期(T)	16.19	20.16	23.80
R^2	0.9986	0.9993	0.9896
Log-likelihood	1805.0261	1839.1881	1981.4555
Hausman 检验	-3.30	-6.33	-0.98
Breusch-Pagan LM 检验	66.30 [0.0000]	66.30 [0.0000]	66.30 [0.0000]
时间效应 F 检验	48.70 [0.0000]	48.70 [0.0000]	48.70 [0.0000]
观测值	744	744	744

注：( ) 内的值为回归系数的稳健标准误；[ ] 内的值为相应统计量的 P 值；*** 、** 、* 分别表示 1% 、5% 和 10% 的显著性水平；Log-likelihood 是对数极大似然值；Hausman 检验的零假设是随机效应模型是合理的模型，拒绝零假设表示应该使用固定效应模型；Breusch-Pagan LM 检验的零假设是误差项独立同分布，拒绝零假设说明存在随机效应；时间效应 F 检验的零假设是无时间效应，拒绝零假设表明模型中包含时间效应。

首先，三种空间权重矩阵下的空间动态面板模型的拟合度均较高，且空间距离矩阵模型的最高。但一般情况下，我们认为经济距离矩阵既考虑了地理距离对区域经济空间交互作用的影响，同时也考虑了经济发展水平差异的影响，所以相比较空间邻接矩阵和空间距离矩阵，经济距离矩阵更符合实际情况，更适合于考虑空间效应的收敛模型。估计的结果刚好相反，经济距离矩阵模型的拟合度最低。从参数系数来看，三种矩阵模型的 β（即 $\ln y_{i,t-1}$ 项的系数）的估计值均显著小于 1，说明中国各省区市之间的经济增长呈现条件 β 收敛特征。三种矩阵模型估计的收敛速度相差不大，经济距离矩阵模型估计的收敛速度最小，为 2.91%，收敛半衰周期为 23.80 年；空间距离矩阵模型次之，其收敛速度为 3.44%，收敛半衰周期为 20.16 年；空间邻接矩阵模型估计的收敛速度最大，为 4.28%，收敛半衰周期为 16.19 年。从 λ 的估计值来看，三种矩阵模型的估计结果均显著大于 0，即均支持空间相关性，说明中国各省区市之间的经济增长当期值存在显著的空间相关性。对空间滞后项的系数 ρ 进行考察发现，三种矩阵模型的估计结果均在 1% 的水平下显著小于 0，说明邻近地区滞后期的经济增长会抑制本区域的经济增长。比较一般动态面板模型和空间动态面板模型的回归结果不难发现，空间动态面板模型估计的反映收敛情况的系数 β 比一般动态面板模型中的短面板模型估计的值大，且与长面板模型估计的值较接近。但无论是一般动态面板模型还是空间动态面板模型，本节的估计结果均得到中国各省区市经济增长存在条件 β 收敛的结论，而且空间动态面板模型在设定上同时考虑了空间效应和时间效应，避免了模型设定的错误，使其比较稳健，因此估计结果也更加可信。

其次，省际技术空间扩散的系数在三类模型中均显著为正，说明中国各省区市之间存在显著的正向技术空间扩散效应，且省际技术空间扩散将有利于区域经济增长。在空间距离矩阵中其促进作用最大，为 0.0034，表明省际技术空间扩散效应每提高 1%，则经济增长率将提升 0.0034%；在空间邻接矩阵中其数值为 0.0015，而在经济距离矩阵中其数值为 0.0013。外商直接投资形式的国际技术空间扩散系数也均为正，说明 FDI 对中国各省区市经济增长收敛在三个模型中也均具有显著的正向作用，且影响作用大于省际的技术空间扩散。进口贸易形式的国际技术空间扩散系数均显著为负，表明进口贸易形式的技术空间扩散效应将弱化区域经济增长收敛态势。观察核心变量的空间滞后项不难发现：三种矩阵模型的省际技术空间扩散、外商直接投资形式的国际技术空间扩散滞后项回归系数均为正，且通过显著性检验，表明省际技术空间扩散和 FDI 渠道的国际技术空间扩散在促进本地区经济增长的同时，也正向作用于相邻地区。进口贸易形式的国际技术空间扩散滞后项回归系数在空间邻接矩阵中的估计结果为负，在另外两类矩阵中的估计结果均为正，且三类矩阵的回归系数均未通过显著性检验，说明相邻地区进口贸易形式的国际技术空间扩散对本区域经济增长的影响作用并不明显。

再次，控制变量中物质资本存量、R&D 资本存量、基础设施建设以及产业结构的回归系数均显著为正，且产业结构的系数最大，在三类矩阵模型中分别为 0.1557、0.1451 和 0.1443，说明自中国产业结构转型以来，产业结构对现有中国区域经济增长的贡献最大，产业结构通过提升非农产业比重提高资源配置效率，进而促进经济增长。物质资本存量的回归系数均为正，符合预期，物质资本投资是推动中国经济增长的动力之一，且其影响作用一直是显著和稳健的。R&D 资本存量反映的是本区域研发投入，其在三类矩阵模型中均显著为正，且在 1% 的水平下通过显著性检验，表明研发投入仍是区域科技创新的重要基础，且其对区域经济增长有正向推动作用。基础设施建设的正向效应印证了基础设施是经济增长的条件的事实，其作用主要在于促进全要素生产率的提高。城市化率的回归系数显著为负，这一结果与预期不同。原因可能是，城市化与经济增长之间的关系是一种由人口密度、专业分工、知识溢出、技术进步、公共政策等一系列经济变量综合作用的复杂关系，城市化率既可以与高增长相联系，也可以与低增长甚至经济停滞相联系，城市化未必自然导致经济增长。

物质资本存量、城市化率及基础设施建设的空间滞后项系数均为正，反映出劳动力投入、资本投入、城市化水平及基础设施建设水平的提高或改善可以促进相邻区域的经济增长。R&D 资本存量及产业结构的空间滞后项回归系数均为负，且在空间邻接矩阵和空间距离矩阵模型中均通过显著性检验，表明 R&D 资本存量和产业结构在影响本区域的经济增长的同时，也作用于相邻区域，但产生的空间溢出效应为负，即相邻区域的 R&D 资本存量越大或非农产业越发达，亦有可能对本区域的资源产生虹吸效应，从而不利于本区域的经济增长。

最后，比较一般动态面板模型与空间动态面板模型的分析结果发现：空间动态面板模型估计的条件 β 收敛速度比短面板 GMM 估计法估计的收敛速度小，且与长面板偏差校正 LSDV 法估计的收敛速度比较接近。在空间动态面板模型中，省际技术空间扩散系数、FDI 国际技术空间扩散系数均显著为正，但数值远小于一般动态短面板模型估计结果；进口贸易国际技术空间扩散系数均显著为负，其系数绝对值基本小于一般动态面板模型估计结果。由此可见，如果忽略空间相关性，则模型参数估计结果可能会产生上述偏误的情况。

第四节　技术空间扩散与中国省区市经济增长俱乐部收敛分析

由上文分析可知，中国各省区市之间存在绝对 β 收敛及条件 β 收敛现象，那么各省区市在其所在的三大经济带内部是否收敛，即是否存在俱乐部收敛是值得进一步探讨的问题。俱乐部收敛是指若将初期经济发展水平接近的各省区市看成经济集团，在具有相似结构特征的前提下其集团内部经济增长速率差异趋于减小。为考察地区因素对经济增长收敛的影响，下文将分别利用中国东部、中部、西部地区数据考察技术空间扩散与经济增长俱乐部收敛情况。

一 技术空间扩散与中国东部地区经济增长俱乐部收敛回归结果

为考察三大经济带内部及经济带之间的技术空间扩散及经济增长俱乐部收敛情况，利用式（5－22）和式（5－23）以及三大经济带的样本数据分别对中国东部、中部、西部进行技术空间扩散与经济增长俱乐部收敛的回归分析。东部、中部及西部地区分别包含 11 个省市、8 个省份及 12 个省区市，即 $n < T = 25$，因此应视为长面板数据，动态面板模型采用偏差校正 LSDV 法进行估计。表 5－6、表 5－7 描述的是东部地区一般动态面板模型及空间动态面板模型回归结果。

表 5－6　东部地区俱乐部收敛一般动态面板模型回归结果

变量	长面板偏差校正 LSDV [$i(ah)$]	长面板偏差校正 LSDV [$i(ab)$]	长面板偏差校正 LSDV [$i(bb)$]
$\ln y_{i,t-1}(\beta)$	0.9086 *** (0.0316)	0.9055 *** (0.0217)	0.9304 ** (0.0211)
$\ln(\sum_{i,j\neq i}\xi_j KR_{j,t-1})$	0.0062 *** (0.0015)	0.0076 *** (0.0017)	0.0051 *** (0.0012)
$\ln(FDI^*_{i,t-1}\cdot\sum_j RD_j)$	0.1756 *** (0.0490)	0.1717 *** (0.0314)	0.1669 *** (0.0395)
$\ln(M^*_{i,t-1}\cdot\sum_j RD_j)$	－0.1971 *** (0.0489)	－0.1919 *** (0.0311)	－0.1900 *** (0.0391)
$\ln K$	0.0102 (0.0188)	0.0113 (0.0111)	0.0024 (0.0141)
$\ln KR$	－0.0036 (0.0108)	－0.0037 (0.0074)	－0.0058 (0.0089)
$\ln U$	0.0040 (0.0094)	0.0041 (0.0066)	0.0052 (0.0084)
$\ln F$	0.0182 (0.0138)	0.0165 (0.0089)	0.0120 (0.0111)

变量	长面板偏差校正 LSDV [$i(ah)$]	长面板偏差校正 LSDV [$i(ab)$]	长面板偏差校正 LSDV [$i(bb)$]
ln$I$	0.3553 *** (0.1208)	0.3562 *** (0.0778)	0.3163 *** (0.0963)
收敛速度(φ)	0.0958	0.0992	0.0722
半衰周期(T)	7.23	6.98	9.60

注：( ) 内的值为回归系数的稳健标准误；*** 、** 分别表示 1%、5% 的显著性水平。 $i(ah)$ 表示在进行 LSDV 法估计时用来指定偏差校正的初始值使用 Anderson-Hsiao 估计量； $i(ab)$ 表示在进行 LSDV 法估计时用来指定偏差校正的初始值使用 Arellano-Bond 差分 GMM 估计量； $i(bb)$ 表示在进行 LSDV 法估计时用来指定偏差校正的初始值使用 Blundell-Bond 系统 GMM 估计量。

从表 5 - 6 回归结果可知，长面板偏差校正 LSDV 法估计的系数 β 显著小于 1，说明在不考虑空间相关性的条件下，1991 ~ 2015 年中国东部地区存在俱乐部收敛现象，东部各省市之间的技术空间扩散系数及外商直接投资形式的国际技术空间扩散系数均显著为正，说明省际技术空间扩散及 FDI 渠道的国际技术空间扩散对东部地区的经济增长均存在显著的正向促进作用。进口贸易形式的国际技术空间扩散效应显著为负，说明进口贸易渠道的国际技术空间扩散效应会阻碍区域经济增长。

利用空间动态面板模型来考察中国东部地区技术空间扩散与经济增长俱乐部收敛关系，由于 Hausman 检验结果的 Chi-Sq 值分别为 114.76、121.72 和 14.14，在 1% 的显著性水平下均通过了检验，故应采用固定效应模型进行分析。在进行空间固定效应检验后再进行时间固定效应检验，其结果为 F = 117.26，相应 P 值为 0.0000，因此在空间固定效应模型中应包括时间效应，建立空间和时间双向固定效应模型比较合适。空间动态面板模型估计的参数值和标准误结果如表 5 - 7 所示。

表 5 - 7　东部地区俱乐部收敛空间动态面板模型回归结果

变量	空间邻接矩阵	空间距离矩阵	经济距离矩阵
$\ln y_{i,t-1}(\beta)$	0.9031 *** (0.0290)	0.9285 *** (0.0377)	0.9220 *** (0.0190)
$\ln(\sum_{i,j\neq i}\xi_j KR_{j,t-1})$	0.0443 *** (0.0058)	0.0741 *** (0.0063)	0.0330 *** (0.0042)

续表

变量	空间邻接矩阵	空间距离矩阵	经济距离矩阵
$\ln(FDI^*_{i,t-1} \cdot \sum_j RD_j)$	0.0155 *** (0.0052)	0.0140 *** (0.0053)	0.0042 *** (0.0016)
$\ln(M^*_{i,t-1} \cdot \sum_j RD_j)$	− 0.1468 *** (0.0392)	− 0.2114 *** (0.0488)	0.0025 (0.0195)
$\ln K$	0.0165 (0.0150)	0.0389 *** (0.0150)	0.0143 (0.0190)
$\ln KR$	0.0159 *** (0.0012)	0.0123 (0.0094)	− 0.0047 (0.0058)
$\ln U$	0.0120 * (0.0063)	− 0.0050 (0.0076)	− 0.0155 *** (0.0059)
$\ln F$	0.0414 * (0.0226)	0.0277 *** (0.0085)	0.0148 *** (0.0038)
$\ln I$	0.6670 *** (0.0806)	0.6613 *** (0.0780)	0.3219 *** (0.0494)
$wx - \ln y_{i,t-1}(\rho)$	0.2720 *** (0.1001)	0.5129 *** (0.1043)	− 0.5625 *** (0.0557)
$wx - \ln y_{i,t}(\lambda)$	− 0.1038 (0.1372)	− 0.5158 *** (0.1736)	0.7687 *** (0.0712)
$wx - \ln(\sum_{i,j \neq i} \xi_j KR_{j,t-1})$	0.0668 (0.1092)	0.0892 *** (0.0089)	0.0601 (0.0681)
$wx - \ln(FDI^*_{i,t-1} \cdot \sum_j RD_j)$	0.2620 *** (0.0795)	0.2471 (0.1730)	− 0.0184 (0.0956)
$wx - \ln(M^*_{i,t-1} \cdot \sum_j RD_j)$	− 0.1963 ** (0.0821)	− 0.3053 (0.2854)	0.0016 (0.0858)
$wx - \ln K$	− 0.0222 (0.0265)	− 0.1717 *** (0.0630)	− 0.0364 (0.0583)
$wx - \ln KR$	− 0.0010 (0.0187)	− 0.0945 ** (0.0429)	0.0220 (0.0383)
$wx - \ln U$	0.0276 *** (0.0089)	− 0.0626 * (0.0354)	− 0.0070 (0.0074)
$wx - \ln F$	− 0.0249 ** (0.0117)	− 0.0788 ** (0.0346)	− 0.0042 (0.0155)
$wx - \ln I$	0.4942 *** (0.1782)	0.9639 * (0.5263)	− 0.3775 (0.5116)
收敛速度(φ)	0.1019	0.0742	0.0812
半衰周期(T)	6.80	9.34	8.54

变量	空间邻接矩阵	空间距离矩阵	经济距离矩阵
R²	0.9114	0.6447	0.9980
Log-likelihood	724.8660	754.7054	718.3506
Hausman 检验	114.76 [0.0000]	121.72 [0.0000]	14.14 [0.0016]
Breusch-Pagan LM 检验	0.0000 [0.9901]	0.0000 [0.9901]	0.0000 [0.9901]
时间效应 F 检验	117.26 [0.0000]	117.26 [0.0000]	117.26 [0.0000]
观测值	264	264	264

注：（）内的值为回归系数的稳健标准误；［］内的值为相应统计量的 P 值；***、**、*分别表示 1%、5% 和 10% 的显著性水平；Log-likelihood 是对数极大似然值；Hausman 检验的零假设是随机效应模型是合理的模型，拒绝零假设表示应该使用固定效应模型；Breusch-Pagan LM 检验的零假设是误差项独立同分布，拒绝零假设说明存在随机效应；时间效应 F 检验的零假设是无时间效应，拒绝零假设表明模型中包含时间效应。

首先，由表 5-7 的结果可知：空间邻接矩阵及经济距离矩阵模型的拟合度均较高，而空间距离矩阵的拟合度只有 0.6447。从参数系数来看，三种矩阵模型的 β（即 $\ln y_{i,t-1}$ 项的系数）的估计值均显著小于 1，说明中国东部各省市之间的经济增长呈现俱乐部收敛特征，与不考虑空间相关性的一般动态面板模型的结论一致。三种矩阵模型估计的收敛速度存在一定差异，空间距离矩阵模型估计的收敛速度最小，为 7.42%，收敛半衰周期为 9.34 年；经济距离矩阵模型次之，其收敛速度为 8.12%，收敛半衰周期为 8.54 年；空间邻接矩阵模型估计的收敛速度最大，为 10.19%，收敛半衰周期只有 6.80 年。从 λ 的估计值来看，三种矩阵模型的估计结果也存在较大差异，其中空间邻接矩阵和空间距离矩阵模型的 λ 估计值均小于 0，但空间邻接矩阵的系数未通过显著性检验；而经济距离矩阵模型的 λ 估计值显著大于 0。不同矩阵的这种不同 λ 值结果说明，中国东部各省市之间的经济增长当期值存在显著的空间相关性，但如果只考虑空间关系（空间邻接矩阵模型、空间距离矩阵模型），则东部各省市之间的经济增长当期值存在负向空间相关关系；如果既考虑各省市之间的空间关系又考虑其经济联系（经济距离矩阵模型），则东部各省市之间的经济增长当期值存在正向空间相关关系。对空间滞后项的系数 ρ 进行考察发现，三种矩阵模型的估计结果也不尽相同。其中，在空间邻接矩阵和空间距离矩阵模型中 ρ 估计值均在 1% 的水平下显著大于 0，说明邻近地区滞后期经济增长会促进本区域的经济增长；而经济距离矩阵模型下 ρ 估计值在 1% 的水平下显著小于 0，说明邻近地区滞后期经济增长会抑制本区域的经济增长。三种矩阵模型得出的不同结果表明，在中国东部各省市之间的空间关联性不仅体现在地理空间交互作用方面，还体现在经济发展水平方面。

其次，省际技术空间扩散及 FDI 形式的国际技术空间扩散的系数在三种矩阵模型中均显著为正，说明省际技术空间扩散及 FDI 渠道的国际技术空间扩散对东部地区的经济增长均存在显著的正向促进作用，这与一般动态面板模型的估计结果一致。进口贸易形式的国际技术空间扩散系数在空间邻接矩阵和空间距离矩阵中均显著为负，表明进口贸易形式的国际技术空间扩散效应将弱化区域经济增长收敛态势，但在经济距离矩阵中其回归系数为正，但并不显著。这表明进口贸易渠道的国际技术空间扩散效应对东部地区经济增长的影响并不稳定。

最后，比较一般动态面板模型与空间动态面板模型的分析结果发现：空间动态面板模型估计的东部地区俱乐部收敛速度与一般动态面板模型估计结果差异不大。在空间动态面板模型中，省际技术空间扩散系数及 FDI 渠道的国际技术空间扩散系数均显著为正，且省际技术空间扩散系数比一般动态面板模型估计结果更大，而 FDI 渠道的国际技术空间扩散系数小于一般动态面板模型估计结果；而进口贸易渠道的国际技术空间扩散系数在经济距离矩阵模型中估计结果为正，不同于一般动态面板模型估计的显著为负的结果。由此可见，如果忽略空间相关性，则模型参数估计结果可能会产生一定的偏误。

二 技术空间扩散与中国中部地区经济增长俱乐部收敛回归结果

表 5 - 8 描述的是中部地区一般动态面板模型回归结果，不难发现，中国中部地区技术空间扩散与经济增长俱乐部收敛模型的长面板偏差校正 LSDV 法估计的系数 β 均显著大于 1，说明在不考虑空间相关性的条件下，

1991～2015 年中国中部各省份之间的经济增长呈现发散状态，不存在俱乐部收敛现象。中部各省份之间的技术空间扩散系数均为正且通过显著性检验，说明技术空间扩散效应在中部地区较明显。外商直接投资形式的技术空间扩散系数为正，但均未通过显著性检验，说明 FDI 渠道的技术空间扩散效应对中国中部地区经济增长的促进作用并不明显。进口贸易形式的技术空间扩散效应为负，均不显著，说明进口贸易渠道的技术空间扩散效应会阻碍中部地区的经济增长，但作用并不明显。

表 5 - 8　中部地区俱乐部收敛一般动态面板模型回归结果

变量	长面板偏差校正 LSDV [$i(ah)$]	长面板偏差校正 LSDV [$i(ab)$]	长面板偏差校正 LSDV [$i(bb)$]
$\ln y_{i,t-1}(\beta)$	1.0186*** (0.0564)	1.0249*** (0.0229)	1.0359*** (0.0212)
$\ln(\sum_{i,j\neq i}\xi_j KR_{j,t-1})$	0.0575*** (0.0042)	0.0488*** (0.0109)	0.0466*** (0.0117)
$\ln(FDI^*_{i,t-1}\cdot\sum_j RD_j)$	0.0116 (0.1055)	0.0231 (0.0340)	0.0261 (0.0403)
$\ln(M^*_{i,t-1}\cdot\sum_j RD_j)$	-0.0173 (0.0981)	-0.0291 (0.0340)	-0.0348 (0.0372)
$\ln K$	-0.0666* (0.0343)	-0.0621*** (0.0139)	-0.0637*** (0.0145)
$\ln KR$	-0.0363 (0.0344)	-0.0335*** (0.0088)	-0.0378*** (0.0099)
$\ln U$	-0.0369 (0.0298)	-0.0358** (0.0145)	-0.0336** (0.0164)
$\ln F$	0.0153 (0.0254)	0.0152* (0.0079)	0.0169* (0.0088)
$\ln I$	0.2155 (0.1517)	0.1843*** (0.0431)	0.1555*** (0.0492)
收敛速度(φ)	-0.0184	-0.0246	-0.0353
半衰周期(T)	-37.61	-28.18	-19.65

注：（）内的值为回归系数的稳健标准误；***、**、* 分别表示 1%、5% 和 10% 的显著性水平。$i(ah)$ 表示在进行 LSDV 法估计时用来指定偏差校正的初始值使用 Anderson-Hsiao 估计量；$i(ab)$ 表示在进行 LSDV 法估计时用来指定偏差校正的初始值使用 Arellano-Bond 差分 GMM 估计量；$i(bb)$ 表示在进行 LSDV 法估计时用来指定偏差校正的初始值使用 Blundell-Bond 系统 GMM 估计量。

利用空间动态面板模型来考察中国中部各省份技术空间扩散与经济增长俱乐部收敛关系，由于 Hausman 检验结果的 Chi-Sq 值分别为 170.97、163.66 和 110.58，在 1% 的显著性水平下均通过了检验，故应采用固定效应模型进行分析。在进行空间固定效应检验后再进行时间固定效应检验，其结果为 F = 25.79，相应 P 值为 0.0000，因此在空间固定效应模型中应该包括时间效应，建立空间和时间双向固定效应模型比较合适。空间动态面板模型估计的参数值和标准误结果如表 5 - 9 所示。

表 5 - 9　中部地区俱乐部收敛空间动态面板模型回归结果

变量	空间邻接矩阵	空间距离矩阵	经济距离矩阵
$\ln y_{i,t-1}(\beta)$	1.0434 *** (0.0390)	1.0611 *** (0.0441)	1.0645 *** (0.0406)
$\ln(\sum_{i,j\neq i}\xi_j KR_{j,t-1})$	0.0500 (0.0557)	0.1035 *** (0.0316)	0.0622 (0.0517)
$\ln(FDI^*_{i,t-1}\cdot\sum_j RD_j)$	0.0123 *** (0.0034)	- 0.2401 *** (0.0420)	- 0.2274 *** (0.0364)
$\ln(M^*_{i,t-1}\cdot\sum_j RD_j)$	- 0.2388 *** (0.0382)	- 0.1714 *** (0.0422)	- 0.1787 *** (0.0417)
$\ln K$	0.0640 *** (0.0149)	- 0.0236 (0.0196)	- 0.0536 *** (0.0120)
$\ln KR$	- 0.0761 *** (0.0090)	- 0.0548 *** (0.0096)	- 0.0286 *** (0.0090)
$\ln U$	- 0.0321 *** (0.0101)	0.0040 (0.0117)	- 0.0074 (0.0099)
$\ln F$	- 0.0108 * (0.0063)	- 0.0176 * (0.0094)	0.0160 *** (0.0060)
$\ln I$	0.1526 *** (0.0337)	0.0269 (0.0409)	0.2021 *** (0.0378)
$wx - \ln y_{i,t-1}(\rho)$	0.1610 * (0.0901)	0.1849 *** (0.0699)	0.2457 *** (0.0894)
$wx - \ln y_{i,t}(\lambda)$	- 0.5687 *** (0.1687)	- 0.5160 *** (0.1706)	0.4182 *** (0.1613)
$wx - \ln(\sum_{i,j\neq i}\xi_j KR_{j,t-1})$	0.0954 * (0.0532)	0.0769 * (0.0456)	0.0685 (0.0526)

变量	空间邻接矩阵	空间距离矩阵	经济距离矩阵
$wx - \ln\left(FDI^*_{i,t-1} \cdot \sum\limits_j RD_j\right)$	-0.1176^{***} (0.0344)	-0.5818^{***} (0.1689)	0.1462^{***} (0.0555)
$wx - \ln\left(M^*_{i,t-1} \cdot \sum\limits_j RD_j\right)$	0.1441^* (0.0751)	0.2599^* (0.1346)	0.2623^{***} (0.0606)
$wx - \ln K$	0.1343^{***} (0.0257)	-0.0826 (0.0567)	-0.0694 (0.0878)
$wx - \ln KR$	-0.1004^{***} (0.0146)	-0.1514^{***} (0.0380)	0.0837 (0.0631)
$wx - \ln U$	0.0061 (0.0146)	0.0128 (0.0398)	-0.2364^{**} (0.0942)
$wx - \ln F$	-0.0282^* (0.0161)	-0.1407^{***} (0.0316)	-0.0266^* (0.0157)
$wx - \ln I$	-0.0102 (0.0637)	-0.2971^* (0.1598)	0.2027 (0.1801)
收敛速度 (φ)	-0.0424	-0.0593	-0.0625
半衰周期 (T)	-16.32	-11.69	-11.09
R^2	0.9195	0.9228	0.5855
Log-likelihood	725.7008	710.3336	680.4628
Hausman 检验	170.97 $[0.0000]$	163.66 $[0.0000]$	110.58 $[0.0000]$
Breusch-Pagan LM 检验	0.0000 $[0.9847]$	0.0000 $[0.9847]$	0.0000 $[0.9847]$
时间效应 F 检验	25.79 $[0.0000]$	25.79 $[0.0000]$	25.79 $[0.0000]$
观测值	216	216	264

注：（ ）内的值为回归系数的稳健标准误；[ ] 内的值为相应统计量的 P 值；***、**、* 分别表示 1%、5% 和 10% 的显著性水平；Log-likelihood 是对数极大似然值；Hausman 检验的零假设是随机效应模型是合理的模型，拒绝零假设表示应该使用固定效应模型；Breusch-Pagan LM 检验的零假设是误差项独立同分布，拒绝零假设说明存在随机效应；时间效应 F 检验的零假设是无时间效应，拒绝零假设表明模型中包含时间效应。

首先，由表 5 - 9 的结果可知：空间邻接矩阵和空间距离矩阵模型的拟合度均较高，而经济距离矩阵模型的拟合度只有 0.5855。从参数系数来看，三种矩阵模型的 β（即 $\ln y_{i,t-1}$ 项的系数）的估计值均显著大于 1，说明中国中部各省份之间的经济增长呈现发散特征，不存在俱乐部收敛现象，与不考虑空间相关性的一般动态面板模型的结论相同。因为存在发散状态，三种矩阵模型估计的收敛速度均为负值。从 λ 的估计值来看，三种矩阵模型的估计结果也存在较大差异：其中空间邻接矩阵和空间距离矩阵模型的 λ 估计值均显著小于0，而经济距离矩阵模型的 λ 估计值显著大于0。不同矩阵的这种不同 λ 值结果说明，中国中部各省份之间的经济增长当期值存在显著的空间相关性，但如果只考虑空间关系（空间邻接矩阵模型、空间距离矩阵模型），则中部各省份之间的经济增长当期值存在显著负向空间相关关系；如果既考虑各省份之间的空间关系又考虑其经济联系（经济距离矩阵模型），则中部各省份之间的经济增长当期值存在显著正向空间相关关系。对空间滞后项的系数 ρ 进行考察发现，三种矩阵模型的估计结果均显著大于0，且经济距离矩阵模型的 ρ 估计值最大，说明邻近地区滞后期经济增长情况会促进本区域的经济增长，但不同矩阵下得出的影响程度稍有差异。三种矩阵模型得出的不同系数估计结果表明，同于中国东部，在中国中部各省份之间的空间关联性不仅体现在地理空间交互作用方面，也体现在经济发展水平方面。

其次，省际技术空间扩散的系数均为正，但仅在空间距离矩阵模型中通过显著性检验，说明在中国中部，省际的技术空间扩散现象并不明显。FDI形式及进口贸易形式的国际技术空间扩散的系数在三类矩阵模型中基本显著为负（FDI形式的国际技术空间扩散的系数在空间邻接矩阵中显著为正），说明中国中部各省份之间存在的明显的外商直接投资渠道及进口贸易渠道的国际技术空间扩散效应将弱化区域经济增长态势，各省份在技术进步、FDI及进口贸易方面存在一定的竞争关系。

最后，比较一般动态面板模型与空间动态面板模型的分析结果发现：空间动态面板模型估计的中部地区俱乐部收敛速度小于一般动态面板模型估计结果。在空间动态面板模型中，省际技术空间扩散系数为正，但基本不显著，且数值总体上比一般动态面板模型估计结果更大；而FDI形式的国际技术空间扩散系数估计结果在空间距离矩阵及经济距离矩阵中均显著为负，其与一般动态面板模型中均为不显著的正值回归结果有较大差异。进口贸易形式的国际技术空间扩散系数在一般动态面板模型与空间动态面板模型中均为负值，但在空间动态面板模型中其值均显著。由此可见，如果忽略空间相关性，则模型参数估计结果可能会产生较大差异。

三　技术空间扩散与中国西部地区经济增长俱乐部收敛回归结果

表 5 - 10 描述的是西部地区一般动态面板模型回归结果，不难发现，中国西部地区技术空间扩散与经济增长俱乐部收敛模型的长面板偏差校正 LSDV 法估计的系数 β 均显著小于 1，说明在不考虑空间相关性的条件下，1991 ~ 2015 年中国西部各省区市之间的经济增长呈现俱乐部收敛现象。西部各省区市之间的技术空间扩散系数均为正且通过显著性检验，说明技术空间扩散效应在西部地区较明显。外商直接投资形式的技术空间扩散系数均显著为正，说明 FDI 渠道的技术空间扩散效应对西部地区经济增长有显著促进作用。进口贸易形式的技术空间扩散效应均显著为负，说明进口贸易渠道的技术空间扩散效应会阻碍西部地区的经济增长。

表 5 - 10　西部地区俱乐部收敛一般动态面板模型回归结果

变量	长面板偏差校正 LSDV $[i(ah)]$	长面板偏差校正 LSDV $[i(ab)]$	长面板偏差校正 LSDV $[i(bb)]$
$\ln y_{i,t-1}(\beta)$	0.9560 *** (0.0185)	0.9520 *** (0.0120)	0.9625 *** (0.0129)
$\ln\left(\sum_{i,j\neq i}\xi_j KR_{j,t-1}\right)$	0.0102 ** (0.0043)	0.0118 *** (0.0041)	0.0120 ** (0.0047)
$\ln\left(FDI_{i,t-1}^{*}\cdot\sum_j RD_j\right)$	0.1029 *** (0.0245)	0.1042 *** (0.0172)	0.0941 *** (0.0191)
$\ln\left(M_{i,t-1}^{*}\cdot\sum_j RD_j\right)$	- 0.1032 *** (0.0226)	- 0.1034 *** (0.0160)	- 0.0951 *** (0.0179)
$\ln K$	- 0.0002 (0.0157)	0.0018 (0.0105)	- 0.0057 (0.0118)
$\ln KR$	0.0004 (0.0057)	- 0.0001 (0.0040)	0.0005 (0.0047)

变量	长面板偏差校正 LSDV [$i(ah)$]	长面板偏差校正 LSDV [$i(ab)$]	长面板偏差校正 LSDV [$i(bb)$]
$\ln U$	-0.0013 (0.0060)	-0.0013 (0.0043)	-0.0008 (0.0051)
$\ln F$	0.0291*** (0.0080)	0.0286*** (0.0059)	0.0274*** (0.0070)
$\ln I$	0.0216 (0.0348)	0.0210 (0.0248)	0.0153 (0.0286)
收敛速度(φ)	0.0450	0.0492	0.0383
半衰周期(T)	15.41	14.09	18.12

注：（ ）内的值为回归系数的稳健标准误；*** 、** 分别表示 1% 、5% 的显著性水平。$i(ah)$ 表示在进行 LSDV 法估计时来指定偏差校正的初始值使用 Anderson-Hsiao 估计量；$i(ab)$ 表示在进行 LSDV 法估计时来指定偏差校正的初始值使用 Arellano-Bond 差分 GMM 估计量；$i(bb)$ 表示在进行 LSDV 法估计时用来指定偏差校正的初始值使用 Blundell-Bond 系统 GMM 估计量。

利用空间动态面板模型来考察中国西部各省区市技术空间扩散与经济增长俱乐部收敛关系，由于 Hausman 检验结果的 Chi-Sq 值分别为 328.71、284.20 和 106.05，在 1% 的显著性水平下均通过了检验，故应采用固定效应模型进行分析。在进行空间固定效应检验后再进行时间固定效应检验，其结果为 F = 57.19，相应 P 值为 0.0000，因此在空间固定效应模型中应该包括时间效应，建立空间和时间双向固定效应模型比较合适。空间动态面板模型估计的参数值和标准误结果如表 5 – 11 所示。

表 5 – 11   西部地区俱乐部收敛空间动态面板模型回归结果

变量	空间邻接矩阵	空间距离矩阵	经济距离矩阵
$\ln y_{i,t-1}(\beta)$	0.9313*** (0.0326)	0.9488*** (0.0365)	0.9270*** (0.0355)
$\ln(\sum_{i,j\neq i}\xi_j KR_{j,t-1})$	0.0135** (0.0064)	0.0161*** (0.0046)	0.0147*** (0.0055)
$\ln(FDI_{i,t-1}^* \cdot \sum_j RD_j)$	-0.1525*** (0.0293)	-0.0110 (0.0288)	0.0707** (0.0303)

续表

变量	空间邻接矩阵	空间距离矩阵	经济距离矩阵
$\ln(M^*_{i,t-1} \cdot \sum_j RD_j)$	-0.1970^{***} (0.0290)	-0.2051^{***} (0.0316)	-0.2889^{***} (0.0341)
$\ln K$	-0.0596^{***} (0.0100)	-0.0204^{*} (0.0110)	-0.0269^{**} (0.0108)
$\ln KR$	-0.0045 (0.0037)	-0.0093^{**} (0.0047)	-0.0037 (0.0048)
$\ln U$	0.0003 (0.0031)	0.0004 (0.0039)	0.0005 (0.0038)
$\ln F$	-0.0116 (0.0074)	0.0191^{***} (0.0061)	-0.0044 (0.0066)
$\ln I$	0.1300^{***} (0.0295)	-0.0344 (0.0316)	0.0202 (0.0288)
$wx - \ln y_{i,t-1}(\rho)$	0.5924^{***} (0.1206)	-0.3061^{***} (0.1139)	-0.7901^{***} (0.2496)
$wx - \ln y_{i,t}(\lambda)$	-1.0421^{***} (0.1708)	0.6589^{***} (0.2023)	0.4821^{***} (0.1720)
$wx - \ln(\sum_{i,j \neq i} \xi_j KR_{j,t-1})$	-0.0085 (0.0208)	0.0098 (0.0211)	0.0374 (0.0672)
$wx - \ln(FDI^*_{i,t-1} \cdot \sum_j RD_j)$	-0.3294^{***} (0.0725)	0.3534^{***} (0.0488)	-0.2736 (0.3801)
$wx - \ln(M^*_{i,t-1} \cdot \sum_j RD_j)$	-0.1293^{*} (0.0676)	0.2020^{*} (0.1178)	0.2815 (0.3229)
$wx - \ln K$	-0.1086^{***} (0.0248)	-0.0955^{*} (0.0559)	-0.0339 (0.1194)
$wx - \ln KR$	0.0107 (0.0104)	0.0202 (0.0149)	0.0115 (0.0742)
$wx - \ln U$	-0.0004 (0.0076)	0.0058 (0.0132)	0.0192 (0.0569)
$wx - \ln F$	-0.0322^{**} (0.0153)	-0.0085 (0.0090)	0.0051^{*} (0.0029)

续表

变量	空间邻接矩阵	空间距离矩阵	经济距离矩阵
$wx - \ln I$	0.4914 *** (0.0839)	0.0956 (0.1058)	0.0953 (0.3088)
收敛速度(φ)	0.0712	0.0526	0.0758
半衰周期(T)	9.74	13.19	9.14
R^2	0.4086	0.8849	0.7051
Log-likelihood	858.2367	768.5025	553.0824
Hausman 检验	328.71 [0.0000]	284.20 [0.0000]	106.05 [0.0000]
Breusch-Pagan LM 检验	0.0000 [0.9922]	0.0000 [0.9922]	0.0000 [0.9922]
时间效应 F 检验	57.19 [0.0000]	57.19 [0.0000]	57.19 [0.0000]
观测值	264	264	264

注：() 内的值为回归系数的稳健标准误；[ ] 内的值为相应统计量的 P 值；*** 、** 、* 分别表示1%、5%和10%的显著性水平；Log-likelihood 是对数极大似然值；Hausman 检验的零假设是随机效应模型是合理的模型，拒绝零假设表示应该使用固定效应模型；Breusch-Pagan LM 检验的零假设是误差项独立同分布，拒绝零假设说明存在随机效应；时间效应 F 检验的零假设是无时间效应，拒绝零假设表明模型中包含时间效应。

首先，由表5-11的结果可知：空间距离矩阵和经济距离矩阵模型的拟合度均较高，而空间邻接矩阵模型的拟合度只有0.4086。从参数系数来看，三种矩阵模型的 β（即 $\ln y_{i,t-1}$ 项的系数）的估计值均显著小于1，说明中国西部各省区市之间的经济增长呈现俱乐部收敛特征，与不考虑空间相关性的一般动态面板模型的结论相同。三种矩阵模型估计的收敛速度相差较小，空间距离矩阵模型估计的收敛速度最小，为5.26%，收敛半衰周期为13.19年；空间邻接矩阵模型次之，其收敛速度为7.12%，收敛半衰周期为9.74年；经济距离矩阵模型估计的收敛速度最大，为7.58%，收敛半衰周期只有9.14年。从 λ 的估计值来看，三种矩阵模型的估计结果也存在较大差异：其中空间邻接矩阵模型的 λ 估计值显著小于0，而空间距离矩阵及经济距离矩阵模型的 λ 估计值显著大于0。不同矩阵的这种不同 λ 值结果说明，中国西部各省区市之间的经济增长当期值存在显著的空间相关性，但如果只考虑空间邻接关系（空间邻接矩模型），则西部各省区市之间的经济增长当期值存在显著负向空间相关关系；如果既考虑各省区市之间的空间距离关系还考虑其经济联系（空间距离矩阵模型、经济距离矩阵模型），则西部各省区市之间的经济增长当期值存在显著正向空间相关关系。对空间滞后项的系数 ρ 进行考察发现，空间邻接矩阵模型的估计结果显著大于 0，而空间距离矩阵及经济距离矩阵模型的 ρ 估计值均显著小于 0，说明邻近地区滞后期经济增长情况对本区域的经济增长影响方向及影响程度在不同矩阵下得出的结果存在差异。三种矩阵模型得出的不同系数估计结果表明，同于中国东部、中部，在中国西部各省区市之间的空间关联性不仅体现在地理空间交互作用方面，也体现在经济发展水平方面。

其次，省际技术空间扩散的系数在三类矩阵模型中估计的结果均显著为正，说明在中国西部各省区市之间存在显著的技术空间扩散现象，且对经济增长有正向促进作用。FDI 形式及进口贸易形式的国际技术空间扩散的系数在三类模型中基本显著为负（FDI 形式的技术空间扩散的系数在经济距离矩阵模型中为正、在空间距离矩阵中不显著），说明中国西部各省区市之间存在的明显的外商直接投资渠道及进口贸易渠道的技术空间扩散效应将弱化区域经济增长态势。

最后，比较一般动态面板模型与空间动态面板模型的分析结果发现：空间动态面板模型估计的西部地区俱乐部收敛速度大于一般动态面板模型估计结果。在空间动态面板模型中，省际技术空间扩散系数显著为正，数值比一般动态面板模型估计结果稍大；而 FDI 形式的国际技术空间扩散系数估计结果在空间邻接矩阵及空间距离矩阵中均为负，其与一般动态面板模型中均显著为正的回归结果有较大差异。进口贸易形式的国际技术空间扩散系数在一般动态面板模型与空间动态面板模型中均为负值，且在空间动态面板模型中其数值更小。

第五节　本章结论

本章利用 1991~2015 年中国各省区市面板数据，分别采用一般动态面板模型及空间动态面板模型对中国省际技术空间扩散、FDI 及进口贸易形式的国际技术空间扩散效应与区域经济增长收敛性情况进行实证研究，得出如下结论。

第一，采用不同统计指标测度的中国省际区域经济增长的 σ 收敛结果不一致。具体而言，采用标准差衡量的中国各省区市经济呈现明显的发散趋势，三大经济带及七大经济圈也未出现 σ 收敛现象。变异系数的分析结果却显示：从整体来看，全国及东部地区的变异系数呈下降趋势，存在 σ 收敛现象，而中部和西部地区则没有明显的收敛态势，七大经济圈的结果则各异，但基本呈现 σ 收敛或稳定不变的现象。Theil 指数分析结果表明：各省区市之间自 2003 年后存在 σ 收敛现象，东部地区经济差距和全国总体经济差距的变动情况基本吻合，Theil 指数在 2002 年达到最大值后开始下降，经济增长存在收敛现象；而中部地区的 Theil 指数则基本保持稳定，总体不存在发散或收敛状态；西部地区的 Theil 指数则先缓慢上升而后下降，说明经济增长呈现先发散后收敛的态势。三种统计指标测度的中国经济增长收敛的结果并不一致，因此如果采用统计指标进行测度不仅不准确，还无法确定其最终结论。

第二，一般动态面板模型及空间动态面板模型回归结果均支持中国省际经济增长存在绝对 β 收敛的结论，但估计结果推算的收敛速度差异较大。一般动态面板模型的回归结果显示：中国各省区市之间存在显著的绝对 β 收敛特征，但短面板和长面板数据模型估计推算的收敛速度稍有差异，但收敛速度基本在 0.32% 和 0.58% 之间。空间动态面板模型的回归结果表明：在收敛模型中引进反映区域空间相关性关系的空间权重矩阵后，从参数系数来看，三种空间权重矩阵模型的估计结果均显示中国各省区市之间的经济增长呈现绝对 β 收敛特征，且三种空间权重矩阵模型估计的收敛速度相差不大，经济距离矩阵模型估计的收敛速度最小，为 4.48%；空间距离矩阵模型估计的收敛速度最大，为 5.53%。这说明如果忽略了各省区市之间的空间相关性，则模型估计的收敛速度偏小。

第三，中国省际经济增长存在条件 β 收敛，且省际技术空间扩散效应及 FDI 渠道的国际技术空间扩散效应对区域经济增长有正向促进作用，但进口贸易渠道的国际技术空间扩散效应则阻碍区域经济增长。具体而言，在一般动态面板模型中长面板模型估计的收敛速度远远小于短面板模型估计的收敛速度，但长面板模型的估计结果与其他学者的研究结论比较接近。空间动态面板模型估计结果显示，中国各省区市之间的经济增长呈现条件 β 收敛特征，且三种空间权重矩阵模型估计的收敛速度相差不大，经济距离矩阵模型估计的收敛速度最小，为 2.91%；空间距离矩阵模型次之，其收敛速度为 3.44%；空间邻接矩阵模型估计的收敛速度最大，为 4.28%。中国各省区市之间存在显著的正向技术空间扩散效应，且省际技术空间扩散将有利于区域经济增长。FDI 渠道的国际技术空间扩散效应对中国各省区市经济增长收敛具有显著的正向作用，且该正向作用大于省际的技术空间扩散；而进口贸易形式的国际技术空间扩散效应将弱化区域经济增长收敛态势。

第四，中国东部及西部地区经济增长存在俱乐部收敛现象，而中部地区则呈现发散态势，且技术空间扩散效应对三大经济带经济增长的影响效应不尽相同。具体而言，1991～2015 年中国东部地区存在俱乐部收敛现象，与不考虑空间相关性的一般动态面板模型的结论相同，且三种矩阵模型估计的收敛速度存在一定差异，空间距离矩阵模型估计的收敛速度最小，为 7.42%；空间邻接矩阵模型估计的收敛速度最大，为 10.19%。省际技术空间扩散及 FDI 渠道的国际技术空间扩散对东部地区的经济增长均存在显著的正向促进作用，进口贸易渠道的国际技术空间扩散效应对东部地区经济增长的影响并不稳定。中国中部各省份之间的经济增长呈现发散特征，不存在俱乐部收敛现象，省际的技术空间扩散现象并不明显。中部各省份之间存在的明显的外商直接投资渠道及进口贸易渠道的技术空间扩散效应将弱化区域经济增长态势，各省份在技术进步、FDI 及进口贸易方面存在一定的竞争关系。中国西部各省区市之间的经济增长呈现俱乐部收敛特征，与不考虑空间相关性的一般动态面板模型的结论也保持一致，三种矩阵模型估计的收敛速度相差较小，空间距离矩阵模型的收敛速度最小，为 5.26%；经济距离矩阵模型估计的收敛速度最大，为 7.58%。西部各省区市之间存在显著的技术空间扩散现象，且对经济增长有正向促进作用，各省区市之间存在的明显的外商直接投资渠道及进口贸易渠道的技术空间扩散效应将弱化区域经济增长态势。

第六章 技术空间扩散与经济
增长收敛的阈值分析

技术在区域间的扩散现象使接受技术的区域可以较低的成本获得技术先进区域的经济溢出，从而减小经济增长差距。在网络技术高速发展的大背景下，技术空间扩散过程中地理距离是否会影响技术的扩散成本及效应往往被忽略，但已有研究表明，在技术空间扩散过程中其扩散效应随着地理距离的增加有减弱的趋势；同时技术以外商直接投资方式（FDI）进行扩散时，东道国是否有条件吸收FDI技术外溢也是影响技术空间扩散效应的一大因素；而进口国能否从进口贸易中获得国际技术空间扩散与进出口国之间的产业结构相似度也存在一定的关联。因此技术在区域之间的扩散对技术吸收区域是否产生以及产生何种程度的扩散效应还取决于一定的门槛条件。本章从技术空间扩散过程中的地理距离、技术吸收能力以及产业结构相似度三个方面来分别检验其门槛条件。

第一节 省际技术空间扩散与经济增长收敛的
地理距离门槛

地理距离的增加使得物资和人员在空间的移动成本上升，作为经济增长的重要因素，技术的传播成本是否也会受到地理距离的影响呢？在信息网络技术迅猛发展的今天，理论上来讲，技术空间扩散的边际成本几乎为零，技术的传播与地理距离明显不相关。但事实是技术的空间集聚度极高，甚至高于经济集聚度。从全球范围来看，智力密集型的高技术产业往往聚集在国际上著名的中心城市，而自然资源型和劳动密集型产业不断向外围国家和地区转移。而中心城市在向外输出新技术时也存在一定的有效辐射范围，即技术空间扩散存在明显的地理距离门槛。由于国家之间的地理距离往往较大，讨论其地理距离门槛显然毫无意义，因此本章所分析的地理距离门槛内容仅以国内省际技术空间扩散效应为研究对象。

自 Tong（1978）提出门限自回归模型（Threshold Auto-Regression，TAR）后，这种非线性时间序列模型在经济和金融领域得到了广泛的应用。门限自回归模型在计量方法上有较客观的研究方式，利用门限变量（Threshold Variable）来决定不同的分界点，进而利用门限变量的观察值估计出适合的门限值（或门槛值），这可以有效避免主观判定分界点法所造成的偏误。但各省区市之间的距离分布呈现矩阵形式，无法作为一个独立的变量引入门限自回归模型进行距离门槛的确定，因此，本节采用空间距离矩阵序列利用式（5-23）进行不同地理距离阈值情况下的连续回归，由模型自动得出不同地理距离情况下技术空间扩散系数的变化情况，并试图找出技术空间扩散的地理距离门槛。

一　技术空间扩散地理距离阈值的确定方法

技术在区域之间的扩散随着地理距离的扩大成本会增加，且存在一个技术空间扩散难以跨越的距离阈值，本节将找出这一距离阈值并分析随着距离增加技术空间扩散效应的变化情况。本书在利用空间计量模型进行技术空间扩散效应分析时使用的空间邻接矩阵、空间距离矩阵及经济距离矩阵中空间距离矩阵和经济距离矩阵均涉及省区市之间的地理距离关系，但由于经济距离矩阵不仅包含地理距离的影响还涉及经济总量的影响，不适合作为测度技术空间扩散效应门槛的矩阵，因此，本节选定空间距离矩阵进行分析，并以各省区市之间的地理距离区间 $[d_{\min}, d_{\max}]$ 作为距离变化的区间，以 τ 作为从 $d_{\min}$ 到 $d_{\max}$ 的步进距离。在空间距离矩阵中 d_{ij} 的取值范围为 $\{d_{\min}, d_{\min} + \tau, d_{\min} + 2\tau, \cdots, d_{\max}\}$，各省区市之间的地理距离仍以各省会之间的距离为准，省会距离依据 ArcGIS 软件求得的范围为 [103.61, 3558.08]，即地理距离阈值从省会之间最短距离 103.61 公里开始，每增加 100 公里做一次回归，一直到 3558.08 公里，并将不同距离阈值下不同空间距离矩阵模型回归得到的省际技术空间扩散系数及其 P 值记录下来，试图找出技术空间扩散的地理距离门槛。

二 随地理距离变化的省际技术空间扩散效应

利用式（5-23）及从 d_{min} 开始每增加 τ 步进距离的空间距离矩阵进行技术空间扩散与经济增长收敛的空间动态面板模型连续回归分析，其相关变量及数据来源同第五章。当 $\tau = 0$ 时，省际技术空间扩散系数为 0.002636；当 $\tau = 10$ 时，其值为 0.002520；当 $\tau = 20$ 时，其值为 0.002421；当 $\tau = 35$ 时，其值为 0.002292，但不显著。观察相应的 P 值发现，在 $\tau \geq 31$ 时其回归系数均不能通过显著性检验，因此我们实际记录了 $\tau = 0$ 至 $\tau = 30$ 范围内的省际技术空间扩散系数，其系数与相应距离阈值的曲线关系见图 6-1。从图可知，省际技术空间扩散系数与地理距离之间关系大致可以分为三个部分。第一部分是从 $\tau = 0$ 至 $\tau = 7$，即地理距离为 103.61~803.61 公里，这段距离为省际技术空间扩散效应较强的区域，其扩散系数在 0.0026 以上，这段距离对应 1~2 个省区市的距离范围，说明总体而言，技术空间扩散效应较强的范围为本区域及相邻区域之间。同时在 $\tau = 0$ 至 $\tau = 3$，即 103.61~403.61 公里范围内，技术空间扩散系数随着距离的增加有缓慢上升的现象，而这一距离范围刚好是 1~2 个省区市的地理距离，说明 1991~2015 年中国各省区市之间的省际技术空间扩散模式是等级扩散模式，即由高等级的中心向低等级的中心进行具有明确方向性和跳跃特征的扩散。这一观点与 Richardson（1973）、Casetti（1969）和 Pedersen（1970）的结论一致。第二部分是从 $\tau = 8$ 至 $\tau = 14$，即地理距离为 903.61~1503.61 公里，这段距离为省际技术空间扩散效应急速下降的区域，其扩散系数从 0.002580 下降至 0.002293，这段距离一般已经是 3~5 个省区市的距离范围，这一现象说明在地理距离接近及超过 1000 公里后其技术空间扩散效应快速下降，这一结论与 Keller（2002）得到的 1200 公里的阈值比较吻合。第三部分是 $\tau \geq 15$，即地理距离大于等于 1603.61 公里的范围，技术空间扩散系数先有短暂的上升过程但很快就保持在低位带噪声波动的趋势，回归系数在统计上不显著，所以这一范围内的技术空间扩散效应不显著，对区域经济增长收敛的贡献不大。

以上分析说明，803.61 公里的技术空间扩散效应有效阈值导致技术研发与应用存在局部集聚的现象。而技术空间扩散随距离递减的关

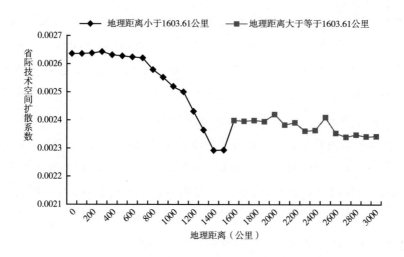

图 6 - 1 省际技术空间扩散系数与地理距离关系

键原因在于，获得技术空间扩散的成本随距离增加，网络信息的传递虽然降低了公开领域知识获取的成本，但产业 R&D 成果、专用科研设备及优质科研环境等实物载体不能通过网络直接传播。803.61 公里的阈值所揭示的 1~2 个省区市之间的距离也说明省界的划分也许正是技术空间扩散效应迅速减弱的又一原因，这一结论为各省区市之间加强技术交流、建立研发联盟提供了有力的参考依据。而 1603.61 公里及以外的技术空间扩散效应不显著，直接导致技术落后地区从技术发达地区获得技术共享的可能性极小，但落后地区生产要素向发达地区流动的缪尔达尔回流效应仍然存在，由此不显著的扩散效应和显著的回流效应直接导致了区域经济增长差距的存在。

第二节 FDI 技术空间扩散与经济增长收敛的技术吸收能力门槛

由第五章的研究结论可知 FDI 渠道的国际技术空间扩散效应对区域经济增长有正向促进作用，FDI 引进过程中自发地出现生产技术及管理经验的流出而形成了国际技术空间扩散效应，对东道国技术创新水平及区域经济增长均大有裨益。Haddad 和 Harrison（1993）、Aitken 和 Harrison

（1999）研究发现 FDI 的技术溢出效应并不明显，相反呈现负效应。Borensztein（1998）、Kinoshita（2001）以及 Driffield 等（2002）的研究成果显示，FDI 技术空间扩散效应为正，能促进东道国技术的提高。而造成这种差异的原因可能是东道国的技术吸收能力不同，即技术空间扩散效应除了受到空间距离、投资国的投资力度及东道国的产业结构等因素影响外，其他相关因素也必须达到最低标准，技术空间扩散效应才能有效地发挥出来。Moschos（1989）、Kinoshita（2000）、Girma 和 Katharine（2001）及 Dalgic（2013）的研究均证实了东道国的经济发展水平及技术吸收能力对 FDI 技术空间扩散效应具有门槛效应。经验研究的结果提示我们在分析 FDI 的技术空间扩散效应时必须考虑到东道国的技术吸收能力，尤其是东道国的人力资本强度及研发（R&D）资本投入强度。因此本节将对中国 FDI 渠道技术空间扩散的人力资本及研发资本投入门槛效应进行分析。

一　FDI 技术空间扩散技术吸收能力门槛模型

估计门限自回归模型时，首先必须检验是否存在门限效应。未知参数（Nuisance Parameters）的存在将导致检验统计量的分布是非标准的，即出现了所谓的 "Davies Problem"。因此，Hansen（1999）建议采用 "自举法"（Bootstrap）来计算检验统计量的渐近分布，以便检验门限效应的显著性，且采用两阶段最小二乘法来估计面板门槛模型。第一步，对于给定的门限值（γ），计算相应的残差平方和（SSR），所有 SSR 中的最小值所对应的 γ 值为 $\hat{\gamma}$。第二步，利用 $\hat{\gamma}$ 值来估计模型中不同区间的系数并做相关的分析。其具体形式为：

$$y_{it} = u_i + x'_{it}\beta_1 \cdot I(q_{it} \leq \gamma) + x'_{it}\beta_2 \cdot I(q_{it} > \gamma) + \varepsilon_{it} \qquad (6-1)$$

其中，$i=1,2,\cdots,N$ 表示不同的个体，$t=1,2,\cdots,N$ 表示时间，q_{it} 为门槛变量，y_{it} 和 x_{it} 分别为被解释变量和解释变量，$I(\cdot)$ 为指示函数，相应的条件成立时取值为 1，否则取值为 0。对门限值 γ 和参数 β_i（$i=1,2$）用非线性最小二乘法（NLS）估计，即最小化残差平方和。如果 γ 取值已确定，则令 $Z_{it1} = x_{it} \cdot I(q_{it} \leq \gamma)$，$Z_{it2} = x_{it} \cdot I(q_{it} > \gamma)$，用最小二乘法估计 $\beta_1(\gamma)$ 和 $\beta_2(\gamma)$，选择 γ 使得 $SSR(\gamma)$ 最小。最终可

得参数估计量 $[\beta_1(\hat{\gamma}), \beta_2(\hat{\gamma}), \hat{\gamma}]$。

如果有两个门槛值，则可将模型扩展为：

$$y_{it} = u_i + x'_{it}\beta_1 \cdot I(q_{it} \leq \gamma_1) + x'_{it}\beta_2 \cdot I(\gamma_1 < q_{it} \leq \gamma_2) + \quad (6-2)$$
$$x'_{it}\beta_3 \cdot I(q_{it} > \gamma_2) + \varepsilon_{it}$$

其中，γ_1、γ_2 为两个门槛值。

基于人力资本和研发资本投入对技术空间扩散效应可能存在门槛效应，本书在 Hansen（1999）的面板门槛模型基础上，分别建立基于人力资本及 R&D 资本投入的"双门槛效应"模型，其中人力资本模型具体形式如下：

$$\ln y_{it} = \alpha + \beta_1 \ln FDI \cdot I(EDU \leq \gamma_1) + \beta_2 \ln FDI \cdot I(\gamma_1 < EDU \leq \gamma_2) + \quad (6-3)$$
$$\beta_3 \ln FDI \cdot I(EDU > \gamma_2) + \sum_{j\neq i}^{n} \delta \ln X_{it} + \mu_i + \varepsilon_{it}$$

而研发资本投入模型的具体形式为：

$$\ln y_{it} = \alpha + \beta_1 \ln FDI \cdot I(RD \leq \gamma_1) + \beta_2 \ln FDI \cdot I(\gamma_1 < RD \leq \gamma_2) + \quad (6-4)$$
$$\beta_3 \ln FDI \cdot I(RD > \gamma_2) + \sum_{j\neq i}^{n} \delta \ln X_{it} + \mu_i + \varepsilon_{it}$$

其中，因变量 $\ln y_{it}$ 是当期人均 GDP 的对数值。$\ln FDI$ 为外商直接投资形式的技术空间扩散的对数值。EDU 和 RD 是门限变量，分别表示人力资本及 R&D 资本投入，人力资本以受过高等教育劳动力占总劳动力的比例表示；R&D 资本投入以 R&D 经费内部支出占 GDP 的比例表示，R&D 经费内部支出及 GDP 均按照 1991 年价格指数进行平减。γ 为门槛值，$I(\cdot)$ 为指示函数，当括号内的条件成立时取值为 1，否则取值为 0。X_{it} 为影响人均产出水平的其他自变量，其设置与第五章相同。μ_i 为个体截距项，用来表示固定效应；扰动项 ε_{it} 是独立同分布的。通过比较门限变量 EDU、RD 与门槛值 γ 的大小可以将样本观察值分成三个样本区域，而样本区域之间的差异主要表现为回归系数 β_1、β_2 及 β_3 的取值不同。

二　计量检验结果与分析

以人力资本及 R&D 资本投入为门限变量建立门限自回归模型首先需

对模型的门槛个数及门槛值进行估计，从而确定模型的具体形式，依次在单一门槛、双重门槛和三重门槛的假设下对门槛存在的个数进行 LM 检验。根据 Hansen（1999）中采用的格点搜索法寻找使模型残差平方和最小的门限值，设各个模型的残差平方和为 S_0、S_1、S_2、S_3，模型的回归方差为 Sig_0、Sig_1、Sig_2、Sig_3，门限个数的设定检验递推进行。首先检验线性模型，其原假设为线性模型，备择假设为单门限模型，检验统计量为 $F = (S_0 - S_1)/Sig_1$，如果拒绝原假设，则继续检验单门限模型，原假设为单门限模型，备择假设为双门限模型，检验统计量为 $F = (S_1 - S_2)/Sig_2$，检验依次递推，直到接受原假设。由于冗余参数的存在，F 统计量不服从标准分布，所以利用自举法计算 F 统计量的临界值，Bootstrap 次数为 500次，人力资本门槛效应检验的 F 值、P 值、门槛估计值以及 95% 置信区间如表 6-1 所示。

表 6-1　人力资本门槛效应检验

模型	F 值	P 值	1%临界值	5%临界值	10%临界值	门槛估计值	95% 置信区间
单一门槛	59.795 ***	0.000	30.063	18.444	13.553	0.022	[0.017,0.028]
双重门槛	28.036 ***	0.006	25.031	10.124	6.284	0.022	[0.017,0.029]
						0.301	[0.301,0.302]
三重门槛	5.594	0.124	14.346	9.264	6.452	0.088	[0.002,0.374]

注：*** 表示在 1% 的水平下显著。

由表 6-1 可知，单一门槛和双重门槛均在 1% 的水平下显著，因而建立双重门槛模型进行分析。在双重门槛模型下，较小的门槛值为 0.022，较大的门槛值为 0.301，都处在 95% 置信区间内。据此可以将 31 个省区市按照人力资本分为三个区域：低人力资本区域（$EDU \leqslant 0.022$）、中等人力资本区域（$0.022 < EDU \leqslant 0.301$）与高人力资本区域（$EDU > 0.301$）。图 6-2 为对式（6-3）门限值估计的似然比（LR）函数，从图中可以看出，当人力资本达到 0.022 和 0.301 时，对人均 GDP 回归的 LR 统计量发生了结构性变化。

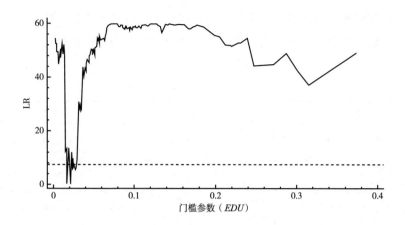

图 6 - 2 对人力资本回归的门限值似然比函数

在确定了门槛值后对式（6 - 3）进行双重门限回归，其回归结果如表 6 - 2 所示。当人力资本 ≤ 0.022，即受过高等教育劳动力占总劳动力的比例小于等于第一门槛值 2.2%，处于低吸收能力区间时，FDI 技术空间扩散系数为 0.0892，对区域经济增长未起到很好的推动作用。此时处于经济发展初期，低人力资本所代表的低吸收能力意味着其对先进技术、管理经验的承载力不足，即地区对 FDI 技术空间扩散不能充分地为己所用，无法真正地对区域经济增长发挥作用。当 0.022 < 人力资本 ≤ 0.301，即受过高等教育劳动力占总劳动力的比例大于 2.2% 但小于等于 30.1%，处于适当吸收能力区间时，FDI 技术空间扩散系数为 0.1363，显然对区域经济增长起到显著推动作用，此时随着人力资本水平的提升以及经济体不断向技术前沿的逼近，技能型劳动力逐步向技术创新部门转移，使得这个区间中的地区具备良好的技术承载力和吸收能力，能有效地将 FDI 技术空间扩散产生的先进技术和管理经验融入区域技术增长过程中，极大限度地推进地区技术进步和经济增长。当人力资本 > 0.301，即受过高等教育劳动力占总劳动力的比例大于 30.1%，处于高吸收能力区间时，FDI 技术空间扩散系数为 0.1261，已经跨越人力资本门槛上限，但 FDI 的技术空间扩散效应出现微弱下滑的现象，可能的原因是随着人力资本水平的迅速提高，东道国与投资国的技术前沿距离越来越趋近，模仿成本随之攀升，这时东道国面临从技术模仿向自主创新转变的选择，但创新成功的概率远低于模仿，且创新成果的普及还面临市场化问题，因此在技术模仿阶段往往出现高经济增长现象，但进入自主创新阶段则经济增长速度逐渐放缓。

表 6 - 2　人力资本双重门限模型回归结果

变量	系数	t 值	P 值	95% 置信区间
$\ln y_{i,t-1}$	0.9152 *** (0.0098)	93.34	0.000	[0.8959, 0.9344]
$\ln\left(\sum\limits_{i,j\neq i}\xi_j KR_{j,t-1}\right)$	0.0131 *** (0.0040)	3.28	0.001	[0.0053, 0.0209]
$\ln\left(M^*_{i,t-1}\cdot\sum\limits_j RD_j\right)$	-0.1333 *** (0.0143)	-9.34	0.000	[-0.1613, -0.1053]
$\ln K$	0.0149 ** (0.0067)	2.23	0.026	[0.0018, 0.0280]
$\ln KR$	-0.0021 (0.0030)	-0.70	0.485	[-0.0080, 0.0038]
$\ln U$	-0.0039 (0.0037)	-1.05	0.294	[-0.0112, 0.0034]
$\ln F$	0.0282 *** (0.0038)	7.45	0.000	[0.0208, 0.0356]
$\ln I$	0.1538 *** (0.0206)	7.46	0.000	[0.1133, 0.1943]
$\ln FDI\cdot$ $I(EDU\leq 0.022)$	0.0892 *** (0.0159)	5.60	0.000	[0.0580, 0.1205]
$\ln FDI\cdot$ $I(0.022<EDU\leq 0.301)$	0.1363 *** (0.0152)	8.97	0.000	[0.1065, 0.1661]
$\ln FDI\cdot I(EDU>0.301)$	0.1261 *** (0.0151)	8.34	0.000	[0.0964, 0.1558]
常数项	0.8588 *** (0.0884)	9.72	0.000	[0.6853, 1.0320]
R^2	0.9575			

注：*** 、** 分别表示在 1% 、5% 的水平下显著；P 值为 Bootstrap 重复抽样计算得到的门槛效应检验 P 值；（ ）内的值为回归系数的稳健标准误。

表 6 - 3 给出按照估计结果得出的两个门槛值划分的处于三个类别区域的占比情况。1996 年及以前，大部分省区市的人力资本水平小于等于第一门槛值 0.022，在此阶段 FDI 技术空间扩散对区域经济增长未起到很好的推动作用。1997 年及之后，绝大部分省区市的人力资本水平超出第一门槛值 0.22 但小于等于 0.301，最为重要的是，门槛值处于此区间的

126

省区市占比总体在上升，至 2015 年有 96.77% 的省区市的人力资本水平
处于此门槛值区间，并从 FDI 技术空间扩散中获得较高的正向技术效应。
2007~2015 年（2008 年除外），只有北京市的人力资本水平处于高门槛
值 0.301 之上。从以上分析结果可知，中国绝大部分省区市受高等教育劳
动力占总劳动力的比例仍处于第一门槛值和第二门槛值之间。

表 6-3　人力资本水平在不同门槛值区间的省区市占比

单位：%

年份	$EDU \leq 0.022$	$0.022 < EDU \leq 0.301$	$EDU > 0.301$
1991	80.65	19.35	0
1992	80.65	19.35	0
1993	74.19	25.81	0
1994	67.74	32.26	0
1995	61.29	38.71	0
1996	58.06	41.94	0
1997	48.39	51.61	0
1998	38.71	61.29	0
1999	22.58	77.42	0
2000	9.68	90.32	0
2001	6.45	93.55	0
2002	6.45	93.55	0
2003	6.45	93.55	0
2004	3.23	96.77	0
2005	3.23	96.77	0
2006	3.23	96.77	0
2007	3.23	93.55	3.22
2008	3.23	96.77	0
2009	3.23	93.55	3.22
2010	0	96.77	3.23
2011	0	96.77	3.23
2012	0	96.77	3.23
2013	0	96.77	3.23
2014	0	96.77	3.23
2015	0	96.77	3.23

表 6-4 描述的是 R&D 资本投入门槛效应检验的 F 值、P 值、门槛估
计值以及 95% 置信区间。由表中结果可知，单一门槛在 10% 的水平下显

著，而双重门槛则在 1% 的水平下显著，因而建立双重门槛模型进行分析。在双重门槛模型下，较小的门槛值为 0.008，较大的门槛值为 0.030，都处在 95% 置信区间内。据此可以将 31 个省区市按照 R&D 资本投入分为三个区域：低 R&D 资本投入区域（$RD \leqslant 0.008$）、中等 R&D 资本投入区域（$0.008 < RD \leqslant 0.030$）与高 R&D 资本投入区域（$RD > 0.030$）。

表 6－4　R&D 资本投入门槛效应检验

模型	F 值	P 值	1% 临界值	5% 临界值	10% 临界值	门槛估计值	95% 置信区间
单一门槛	3.834 *	0.068	6.945	4.131	3.408	0.037	[0.008, 0.037]
双重门槛	25.890 ***	0.002	20.316	12.904	9.128	0.008	[0.007, 0.029]
						0.030	[0.005, 0.030]
三重门槛	8.299	0.108	17.138	9.961	8.003	0.005	[0.004, 0.076]

注：*** 、* 分别表示在 1% 、10% 的水平下显著。

图 6－3 为对式（6－4）门限值估计的似然比（LR）函数，从图中可以看出，当 R&D 资本投入达到 0.008 和 0.030 时，对人均 GDP 回归的 LR 统计量发生了结构性变化：当 R&D 经费内部支出占 GDP 的比例向 0.8% 及 3.0% 逼近时，LR 统计量迅速向 0 逼近。

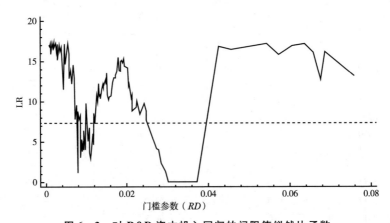

图 6－3　对 R&D 资本投入回归的门限值似然比函数

在确定了门槛值后对式（6－4）进行双重门限回归，其回归结果如表 6－5 所示。当 R&D 资本投入 ≤0.008，处于低吸收能力区间时，FDI 技术

空间扩散系数为 0.1211，且在 1% 的水平下通过显著性检验，说明 R&D
资本投入处于低水平区域的 FDI 渠道技术空间扩散对区域经济增长具有一
定的推动作用，但 R&D 资本投入不足，导致区域技术发展水平低下，难
以从外商直接投资过程中获取一定的技术模仿，因此对区域经济增长的推
动作用较小。当 0.008 < R&D 资本投入 ≤ 0.030，处于适当吸收能力区间
时，快速上升的 R&D 资本投入使得 FDI 技术空间扩散系数上升为
0.1261，表明在中等 R&D 资本投入区域，外商直接投资对区域经济增长
起到较大推动作用，此时的 R&D 资本投入水平有利于各省区市广泛开展
技术创新等 R&D 活动，对创新主体的创新意愿和创新动力也可以起到激
励作用。因此中等 R&D 资本投入区域能在外商直接投资过程中较好地吸
收适合本省区市的技术。当 R&D 资本投入 > 0.030，处于高吸收能力区间
时，FDI 技术空间扩散系数跃升至 0.1558，表明在跨越 R&D 资本投入水
平高门槛值后，FDI 技术空间扩散效应快速增长。一方面是因为随着
R&D 资本投入的增加，科技创新型劳动力逐步向技术和知识密集型部门
转移，能更充分地吸收 FDI 渠道技术空间扩散中的先进技术和管理经验。
另一方面是因为随着东道国 R&D 资本投入的增加及人力资本水平的提高，
引进的外资也逐步向技术密集型产业转变，此时也具备更多向高新技术水
平趋近的机会。

表 6 – 5　R&D 资本投入双重门限模型回归结果

变量	系数	t 值	P 值	95% 置信区间
$\ln y_{i,t-1}$	0.9219 *** (0.0104)	88.73	0.000	[0.9015, 0.9413]
$\ln\left(\sum_{i,j\neq i}\xi_j KR_{j,t-1}\right)$	0.0162 *** (0.0041)	3.94	0.000	[0.0081, 0.0243]
$\ln\left(M_{i,t-1}^{*}\cdot\sum_j RD_j\right)$	−0.1302 *** (0.0148)	−8.80	0.000	[−0.1593, −0.1012]
$\ln K$	0.0166 ** (0.0069)	2.40	0.017	[0.0030, 0.0302]
$\ln KR$	−0.0075 ** (0.0031)	−2.38	0.017	[−0.0136, −0.0013]
$\ln U$	−0.0073 * (0.0039)	−1.90	0.058	[−0.0149, 0.0003]

变量	系数	t 值	P 值	95% 置信区间
$\ln F$	0.0236 *** (0.0040)	5.85	0.000	[0.0157, 0.0316]
$\ln I$	0.1318 *** (0.0217)	6.08	0.000	[0.0892, 0.1743]
$\ln FDI \cdot$ $I(RD \leq 0.008)$	0.1211 *** (0.0157)	7.72	0.000	[0.0903, 0.1519]
$\ln FDI \cdot$ $I(0.008 < RD \leq 0.030)$	0.1261 *** (0.0157)	8.03	0.000	[0.0952, 0.1569]
$\ln FDI \cdot$ $I(RD > 0.030)$	0.1558 *** (0.0185)	8.42	0.000	[0.1195, 0.1921]
常数项	0.8838 *** (0.0922)	9.59	0.000	[0.7028, 1.0648]
R^2	0.9596			

注：*** 、** 、* 分别表示在 1%、5%、10% 的水平下显著；P 值为 Bootstrap 重复抽样计算得到的门槛效应检验 P 值；（ ）内的值为回归系数的稳健标准误。

表 6-6 给出按照估计结果得出的 R&D 资本投入两个门槛值划分的处于三个类别区域的占比情况。2005 年及以前，大部分省区市的 R&D 资本投入水平小于等于第一门槛值 0.008。2006 年及之后，绝大部分省区市的 R&D 资本投入水平超出第一门槛值 0.008 但小于等于 0.030。1991~2015 年，只有北京市的 R&D 资本投入水平大多在高门槛值 0.030 以上，另外，1991 年陕西及 2001 年广西的 R&D 资本投入水平也在高门槛值 0.030 之上。

表 6-6 **R&D 资本投入在不同门槛值区间的省区市占比**

单位：%

年份	$RD \leq 0.008$	$0.008 < RD \leq 0.030$	$RD > 0.030$
1991	67.74	25.81	6.45
1992	64.52	32.26	3.22
1993	70.97	25.81	3.22
1994	77.42	19.35	3.23
1995	77.42	19.35	3.23
1996	80.65	16.13	3.22
1997	83.87	12.90	3.23
1998	87.10	9.68	3.22
1999	87.10	9.68	3.22

年份	$RD \leqslant 0.008$	$0.008 < RD \leqslant 0.030$	$RD > 0.030$
2000	80.65	16.13	3.22
2001	77.42	19.35	3.23
2002	67.74	29.03	3.23
2003	67.74	29.03	3.23
2004	67.74	29.03	3.23
2005	67.74	29.03	3.23
2006	48.39	51.61	0
2007	45.16	51.61	3.23
2008	35.48	61.29	3.23
2009	29.03	67.74	3.23
2010	29.03	67.74	3.23
2011	25.81	67.74	6.45
2012	25.81	70.97	3.22
2013	25.81	70.97	3.22
2014	25.81	70.97	3.22
2015	25.81	70.97	3.22

第三节　进口贸易技术空间扩散与经济增长收敛的产业结构相似度门槛

Das 和 Powell（2000）通过构造 GTAP 模型研究发现，产业结构相似度也是影响贸易产业技术空间扩散的门槛，即技术落后国和技术先进国是否具有相似的产业结构是决定其是否能吸收技术先进国技术的关键。在进口贸易过程中，进口国与出口国巨大的产业结构差异可能导致进口国不能有效地吸收出口国的技术，但产业结构同构化程度高可能由于竞争等原因而削弱进口国通过进口贸易形式获得技术空间扩散的强度，即进口贸易渠道的技术空间扩散效应可能存在产业结构相似度门槛。因此本节以产业结构相似度作为门槛变量进行进口贸易技术空间扩散的产业结构相似度门槛分析。

一　产业结构相似度测算方法

本节采用联合国工业发展组织国际工业研究中心提出的产业结构相似

系数对出口国与中国各省区市的产业结构相似度进行测算，该测算方法的基本原理是，以其中一个地区的产业结构为基准，将其他地区的产业结构与基准地区进行两两比较。具体的计算公式为：

$$S_{ij} = \sum_{k=1}^{n} (S_{ik} \cdot S_{jk}) / \sqrt{\sum_{k=1}^{n} S_{ik}^2 \sum_{k=1}^{n} S_{jk}^2} \qquad (6-5)$$

其中，S_{ij} 为产业结构相似度；S_{ik}、S_{jk} 分别表示 k 产业在区域 i、j 产业结构中所占的比重；n 为产业经济体系的行业数。S_{ij} 的阈值范围为 $0 \le S_{ij} \le 1$，若 $S_{ij} = 0$ 则表示两地区的产业结构完全不同，若 $S_{ij} = 1$ 则表示两地区的产业结构完全相同，即 S_{ij} 越接近于 1，区域间产业结构同构化程度越高；反之，S_{ij} 越接近于 0，区域间产业结构同构化程度越低。

同第四章的变量设置，本节以来自美国、日本、德国、法国、英国、意大利和加拿大 7 国（G7 国家）的进口量代表中国各省区市的总进口量，因此本节以 G7 国家与中国各省区市进行产业结构相似度比较。

二 进口贸易技术空间扩散的产业结构相似度门槛模型

在 Hansen（1999）的面板门槛模型基础上，建立基于产业结构相似度门槛模型，具体形式如下：

$$\ln y_{it} = \alpha + \beta_1 \ln M \cdot I(S \le \gamma_1) + \beta_2 \ln M \cdot I(\gamma_1 < S \le \gamma_2) + $$
$$\beta_3 \ln M \cdot I(S > \gamma_2) + \sum_{k=1}^{n} \delta \ln X_{it} + \mu_i + \varepsilon_{it} \qquad (6-6)$$

其中，因变量 $\ln y_{it}$ 是当期人均 GDP 的对数值，M 为进口贸易形式的技术空间扩散，S 是门限变量，表示产业结构相似度。γ 为门槛值，$I(\cdot)$ 为指示函数，当括号内的条件成立时取值为 1，否则取值为 0。X_{it} 为影响人均产出水平的其他自变量，其设置与第五章相同。μ_i 为个体截距项，用来表示固定效应；扰动项 ε_{it} 是独立同分布的。

三 计量检验结果与分析

以产业结构相似度为门限变量建立门限自回归模型，首先对门槛个数进行 LM 检验，其检验的 F 值、P 值、门槛估计值以及 95% 置信区间如表 6-7 所示。

表 6-7 产业结构相似度门槛效应检验

模型	F 值	P 值	1%临界值	5%临界值	10%临界值	门槛估计值	95%置信区间
单一门槛	16.47**	0.004	29.009	15.510	11.419	0.778	[0.681,0.999]
双重门槛	12.303**	0.046	17.403	12.101	8.911	0.780	[0.775,0.999]
						0.947	[0.681,0.999]
三重门槛	7.778	0.108	34.732	20.378	8.257	0.807	[0.795,0.999]

注：** 表示在 5% 的水平下显著。

由表 6-7 可知，单一门槛和双重门槛均在 5% 的水平下显著，因而建立双重门槛模型进行分析。在双重门槛模型下，较小的门槛值为 0.780，较大的门槛值为 0.947，都处在 95% 置信区间内。由此可将 31 个省区市按照与 G7 国家的产业结构相似度分为三个区域：低相似度区域（$S \leqslant 0.780$）、中等相似度区域（$0.780 < S \leqslant 0.947$）与高相似度区域（$S > 0.947$）。图 6-4 为对式（6-6）门限值估计的似然比（LR）函数，从图中可以看出，当产业结构相似度达到 0.780 和 0.947 时，对人均 GDP 回归的 LR 统计量发生了明显的结构性变化，存在双重门槛效应。

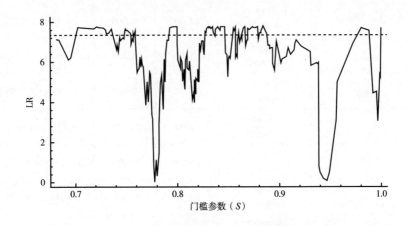

图 6-4 对产业结构相似度回归的门限值似然比函数

在确定了门槛值后对式（6-6）进行双重门限回归，其回归结果如表6-8所示。当产业结构相似度≤0.780，即当各省区市与 G7 国家的产业结构相似度小于等于第一门槛值时，进口贸易形式的技术空间扩散系数显著为负，表明在产业结构相似度较低的区域，其进口贸易形式的技术空间扩散对区域经济增长存在挤出效应，可能的原因在于，一方面进口国与出口国的产业结构差异太大导致进口国无法充分获取附着在进口产品中的创新技术，甚至还可能因为进口贸易的增长对国内产业发展形成一定的竞争和阻碍；另一方面进口国可能会因为相对技术前沿出现较大的产业结构调整而呈现短期进口贸易负向的技术空间扩散效应。当产业结构相似度跨越低门槛值 0.780 且小于等于 0.947 时，进口贸易技术空间扩散系数的绝对值有很大程度的减小，表明当产业结构相似度提高时，进口贸易形式的技术空间扩散挤出效应有所减轻。当产业结构相似度 >0.947 时，进口贸易技术空间扩散系数为 -0.0125，进口贸易形式的技术空间扩散挤出效应更严重，高度相似的产业结构并未在进口贸易技术空间扩散过程中实现其显著效果，相反，与出口国具有高的产业结构相似度使得进口国对进口贸易技术空间扩散呈现更低的承载力的形态。

表 6-8   产业结构相似度双重门限模型回归结果

变量	系数	t 值	P 值	95% 置信区间
$\ln y_{i,t-1}$	0.9470 *** (0.0108)	87.31	0.000	[0.9257, 0.9683]
$\ln\left(\sum_{i,j\neq i}\xi_j KR_{j,t-1}\right)$	0.0149 *** (0.0043)	3.50	0.000	[0.0066, 0.0233]
$\ln K$	0.0110 (0.0068)	1.62	0.105	[-0.0173, -0.0044]
$\ln KR$	-0.0108 *** (0.0041)	-3.31	0.001	[-0.0080, 0.0038]
$\ln U$	-0.0056 (0.0037)	-1.35	0.178	[-0.0137, 0.0025]
$\ln F$	0.0345 *** (0.0042)	8.24	0.000	[0.0263, 0.0428]
$\ln M \cdot$ $I(S\leqslant 0.780)$	-0.0111 *** (0.0031)	-3.60	0.000	[-0.0171, -0.0050]
$\ln M \cdot$ $I(0.780 < S \leqslant 0.947)$	-0.0061 *** (0.0030)	-5.40	0.000	[-0.0220, -0.0103]

变量	系数	t 值	P 值	95% 置信区间
$\ln M \cdot$ $I(S > 0.947)$	-0.0125^{***} (0.0029)	-4.37	0.000	$[-0.0181, -0.0069]$
常数项	0.5190^{***} (0.0921)	5.63	0.000	$[0.3382, 0.6999]$
R^2	0.9894			

注：$***$ 表示在 1% 的水平下显著；P 值为 Bootstrap 重复抽样计算得到的门槛效应检验 P 值；（ ）内的值为回归系数的稳健标准误。

第四节　本章结论

本章首先以省区市之间的地理距离区间为距离变化的区间，以 100 公里为步进距离进行连续回归，并记录不同距离阈值下不同空间距离矩阵模型回归得到的省际技术空间扩散系数，并最终找出技术空间扩散的地理距离门槛，进而分析技术空间扩散的地理距离门槛效应。其次，从东道国的技术吸收能力角度对中国 FDI 渠道技术空间扩散的人力资本及研发资本投入门槛效应进行了探讨。最后，以产业结构相似度作为门槛变量对进口贸易技术空间扩散效应进行了分析。本章的研究结论如下。

第一，省际技术空间扩散存在 1603.61 公里的地理距离门槛。省际技术空间扩散系数与地理距离之间的关系大致为：103.61~803.61 公里是省际技术空间扩散效应较强的区域；903.61~1503.61 公里为省际技术空间扩散效应急速下降的区域；地理距离大于 1603.61 公里为技术空间扩散效应不显著区域，对区域经济增长收敛的贡献不大。

第二，外商直接投资技术空间扩散存在人力资本双重门槛效应。当人力资本小于等于 0.022，即受过高等教育劳动力占总劳动力的比例小于等于 2.2% 时，外商直接投资技术空间扩散效应较小，对区域经济增长的推动作用不明显；而当人力资本跨过门槛值 0.022 并小于等于 0.301 时，外商直接投资技术空间扩散效应快速跃升，即外商直接投资渠道的技术空间扩散对区域经济增长起到显著推动作用；而当人力资本跨越门槛上限

0.301，即受过高等教育劳动力占总劳动力的比例大于 30.1% 时，外商直接投资的技术空间扩散效应却出现微弱下滑的现象。

第三，外商直接投资技术空间扩散存在 R&D 资本投入双重门槛效应。以 R&D 经费内部支出占 GDP 的比例来表示 R&D 资本投入，当 R&D 资本投入小于等于低门槛值 0.008 时，外商直接投资技术空间扩散对区域经济增长具有一定的推动作用，但由于 R&D 资本投入不足，其对区域经济增长的推动作用相对较小。当 R&D 资本投入跨越了低门槛值 0.008 但小于等于高门槛值 0.030 时，外商直接投资渠道的技术空间扩散系数显著提高，说明随着 R&D 资本投入的增加，外商直接投资的技术空间扩散效应更加凸显。当 R&D 资本投入门槛值大于 0.030，进入高吸收能力区间时，外商直接投资的技术空间扩散系数迅速跃升，能更充分地吸收 FDI 渠道技术空间扩散中的先进技术和管理经验。

第四，进口贸易技术空间扩散存在产业结构相似度双重门槛效应。把中国 31 个省区市与 G7 国家的产业结构相似度进行比较，并进一步考察进口贸易过程中技术空间扩散的产业结构相似度门槛。研究表明：当产业结构相似度门槛值小于等于 0.780 时，进口贸易形式的技术空间扩散对区域经济增长存在一定的挤出效应；而当产业结构相似度跨越低门槛值 0.780 且小于等于 0.947 时，进口贸易技术空间扩散系数的绝对值有很大程度的减小，表明当产业结构相似度提高时，进口贸易形式的技术空间扩散挤出效应有所减轻；而当产业结构相似度大于高门槛值 0.947 时，进口贸易形式的技术空间扩散挤出效应反而更加严重，与出口国具有高的产业结构相似度使得进口国对进口贸易技术空间扩散呈现更低的承载力的形态。

第七章 结论与政策建议

本章首先对全书的主要结论进行概括总结，回顾了本书的全部主要内容，并在此基础上提出提高技术空间扩散、统筹区域发展的相关政策建议，最后说明本书的不足与局限，并展望进一步研究的方向。

第一节 主要结论

本书在已有研究的基础上，沿着技术扩散机制的思路对与经济增长收敛相关的概念和理论进行了梳理和总结，将空间因素纳入技术扩散效应测度及技术扩散与经济增长收敛性面板模型中，建立空间动态面板模型进行分析，同时在空间动态面板模型中对不同空间权重矩阵的设定所带来的回归结果进行了较为深入的对比分析。探寻中国经济增长收敛过程中技术空间扩散的效应，拓宽了收敛性的研究范围。在第四章至第六章，本书采用定性分析与定量分析相结合的研究方法，从技术发展水平测度、省际以及国际技术空间扩散效应、技术空间扩散效应与经济增长收敛以及技术空间扩散与经济增长收敛阈值分析四个方面来探讨技术空间扩散与经济增长收敛的关系。

具体而言，第四章利用 1991～2015 年中国各省区市面板数据分别采用索洛剩余法和数据包络分析法的 Malmquist 指数方法对中国各省区市的技术发展水平进行测度，再运用空间动态面板模型考察中国省际以及国际技术空间扩散效应。第五章利用 1991～2015 年中国各省区市面板数据从人均 GDP 绝对差异、空间变化特征及空间自相关关系三个方面来分析中国区域经济增长差异的演变特征，并在此基础上对中国省际技术空间扩散、FDI 及进口贸易形式的国际技术空间扩散效应与区域经济增长收敛性情况进行实证研究。第六章首先以省区市之间的地理距离区间为距离变化的区间，以 100 公里为步进距离进行连续回归，并记录不同距离阈值下不同空间距离矩阵模型回归得到的省际技术空间扩散系数，并最终找出技术空间扩散的地理距离门槛，分析技术空间扩散的地理距离门槛效应。其次，从东道国的技术吸收能力角度对中国 FDI 渠道技术空间扩散的人力资本及研发资本投入门槛效应进行了探讨。最后，以产业结构相似度作为门槛变量对进口贸易技术空间扩散效应进行了分析。

本书的主要结论如下。

（1）从总体纵向来看，中国各省区市全要素生产率的增长主要归功于技术效率的提高。从 DEA-Malmquist 指数分解来看，各省区市的技术增长及经济发展差距主要归咎于技术进步水平存在较大差异。从 DEA-Malmquist 指数分布来看，各省区市全要素生产率指数分布与技术进步指数分布基本趋于一致，且技术进步指数较高的省区市主要分布于沿海地区，而中国技术效率指数相对较高的省区市主要分布于中西部地区。

（2）中国各省区市之间存在显著的正向技术空间扩散效应，且主要是由技术进步引起的。外商直接投资、进口贸易的国际技术空间扩散效应均显著为正，但它们的影响机制不尽相同。从总效应来看，外商直接投资方式的技术空间扩散效应大于进口贸易方式，但外商直接投资主要是通过影响技术效率促进区域 TFP 增长，而进口贸易主要通过对技术进步的正向溢出来影响本区域的 TFP 增长。

（3）采用不同统计指标测度的中国省际区域经济增长的 σ 收敛结果不一致。具体而言，采用标准差衡量的中国各省区市经济增长呈现明显的发散趋势。变异系数的分析结果却显示：从整体来看，全国及东部地区的变异系数呈下降趋势，存在 σ 收敛现象，而中部和西部地区则没有明显的收敛态势。Theil 指数分析结果表明：各省区市之间自 2003 年后存在 σ 收敛现象。三种统计指标测度的中国经济增长收敛的结果并不一致，因此如果采用统计指标进行测度不仅不准确，还无法确定其最终结论。

（4）一般动态面板模型及空间动态面板模型的回归结果均支持中国省际经济增长存在绝对β收敛的结论，但估计结果推算的收敛速度差异较大。一般动态面板模型的回归结果显示：中国各省区市之间存在显著的绝对β收敛特征，但短面板和长面板数据模型估计推算的收敛速度稍有差异。空间动态面板模型的回归结果表明：三种空间权重矩阵模型的估计结果均显示中国各省区市之间的经济增长呈现绝对β收敛特征，且三种空间权重矩阵模型估计的收敛速度相差不大，经济距离矩阵模型估计的收敛速度最小，空间距离矩阵模型估计的收敛速度最大。

（5）中国省际经济增长存在条件β收敛，且省际技术空间扩散效应及FDI渠道的国际技术空间扩散效应对区域经济增长有正向促进作用，但进口贸易渠道的国际技术空间扩散效应则阻碍区域经济增长。空间动态面板模型估计结果显示，中国各省区市之间的经济增长呈现条件β收敛特征，且三种空间权重矩阵模型估计的收敛速度相差不大，经济距离矩阵模型估计的收敛速度最小，空间邻接矩阵模型估计的收敛速度最大。

（6）中国东部及西部地区经济增长存在俱乐部收敛现象，而中部地区则呈现发散态势，且技术空间扩散效应对三大经济带经济增长的影响效应不尽相同。省际技术空间扩散及FDI渠道的国际技术空间扩散对东部地区的经济增长均存在显著的正向促进作用，进口贸易渠道的国际技术空间扩散效应对东部地区经济增长的影响效应并不稳定。中国中部各省份之间的经济增长呈现发散特征，不存在俱乐部收敛现象，省际的技术空间扩散现象并不明显。中部各省份之间存在的明显的外商直接投资渠道及进口贸易渠道的技术空间扩散效应将弱化区域经济增长态势，各省份在技术进步、FDI及进口贸易方面存在一定的竞争关系。中国西部各省区市之间的经济增长呈现俱乐部收敛特征，西部各省区市之间存在显著的技术空间扩散现象，且对经济增长有正向促进作用，各省区市之间存在的明显的外商直接投资渠道及进口贸易渠道的技术空间扩散效应将弱化区域经济增长态势。

（7）省际技术空间扩散存在1603.61公里的地理距离门槛，地理距离大于1603.61公里为技术空间扩散效应不显著区域，对区域经济增长收敛的贡献不大。外商直接投资技术空间扩散存在人力资本及R&D资本投入双重门槛效应，进口贸易技术空间扩散存在产业结构相似度双重门槛效应。

第二节　政策建议

随着区域经济发展的不平衡现象日益凸显，如何利用技术扩散加快推动经济协调发展成为众多利益主体关注的重要内容。现阶段，单纯地以生产要素流动和资源共享形成的结构性协调所带来的经济增长空间日益缩小，而全要素生产率的区际协调显得越发重要。以全要素生产率的区际协调为基础的技术空间扩散将有助于建立开放型的技术协调体系。在省际技术空间扩散、外商直接投资和进口贸易的国际技术空间扩散等基本途径基础上，根据区域各自的特性选择主导性途径，加以引导，可以实现区域的协调发展。

一　强化省际技术空间扩散

第五章的分析结果显示，中国各省区市之间存在显著的正向技术空间扩散效应，且省际技术空间扩散效应将有利于区域经济增长。而第六章的分析结果显示，技术空间扩散效应随地理距离增加而递减，且存在803.61公里的有效阈值，其阈值所体现的技术有效辐射范围为促进经济均衡发展提供了思路。

1. 缩短各省区市之间的经济距离，提高技术空间扩散效应

第一，加强省际的基础设施建设。由于区域之间的地理空间距离无法改变，政府应加强省际的基础设施建设，最大可能地缩小地区之间的"经济距离"，并积极推进区域经济合作，鼓励技术先进地区对技术落后地区的科技支援，缩小技术差距，使落后地区突破技术发展瓶颈，提升对技术空间扩散的吸收能力。同时政府还应加强落后地区的信息网络和公路建设，疏通技术从东部向中西部的扩散通道。

第二，允许人力资本的合理流动。人力资本流动不但可以使人的知识、技能和思维发散，还可以推动区域内人力积聚市场的苗壮成长。同时，社会组织也在提升知识集群能力，知识在这种内外磁场中始终发挥推动创

新的效应，致使技术在运用中开创新的经济业绩以及促使区域内高技术产业集群的快速发展，进而促进经济增长。

人力资本向技术发达地区迁移会刺激技术落后地区的人力投资，因为在经济发展的初期，投资于人力资本的期望收益远大于人力资本的回流带来的收益，而当经济发展到一定程度时，人力资本会开始回流，进一步推动落后地区的技术创新以及经济增长。因此，政府应完善相关规章制度，降低人才流动的信息成本、距离成本以及心理成本等，实现人力资本的跨区域合理迁移。减少流动的盲目性和资源浪费，可以产业项目为先导，以各区域的支柱性产业为主要方向，吸纳专业人才，推动区间人力资本的合理流动。我国东中西部区域可以以培育本地人才为主体，以产业发展为中心有选择地、有目地地引入或输出人才，逐步筑建适应区域集群发展需要的人才市场高地、人才研发高地、人才创业高地和人才价值高地，从而获得人力资本自由流动带来的省际经济距离减小、技术扩散效应扩大的社会效益。

2. 建设多层次的创新源，提高区域科技创新水平

一方面，技术落后地区积极培育自己的创新源。中国中西部地区相对缺乏技术创新源，因此传统的雁阵模式已然不再符合中西部地区技术发展的要求。在接受东部地区的技术空间扩散的同时，中西部地区必须积极培育自己的创新源，利用当地有利的能源、资源优势，积极发展配套的价值链高端产业，尝试建立领先的高科技创新基地，全方位带动周边区域的发展。以接受技术空间扩散与建设创新源并重的发展模式缩小与技术发达地区的技术差距，提高区域科技创新水平。

另一方面，对与外商投资企业合作的国内供应商提供必要的资金支持。在采购供应型网络组织中，外商投资企业通过国内配套与采购将与之合作的国内企业纳入跨国公司的全球供应链中，从而对其进行技术转移。而在我国这种发展中国家，资金短缺是国内供应商，特别是中小企业面临的主要约束。因此，如何对符合外商投资企业要求的国内供应商提供必要的资金帮助就成为一个问题。当这种帮助发生时，它能够直接增加供应商的可用金融资源，有助于减少资金成本，减少与资金流的可维持性相关的不确定性，对于改善供应商的能力具有直接作用。

二 大力推进国际科技合作与交流

从上文的理论和实证检验结果可知，外商直接投资渠道的技术空间扩散效应对中国各省区市经济增长收敛具有显著的正向作用，且该作用大于省际的技术空间扩散，因此，要提高技术空间扩散效应、统筹区域经济发展，首先要从增加外商直接投资的正面促进作用入手。

1. 积极促进高技术产业领域的外资企业在中国开展研发活动

第一，继续鼓励和吸引高技术产业领域的外资来华设立高层次的研发机构，尤其鼓励外资企业在中国设立高端、智能、绿色等先进制造业领域以及工业设计等技术密集型领域的研发中心。在吸引外资研发经费投入的同时，更要支持和鼓励国内企业加强自主研发和技术创新能力，不断完善研发环境，助推在华外资企业研发机构功能的不断提升。

第二，尽可能地鼓励外资企业与国内企业合作设立研发联盟。支持符合条件的外商投资企业与内资企业、研发机构合作申请国家科研项目、创新能力建设项目等。鼓励中外企业加强研发合作、积极承接境外研发外包业务，并支持中国企业和研发机构积极开展与跨国公司的知识产权合作，在境外开展联合研发和设立研发机构，在国外申请专利，形成全方位、多层次、宽领域的国际科技合作格局。在有效承接外商直接投资的技术空间扩散效应的同时，逐步切实地提高国内企业的技术吸收能力和创新能力，从而以创新技术的空间扩散效应带动区域经济的协调发展。

2. 为外资企业与国内企业创造平等的竞争环境

充分竞争的市场环境是促进跨国公司对华转移技术的一个重要因素，完全的、充分竞争的市场环境是推动企业技术进步的最佳环境，只有在这种情况下，外资企业才会源源不断地将母公司的先进技术应用于自己的产品生产之中，从而提高在华投资企业的技术水平。跨国公司之所以能够到国外投资，一个重要原因是它们拥有企业专有优势，而这种优势可能与它们使用的生产方法、组织活动的方式以及销售产品和服务的方式等相关。一旦它们在国外建立了自己的分支机构，它们就无法阻挡这种优势，会通过模仿、劳动力流动、竞争或者本地企业学会如何出口而溢出给本地企业。如果东道国的市场是一个充分竞争的市场，则外商投资企业的生产方法、组织方式以及销售与服务方式等就会更多地为东道国企业所学习和吸收。从这个意义上说，好的市场竞争环境对于促进外商技术转移是至关重要的。

第一，为外资企业生产和融资提供支持。各地区应充分考虑到区域经济发展特点，针对地区环境、资源及市场等要素有选择地引进外资高新企业，并为其在当地建立生产线、进行技术空间扩散提供便利，支持外资企业拓宽融资渠道，鼓励其在中国股票市场的主板、中小企业板以及创业板上市，在新三板挂牌，以及在中国国内发行公司债券和运用非金融企业债务融资工具进行融资。注重构建适度竞争和公平竞争的市场环境，使FDI的正向技术溢出效应得到充分发挥。

第二，对外资政策进行公平竞争的审查。适当减少对外商投资企业的限制，设立外资企业统一牌照以及资质申请的审核标准。抓紧完善外资法律体系，保障境外投资者的合法利润以及投资收益可依法自由汇出。利用"互联网＋"监管模式大力深化外商投资管理信息化水平与业务协同，加大外资服务部门之间的信息系统的互联互通力度，为外资企业的设立、运营提供高效、便捷的全方位服务。

第三，严格保护外商投资企业的知识产权。健全知识产权执法机制，执行跨部门与跨区域相结合的知识产权联合执法形式，健全知识产权行政执法机构与其他相关司法机构的保护协作机制，促进行政执法与刑事司法的真正合力。同时加大对侵犯知识产权行为的惩处力度，建立企业知识产权信用信息共享系统，依法处罚滥用知识产权排除、限制竞争等行为，并完善快速维权机制。地方政府、各地企业及地方知识产权局应该形成合力营造一个崇尚创新、诚信自律的市场秩序。

3. 实施外商直接投资的差别化战略

各区域不仅要为吸引外资营造良好的环境，还要避免区域之间的盲目竞争和重复建设，各省区市应制定适合本地区的优惠政策和竞争政策，注意外资的合理投向，根据各地的建设规划来制定各区域的最佳吸引外资产业战略，实施差别化战略，以扩大FDI的技术空间扩散效应。

一方面，处于使用外来技术阶段的区域，企业技术水平的提高普遍还依赖外来技术，自主创新的能力仍局限于本地的优势产业，对于这一类区域应进一步改善投资环境，选择与本地区资源禀赋相契合的技术，而不是一味追求高技术而忽略自身的技术吸收能力。通常发达国家或创新国适用的技术并不一定对引进地区适用，技术引进不当反而会抑制经济增长。对于这一类地区应吸引外资投向服装、食品、电子等劳动密集型产业，促进区域就业，巩固区域具有竞争力的现代产业基础。

另一方面，对于处在改造和创造技术阶段的区域，如已经跨越技术差距门限值的少数东部发达省份，应更加注重自主创新，因为变小的技术差距意味着技术模仿选择集收窄和模仿成本增加，只有通过自主创新推动技术进步，才是后发国家或地区实现技术和经济赶超的关键途径。企业可以根据生产要求改进生产技术，通过不断地吸引外商直接投资逐步实现技术自立。对于这一类区域应充分发挥其较强的技术优势，鼓励外资投向高技术产业和先进制造业，向技术密集型产业方向不断开拓，促进区域的产业结构优化升级。只有充分意识到外商直接投资差别化战略的重要性才能避免区域之间相互竞争导致的不必要损失。

4. 建立适宜的行为机制以争取博弈主动权

技术扩散方控制扩散时机和技术选择的重要方式是东道国子公司的独资化和独资化趋势，为强化技术吸收效果应引导和鼓励外资通过非独资化方式进入本国，并重视引进使用适用性技术的企业，增强当地企业对扩散技术的吸收，防止因技术差距过大而造成先进技术无法吸收，以提高技术溢出的可能性。对于扩散方控制技术选择的主要方式为机构本土化的，应制定适宜的人才激励政策，刺激部分人才回流到当地企业或机构，直接利用跨国公司对当地人员的培养和相关人力资源的开发，提高我国的技术基础，增强吸收能力和技术溢出效应。

针对"技术锁定"战略，应通过建立竞争机制，利用"寡占反应"规律，来反制"技术锁定"。另外，优化人才环境，刺激人才回流，提高技术吸收能力改革完善国内科研体系，积极引导国内高校、科研机构与企业加强合作，使科研教学和生产相结合加强基础研究和应用研究的财政支持力度，建立起高比例投入、高素质科技人才、高水平研究机构间相互促进的正反馈机制，对于我国利用后发优势促进自身经济进程乃至实现经济赶超都具有重要的战略意义。

三　继续加大研发投入

在区域经济增长收敛的影响因素中，本区域 R&D 资本存量对区域经济增长具有显著的正向促进作用，但 R&D 资本存量的空间滞后项（区际溢出效应）在部分模型中显著为负，因此，各省区市在继续加大 R&D 资本投入的同时，还应充分意识到 R&D 资本在区域之间的负向溢出效应。R&D 人员数增加却会抑制 TFP 增长，因此应注重研发人员的分类培养和交流使用。由第四章的分析可知，中国技术进步前沿省区市主要分布在沿海地区，且各省区市之间存在的正向技术空间扩散效应主要由技术进步引起，因此，在研发投入方面也应适当具备区域差异性。

1. 以科技金融发展为契机促进 R&D 资本的有效配置

随着科技创新作用的日益凸显，R&D 资本存量对区域经济增长的影响不断增大，为提高各地区的科技创新能力，应继续加大研发经费投入，并促进 R&D 资本在区域的合理流动与融合。而科技金融能有效促进 R&D 资本在区域内的集聚、流动和有效配置。因此，深入推进科技金融活动是提高中国省际技术空间扩散效应的一大着力点。经过几十年的不断发展，我国科技金融的相关政策与工作机制正逐步建立起来，部分省区市虽已经形成了科技与金融互动的良好局面，但在科技金融信息平台建设、扩大创投企业投资范围以及科技金融参与各方的顶层设计等方面需要进一步推进。

首先，完善科技金融服务平台建设。各省区市可以政府创新基金为引导、以区域性科技金融服务平台为基础，从政府政策支持、平台对接以及科技创新人才培养等方面来完善科技金融平台的基本功能，紧接着逐渐扩展开发有利于科技型中小企业发展的其他衍生功能。

其次，扩大创投企业投资覆盖范围。为扩大创投企业投资范围，使处于种子期的创新企业能在市场获得成长资金，可出台相关政策鼓励创投企业发展，如给予税收、信息等政策优惠，同时鼓励银行针对不同时期的创新企业建立科技创新型企业梯度融资模式。

最后，从多方面来完成科技金融参与各方的顶层设计。按照金融支持科技创新以及技术产业化基本要求，应该着重从金融机构、中介服务、金融市场、政府组织以及管理监督 5 个体系来完成顶层设计。银行等金融机构应不断开展金融工具的创新；金融市场方面则应该鼓励多层次债券市场，特别是高收益公司债券市场的发展；政府组织方面应尽快出台相关政策法规，引导私募基金和风险投资等新金融模式的快速发展，降低科技企业对间接融资方式的过度依赖；中介服务方面则应大胆创新中介服务体系，提高中介服务体系的运作效率，充分发挥中介服务在科技创新过程中的纽带作用。金融管理监督部门应以监管为本、制度为基，侧重对机构监管、事前监管、分业监管的传统监管模式与时俱进地进行适应性改进，加强宏观审慎管理、功能监管、行为监管等领域的制度建设。

2. 优化科技研发人员的人力资本结构

第一，增加高精尖人员比例。科技研发的人力资本结构与技术创新效率有着密切的关系，增加高精尖人员比例能改善技术创新效率。一方面，通过国际交流合作、科研院校与企业融合培养一批具有国际视野、具备国际领先技术水准的高精尖人才，确保技术研发的先进性；另一方面，要加大基础研发人员的跨界交流，引导中低端技术研发人员进入企业的非研发岗位跨行业任职，建立技术研发岗位与其他岗位的合理交流路径，在开阔基础研发人员视野的同时，也有效控制 R&D 人员数的非合理性增长。

第二，建立科学、有效的研发人才选拔任用机制。拓宽选拔及任用人才的渠道，选拔任用优秀且具研发潜力的人员有助于激励科研人员的研发活动，是科技创新的内生源动力。目前，研发人员队伍相较于其他行业的人员具备学历高、综合素质好的优势，因此，在进行人才队伍建设过程中必须坚持"任人唯贤、优胜劣汰"的原则，确保有针对性地选拔高质量拔尖人才，并进行重点培养，使其成为各研发领域的核心骨干力量。

第三，加强研发人才梯队建设。加强高精尖研发人才的储备不可忽略的一点是构建研发人员梯队，各研发机构应形成老、中、青相结合的具有较强创新能力的研发团队，对专业拔尖的青年研发人员应最大限度地激发其科技研发的潜能，在具体科技项目以及工作任务中以赋予其一定的权限体验、锻炼等方式，不断提高其科技研发能力。

3. 研发投入应具备区域差异性

对技术先进的沿海地区加大研发投入，形成技术研发的集聚效应。而对于技术相对落后地区，一方面，应该着力于提高自身的技术吸收能力和完善与技术增长相关的制度、提升管理水平，为有效承接先进地区的技术转移奠定基础，并积极利用对先进地区技术转移的成果，对自身的技术水平进行提升。另一方面，可以与技术先进地区建立区域研发联盟，减少重复研发投入，有效整合本地区与技术先进地区的研发资源，与发达地区形成先进技术利益共同体参与到国内与国际竞争中。因此，地方政府应该通过制度设计、引导，建立将区域作为整体涵盖本地和先进地区的研发机构的广泛联盟，真正参与到先进技术的研发体系中，以实现技术增长的共容性联盟。

四　进一步完善进口促进战略

进口贸易渠道的国际技术空间扩散将弱化区域经济增长收敛态势，因此现阶段中国应充分认识并发挥进口对国民经济的促进作用，逐步优化进口结构、进一步完善进口促进战略。

1. 优化进口结构

第一，继续扩大高技术产品贸易。完善与发达国家高新技术战略合作机制，考虑适度增加技术含量高的工业制成品的进口，积极引进国外先进的设备和技术，通过消化、吸收国外的先进技术，促进国内科技进步和生产效率的提高。以调整进口商品结构为契机，替代国内低效率产业，促进生产要素向高效率产业转移，提高我国的自主创新水平，推动区域经济走上结构性增长的轨道。

第二，扩大资源性产品进口。积极实施对资源性产品采取进口零关税的相关政策，并尽可能地实行进口贴息政策；鼓励政策性银行加大进口信贷支持力度，对资源性产品进口实行优惠贷款。扩大资源性产品的进口，稳定能源资源供应，提高进口效益。

2. 大力发展服务贸易进口

第一，扩大生产性服务进口。服务贸易进口对发展中国家的技术创新以及经济增长具有非凡的意义，由于发达国家掌握了大部分的先进技术和技术成果，而发展中国家通过生产性服务贸易进口可以实现高新技术的非主动性溢出。在进口生产性服务贸易时应优化进口技术结构，提高复杂度，并适度控制、减少低技术生产性服务贸易的进口优化措施，发挥生产性服务贸易对经济增长的正向效应。

第二，扩大旅游服务进口。旅游服务贸易是中国服务贸易的重要组成部分，其中，出境旅游对中国服务贸易增长具有一定的拉动效应，因此应进一步放宽出境旅游的相关政策，扩大对国外优质旅游服务的进口。

3. 增强进口的主动权

进口的主动权越大，企业越能以低成本获得高新技术和学习机会。因此，一方面，需要打破行业垄断，鼓励企业兼并重组，培育价值链"链主"，从而增强向国外企业尤其是发达国家企业发包的能力，进而提升进口的主动权。另一方面，应鼓励企业"走出去"配置全球资源，降低进口高新技术和知识的成本和难度。为此，需要探索发展对外私募股权投资基金、并购投资基金、风险投资基金，鼓励票据融资、融资租赁及债券融资等多元化手段，降低企业的融资成本和风险，为企业"走出去"提供融资支持和中介服务。

4. 提升进口的设施基础

在硬设施方面，政府应立足"外贸、外资、外经、外智、外包"平台互动，着力构建进口促进平台，以虹吸全球高端要素；企业应积极构建全球采购网站，向全球供应链上游延伸。在软设施方面，一方面应积极引进和培育具有高度国际化视野的高端人才，提升进口之后的吸收、消化能力；另一方面应通过加速固定资产折旧政策等，激励企业增加研发投入，增强企业消化吸收能力和逆向发包能力。

5. 调整政府政策导向

其一，贸易政策导向从侧重鼓励出口转向鼓励进口与出口均衡。要调整先进技术设备、关键零部件进口关税，鼓励银行开展进口信贷，促进进出口贸易的自由化、便利化。其二，产业发展导向从侧重制造业转向制造业与生产性服务业互动发展。生产性服务业是高级技术、人力资本和智力资本引进商品生产过程的"飞轮"，发达国家之所以能占据全球价值链的高端，最重要的原因就在于其不断地投入现代生产性服务业所内含的技术、知识和人力资本，使产业结构不断地趋向于"软化"。

第三节 进一步研究的方向

本书从技术空间扩散视角出发，研究了技术空间扩散与经济增长收敛性关系，并利用中国 31 个省区市样本数据进行了实证分析，并且得到了若干富有启发的结论，在一定程度上丰富了技术空间扩散与经济增长收敛性的经验研究，但本书的研究还存在不足与尚待完善之处，未来可以从以下几个方面对技术空间扩散与经济增长收敛性做进一步研究。

（1）本书在分析中国各省区市技术增长情况时，加入空间相关性影响，将技术与空间区位的内在联系通过促进 TFP 增长的要素在不同区位的分布以及扩散表现出来，对技术进行测度，并利用确认性空间数据分析方法深入细致地分析其空间扩散效应的大小，以及省际技术空间扩散和国际技术空间扩散的影响路径、机制和时效性，而这也恰恰是以往研究中常被忽视的一点。但本书关于技术空间扩散的研究还只是一个开始，如何进一步从微观机制方面来探讨技术空间扩散效应是下一步需要研究的重要内容。

（2）本书主要从省际、外商直接投资以及进口贸易三大渠道来探讨技术空间扩散，然而，作为技术进步的重要途径之一，技术空间扩散可能还存在其他渠道，如人力资本流动、专利申请以及专利转让、国际并购等，对这些问题的探讨可以进一步深化关于技术空间扩散与经济增长收敛性的研究，但囿于数据的获取，本书尚未向上述研究领域进行拓展，但不失为未来研究的一种重要的方向。

（3）本书在技术空间扩散与经济增长收敛的地理距离阈值分析部分，受计量模型限制，无法将各省区市之间的地理距离矩阵引入门限自回归模型进行分析，而只能采取以 100 公里为步进距离进行连续回归，并记录不同距离阈值下不同空间距离矩阵模型回归得到的省际技术空间扩散系数，并最终找出技术空间扩散的地理距离门槛的方法进行分析。如何在门限自回归模型中引入空间权重矩阵是未来需要进一步研究的重难点。

（4）制度变量的设计不够全面。作为经济环境的社会经济制度，具有广泛的经济内容。但由于受到数据可获得性的限制，本书未能对影响宏观经济增长的制度进行更加全面的考察。这些重要制度还包括：城市化发展水平、经济市场化发展水平等宏观经济增长的重要制度变量，这种忽略可能影响研究结论的严密性。

参考文献

陈建丽、孟令杰、王琴：《吸收能力、FDI 技术溢出门限效应与内资企业生产率增长——基于中国高新技术产业的实证分析》，《工业技术经济》2015 年第 10 期。

陈圆圆：《中国区域经济增长收敛性及其机制研究——基于空间经济计量》，博士学位论文，东北师范大学，2015。

单豪杰：《中国资本存量 K 的再估算：1952～2006 年》，《数量经济技术经济研究》2008 年第 10 期。

董直庆、宋伟、赵景：《技术差距与经济增长收敛性：来自省际面板数据的实证检验》，《华东师范大学学报》（哲学社会科学版）2015 年第 6 期。

傅家骥：《技术创新——中国企业发展之路》，企业管理出版社，1992。

郭咸刚：《西方管理思想史（第二版）》，经济管理出版社，2005。

黄宁、丁清旭：《中国 FDI 技术溢出效应情况的一个解释——基于 FDI 质量评估》，《云南财经大学学报》2015 年第 4 期。

黄先海、张云帆：《中国外贸技术溢出效应的国别差异分析》，《经济经纬》2004 年第 1 期。

季颖颖、郭琪、贺灿飞：《外商直接投资技术溢出空间效应及其变化——基于中国地级市的实证研究》，《地理科学进展》2014 年第 12 期。

李梅、柳士昌：《对外直接投资逆向技术溢出的地区差异和门槛效应——基于中国省际面板数据的门槛回归分析》，《管理世界》2012 年第

1 期。

林冰、宫旭红：《内生技术进步视角下产业集聚的 FDI 技术溢出效应研究》，《科技管理研究》2015 年第 7 期。

林光平、龙志和、吴梅：《中国地区经济 σ 收敛的空间计量实证分析》，《数量经济技术经济研究》2006 年第 4 期。

刘美玲、黄文军：《进出口贸易、对外直接投资和国际技术溢出效应——基于中国 1999 ~ 2012 年省际面板数据的实证》，《工业技术经济》2015 年第 2 期。

罗浩、冯润、颜钰荛：《广东区域经济增长收敛性：兼论"双转移"战略的效果》，《广东财经大学学报》2015 年第 4 期。

马国霞、徐勇、田玉军：《京津冀都市圈经济增长收敛机制的空间分析》，《地理研究》2007 年第 3 期。

牛品一、陆玉麒：《江苏省县域经济集聚和收敛的空间计量分析》，《人文地理》2013 年第 1 期。

史修松、赵曙东：《中国经济增长的地区差异及其收敛机制（1978 ~ 2009 年）》，《数量经济技术经济研究》2011 年第 1 期。

苏治、徐淑丹：《中国技术进步与经济增长收敛性测度——基于创新与效率的视角》，《中国社会科学》2015 年第 7 期。

孙洋：《产业发展战略与空间收敛：长三角、珠三角和环渤海区域增长的比较研究》，《南开经济研究》2009 年第 1 期。

孙元元：《生产率收敛是否会带来经济增长收敛？——来自中国的经验证据》，《中国软科学》2015 年第 1 期。

王聪、冯琰、朱先奇、刘玎琳：《FDI 技术溢出"门限效应"研究——基于山西省面板数据》，《经济问题》2016 年第 8 期。

王焕英、石磊：《基于多水平模型的中国区域经济增长收敛性特征分析》，《统计与决策》2010 年第 17 期。

王惠、王树乔：《FDI、技术效率与全要素生产率增长——基于江苏省制造业面板数据经验研究》，《华东经济管理》2016 年第 1 期。

吴伟伟：《我国欠发达区域经济增长的收敛性——基于西北五省区经济增长数据的实证研究》，《求索》2012 年第 5 期。

吴新生：《基于中国新区域面板数据的金融发展与经济增长收敛分析》，《经济问题探索》2009 年第 11 期。

徐鸿、赵玉：《基于空间模型的长江经济带经济增长收敛性研究》，《软科学》2015 年第 8 期。

杨春生：《中国区域经济增长的收敛性分析》，博士学位论文，安徽大学，2014。

杨文智、董平、陆玉麒：《技术空间扩散相对强度模型构建与实证研究——以沪宁沿线各市为例》，《科技进步与对策》2009 年第 3 期。

尹建华、周鑫悦：《中国对外直接投资逆向技术溢出效应经验研究——基于技术差距门槛视角》，《科研管理》2014 年第 3 期。

张化尧、王赐玉：《国际技术扩散：基于 TFP 的多渠道外溢分析》，《科研管理》2012 年第 10 期。

张军：《中国省际物质资本存量估算：1952～2000》，《经济研究》2004 年第 10 期。

张婷、李红：《珠三角地区县域经济增长收敛的空间计量分析》，《华东经济管理》2013 年第 7 期。

张伟丽：《区域经济增长俱乐部趋同：概念、识别及机制》，博士学位论文，河南大学，2009。

张晓旭、冯宗宪：《中国人均 GDP 的空间相关与地区收敛：1978～2003》，《经济学》（季刊）2008 年第 2 期。

张学良：《长三角地区经济收敛及其作用机制：1993～2006》，《世界经济》2010 年第 3 期。

张玉明、李凯：《基于知识溢出的中国省际区域经济增长收敛性实证研究》，《管理学报》2011 年第 5 期。

赵艺：《基于省际和区域数据的技术空间扩散分析》，《统计与决策》2015 年第 15 期。

周密：《非均质后发大国技术空间扩散的影响因素——基于扩散系统的分析框架》，《科学学与科学技术管理》2009 年第 6 期。

朱国忠、乔坤元、虞吉海：《中国各省经济增长是否收敛?》，《经济学》（季刊）2014 年第 3 期。

左萌：《进口贸易结构、国际技术扩散与中国经济波动——基于内生 R&D 投入与技术转化的视角》，博士学位论文，西南财经大学，2010。

Abramovitz, M. Catching Up, Forging Ahead, and Falling Behind. *Journal of Economic History*, 1986, 46（2）: 385 – 406.

Abreu, M., Groot, H. D., Florax, R. J. G. M. A Meta-analysis of β-convergence: The Legendary 2%. *Journal of Economic Surveys*, 2005, 19（3）: 389 – 420.

Adams, J. D. Comparative Localization of Academic and Industrial Spillovers. *Journal of Economic Geography*, 2002, 2（3）: 253 – 278.

Aitken, B. J., Harrison, A. Do Domestic Firms Benefit from Direct Investment? Evidence from Venezuela. *American Economic Review*, 1999, 89（3）: 605 – 618.

Alexiadis, S. *Convergence Clubs and Spatial Externalities: Models and Applications of Regional Convergence in Europe.* Springer, 2013.

Andrada, I. P., Timothy, J. Testing Spatial Pattern and Growth Spillover Effects in Cluster of Cities. *Journal of Geographical Systems*, 2002, 4（3）: 275 – 285.

Anselin, L., Bera, A. Spatial Dependence in Linear Regression Models with an Introduction to Spatial Econometrics. *Handbook of Applied Economic Statistics*, *Marcel Dekker*, 1998.

Anselin, L., Florax, R. J. G. M. *New Directions in Spatial Econometrics.* Springer, Berlin, 1995.

Anselin, L., Rey, S. J. Introduction to the Special Issue on Spatial Econometrics. *International Regional Science Review*, 1997, 20（1 – 2）: 1 – 7.

Anselin, L. *Spatial Econometrics: Methods and Models.* Dordrecht, The Netherlands: Kluwer Academic Publisher, 1988.

Arbia, G., Paelinck, J. H. P. Economic Convergence or Divergence? Modeling the Interregional Dynamics of EU Regions, 1985 – 1999. *Journal of Geographical Systems*, 2003（5）: 291 – 314.

Barro, R. J., Sala-i-Martin, X. Convergence. *The Journal of Political*

Economy, 1992, 100 (2): 223 – 251.

Barro, R. J. , Sala-i-Martin, X. *Economic Growth.* McGraw Hill, New York, 1995.

Barro, R. J. , Sala-i-Martin, X. Technological Diffusion, Convergence and Growth. *Journal of Economic Growth*, 1997, 2: 1 – 27.

Barro, R. J. Economic Growth in a Cross Section of Countries. *Quarterly Journal of Economics*, 1991, 106 (2): 407 – 443.

Basile, R. , Gress, B. Semiparametric Spatial Auto-covariance Models of Regional Growth Behaviour in Europe. *Région Dével*, 2005, 21: 93 – 118.

Baumol, W. Productivity Growth, Convergence, and Welfare: What the Long-Run Data Show. *American Economic Review*, 1986, 76 (5): 1072 – 1085.

Beata, S. Determinants of Spillovers from Foreign Direct Investment through Backward Linkages. The World Bank, Working Paper, 2002.

Benhabib, J. , Spiegel, M. The Role of Human Capital in Economic Development: Evidence from Aggregate Cross-Country Data. *Journal of Monetary Economics*, 1994, 34 (2): 146 – 173.

Bernard, A. , Jones, C. Comparing Apples to Oranges: Productivity Convergence and Measu-rement Across Industries and Countries. *American Economic Review*, 1996, 86 (5): 1216 – 1238.

Bernard, A. B. , Durlauf, S. N. Convergence in International Output. *Journal of Applied Economics*, 1995, 10 (2): 97 – 108.

Borensztein, E. , Gregorio, D. J. , Lee, J. W. How Does Foreign Direct Investment Affect Economic Growth?. *Journal of International Economics*, 1998 (45): 115 – 135.

Burian, S. , Brcak, J. Convergence Process in the European Region-Cluster Analysis. *International Advances in Economic Research*, 2014, 20 (4): 459 – 460.

Carlino, G. , Mills, L. Convergence and the US States: A Time-series Analysis. *Journal of Regional Science*, 1996, 36 (4): 597 – 616.

Caselli, F., Esquivel, G., Lefort, F. Reopening the Convergence Debate: A New Look at Cross-country Growth Empirics. *Journal of Economic Growth*, 1996, 1 (3): 363 – 389.

Casetti, E., Semple, R. K. Concerning the Testing of Spatial Diffusion Hypotheses. *Geographical Analysis*, 1969 (1): 254 – 259.

Caves, D. W., Christensen, L. R., Diewer, W. E. Multilateral Compositons of Output, Input and Productivity Using Superlative Index Numbers. *Economic Journal*, 1982, 9 (2): 273 – 286.

Caves, R. E. International Corporations: The Industrial Economics of Foreign Investment. *Economica*, 1971, 38 (149): 1 – 27.

Christian, L., Antonio, M. European Cities in the Process of Economic Integration: Towards Structural Convergence. *Annals of Regional Science*, 2007, 41 (2): 333 – 351.

Coe, D. T., Helpman, E., Hoffmaister, A. W. North-South R&D Spillovers. *Economic Journal*, 1997 (107): 134 – 149.

Coe, D. T., Helpman, E. Intenational R&D Spillovers. *European Economic Review*, 1995 (39): 859 – 887.

Colombo, U., Jaumotte, A., Kennedy, E. Synopsis of the European Fusion Program Evaluation Board Report. *Journal of Fusion Energy*, 1999, 10 (2): 173 – 178.

Combin, D., Dmitriev, M., Rossi-Hansberg, E. The Spatial Diffusion of Technology. NBER Working Paper No. 18534, 2012.

Coulombe, S., Lee, F. C. Regional Productivity Convergence in Canada. Working Paper, 1993.

Criliches, Z. The Search for R&D Spillovers. *Scandinavian Journal of Economics*, 1992, (94): 29 – 47.

Cuadradoroura, J. R. Regional Convergence in the European Union: From Hypothesis to the Actual Trends. *Annals of Regional Science*, 2001, 35 (3): 333 – 356.

Dalgic, B. Absorptive Capacity and Technology Spillovers: A Case from

Turkey. *Journal of Business, Economics & Finance*, 2013, 2 (2): 23 – 27.

Dan, B. D., Ayal, K. Trade and the Rate of Income Convergence. *Journal of International Trade & Economic Development*, 2004, 13 (4): 419 – 441.

Dan, B. D. Convergence Clubs and Subsistence Economies. *Journal of Developmental Economics*, 1997, 55 (1): 153 – 169.

Darwent, D. F. Growth Poles and Growth Centers in Regional Planning: A Review. *Environment and Planning A*, 1969, 1 (1): 5 – 32.

Das, G., Powell, A. Absorption Capacity, Structural Similarity and Embodied Technology Spillovers in a "Macro" Model: An Implementation within the GTAP Framework. Centre of Policy Studies/IMPACT Centre Working Papers, 2000.

Deardorff, A. V. Rich and Poor Countries in Neoclassical Trade and Growth. *The Economic Journal*, 2001, 111 (470): 277 – 294.

DeLong, J. B. Productivity, Growth, Convergence and Welfare: Comment. *American Economic Review*, 1988, 78 (5): 1138 – 1154.

Driffield, N., Munday, M., Roberts, A. Foreign Direct Investment, Transactions Linkages, and the Performance of the Domestic Sector. *International Journal of the Economics of Business*, 2002 (9): 335 – 351.

Duede, E., Zhorin, V. Convergence of Economic Growth and the Great Recession as Seen from a Celestial Observatory. *EPJ Data Science*, 2016, 5 (1): 95 – 104.

Durlauf, S. N., Kourtellos, A., Minkin, A. The Local Solow Growth Model. *European Economic Review*, 2001, 45 (4 – 6): 928 – 940.

Eaton, J., Kortum, S. International Patenting and Technology Diffusion: Theory and Measurement. *International Economic Review*, 1999, 40: 537 – 570.

Eaton, J., Kortum, S. Measuring Technology Diffusion and the International Sources of Growth. *Eastern Economic Journal*, 1996, 22 (4): 401 – 410.

Eaton, J., Kortum, S. Trade in Capital Goods. *European Economic Review*, 2001, 45 (7): 1195 – 1235.

Ertur, C., Koch, W. G. Technological Interdependence and Spatial Externalities: Theory and Evidence. *Journal of Applied Econometrics*, 2007 (22): 1033 – 1062.

Ertur, C., Le, G. J., Baumont, C. The European Regional Convergence Process, 1980 – 1995: Do Spatial Regimes and Spatial Dependence Matter? . *International Regional Science Review*, 2006, 29 (1): 3 – 34.

Evenson, R. E., Singh, L. Economic Growth, International Technological Spillovers and Public Policy: Theory and Empirical Evidence from Asia. Yale University, Economic Growth Center, Center Discussion Paper, 1997.

Falvey, R., Foster, N., Greenaway, D. North-South Trade, Knowledge Spillovers and Growth. *Journal of Economic Integration*, 2002, 17 (4): 650 – 670.

Fare, R., Grosskopf, S., Norris, M. Productivity Growth, Technical Progress, and Efficiency Change in Industrialized Countries. *American Economic Review*, 1994, 84 (1): 66 – 83.

Findlay, R. Relative Backwardness, Direct Foreign Investment, and the Transfer of Technology: A Simple Dynamic Model. *The Quarterly Journal of Economics*, 1978, 92 (1): 1 – 16.

Fuente, A. D. L. On the Sources of Convergence: A Close Look at the Spanish Regions. *European Economic Review*, 2002, 46 (3): 569 – 599.

Galor, O. Convergence? Inferences from Theoretical Models. *The Economic Journal*, 1996, 106 (437): 1056 – 1069.

Ganong, P., Shoag, D. Why Has the Regional Convergence in the U. S. Stopped? . Working Paper, 2012, RWP12 – 028.

Girma, S., Katharine, W. Regional under Development: Is FDI the Solution? A Semiparamitric Analysis. University of Nottingham, 2001.

Glass, A. , Saggi, K. Exporting Versus Direct Investment under Local Sourcing. OSU Department of Economics Working Paper No. 00 – 10, 2000.

Gorg, H. , Strobl, E. Spillovers from Foreign Firms through Worker Mobility: An Empirical Investigation. *Scandinavian Journal of Economics*, 2005, 107 (4): 693 – 709.

Griffith, R. , Simpson, H. , Redding, S. Productivity Convergence and Foreign Ownership at the Establishment Level: Institute for Fiscal Studies. IFS Working Paper: W02/22, 2002.

Griliches, Z. Patent Statistics as Economic Indicators: A Survey. *Journal of Economic Literature*, 1990, 28 (4): 1661 – 1707.

Grossman, G. M. , Helpman, E. Endogenous Product Cycles. *The Economic Journal*, 1991 (101): 1214 – 1229.

Haddad, M. , Harrison, A. Are There Positive Spillovers from Direct Foreign Investment? Evidence from Panel Data for Morocco. *Journal of Development Economics*, 1993, 42 (1): 51 – 74.

Hakura, D. , Jaumotte, F. The Role of Inter and Intra Industry Trade in Technology Diffusion: International Monetary Fund. IMF Working Papers, 1999.

Hansen, B. E. Threshold Effects in Non-dynamic Panel: Estimation, Testing and Inference. *Journal of Econometrics*, 1999, 93 (2): 345 – 368.

Haugerstrand, T. The Propagation of Innovation Waves. *Human Geography*, 1952 (4): 3 – 19.

Higgins, M. J. , Levy, D. , Young, A. T. Growth and Convergence Across the US: Evidence from County-Level Data. Working Paper, February, 2003.

Hur, K. I. , Watanabe, C. Dynamic Process of Technology Spillover: A Transfer Function Approach. *Technovation*, 2002, 22 (7): 437 – 444.

Islam, N. What Have We Learnt from the Convergence Debate? . *Journal of Economic Survey*, 2003, 17 (3): 309 – 362.

Jaffe, A. B. , Manuel, T. , Michael, S. F. Knowledge Spillovers and

Patent Citations: Evidence from a Survey of Innovators. *Industrial Technology and Productivity*, 2000, 90 (2): 215 – 218.

Jaffe, A. B., Trajtenberg, M., Henderson, R. Geographic Localization of Knowledge Spillovers as Evidenced by Patent Citation. *Quarterly Journal of Economics*, 1993, 108 (3): 577 – 598.

Jakob, M., Haller, M., Marschinski, R. Will History Repeat Itself? Economic Convergence and Convergence in Energy Use Patterns. *Energy Economics*, 2012, 34 (1): 95 – 104.

Jefferson, G. H., Rawski, T., Zhang, Y. Will History Repeat Itself? Economic Convergence and Convergence in Energy Use Patterns. Working Paper, 2007.

Jesus, C. C., Maria, A. S., Doris, R. G. Growth, Convergence and EU Membership. *Applied Economics*, 2008, 40 (5): 643 – 656.

Jian, T., Sachs, J. D., Warner, A. M. Trends in Regional Inequality in China. NBER Working Paper No. W5412, 1996.

Keller, W. Do Trade Patterns and Technology Flows Affect Productivity Growth. *World Economic Review*, 2000, 14 (1): 17 – 47.

Keller, W. Geographic Localization of International Technology Diffusion. CEPR Discussion Papers: 2706, 2001.

Keller, W. Trade and the Transmission of Technology. *Journal of Economic Growth*, 2002, 7 (1): 5 – 24.

Kinoshita, Y. R&D and Technology Spillovers through FDI: Innovation and Absorptive Capacity. CEPR Dissusion Papers, 2001.

Kinoshita, Y. R&D and Technology Spillovers Via FDI: Innovation and Absorptive Capacity. William Davidson Institute Working Papers Series, 2000.

Kodama, F. Japanese Studies on Technology Transfer to Developing Countries: A Survey. *Developing Economics*, 1986, 24 (12): 333 – 354.

Koizumi, T., Kopecky, K. J. Foreign Direct Investment, Technology Transfer and Domestic Employment Effects. *Journal of International Economics*, 1980, 10 (1): 1 – 20.

Kokko, A. , Tansini, R. , Zejan, M. Local Technological Capability and Productivity Spillovers from FDI in the Uruguayan Manufacturing Sector. *Journal of Development Studies*, 1996, 32 (4): 602 – 611.

Kokko, A. Technology, Market Characteristics, and Spillovers. *Journal of Development Economics*, 1994, 43 (2): 279 – 293.

Koo, J. , Kim, Y. Y. , Kim, S. Regional Income Convergence: Evidence from a Rapidly Growing Economy. *Journal of Development Economics*, 1998, 23 (2): 191 – 203.

Krugman, P. The Narrow Moving Band, the Dutch Disease, and the Competitive Consequences of Mrs. Thatcher: Notes on Trade in the Presence of Dynamic Scale Economies. *Journal of Development Economics*, 1987, 27 (1 – 2): 41 – 55.

Kumar, S. , Russell, R. R. Technological Change, Technological Catch-up, and Capital Deepening: Relative Contributions to Growth and Convergence. *The American Economic Review*, 2002, 92 (3): 527 – 548.

Laura, B. , Giovanni, P. Innovation and Spillovers in Regions: Evidence from European Patent Data. *European Economic Review*, 2003, 47 (3): 687 – 710.

Lee, J. Y. Channels of International Technology Diffusion: Evidence from South Korean Industries. Dissertation of PHD of University of California, Irvine, 2003.

Lichtenberg, F. International R&D Spillovers: A Comment. *European Economic Review*, 1998, 42 (8): 1483 – 1491.

Lucas, R. E. On the Mechanics of Economic Development. *Journal of Monetary Economics*, 1988, 22 (1): 3 – 42.

Lumenga-Neso, O. , Olarreaga, M. , Schiff, M. On Indirect Trade-Related R&D Spillovers. *European Economic Review*, 2005, 49 (7): 1785 – 1798.

Maasoumi, E. , Wang, L. Economic Reform, Growth and Convergence in China. Working Paper, 2006.

Macdougall, D. The Benefits and Costs of Private Investment from Abroad: A Theoretical Approach. *Economic Record*, 1960, 36 (73): 13 –25.

Madsen, J. B. A Century of Economic Growth: The Social Returns to Investment in Equipment and Structures. Manchester School, 2005, 73 (1): 101 –122.

Magrini, S. Regional (di) Convergence. *Handbook Regional Urban Economy*, 2004, 4: 2741 –2796.

Mankiw, N. G. , David, R. , David, N. W. A Contribution to the Empirics of Economic Growth. *Quarterly Journal of Economics*, 1992, 107: 407 –437.

Mansfield, E. The Diffusion of Flexible Manufacturing Systems in Japan, Europe and the United States. *Management Science*, 1993, 39 (2): 149 –159.

Martin, R. , Sunley, P. Slow Convergence? The New Endogenous Growth Theory and Regional Development. *Economic Geography*, 1998, 74 (3): 201 –227.

Maurseth, P. B. Convergence, Geography and Technology. *Structural Change and Economic Dynamics*, 2001, 12 (3): 247 –276.

Mohnen, P. *International R&D Spillovers and Economic Growth, Information Technology, Productivity and Economic Growth: International Evidence and Implication for Economic Development.* Oxford University Press, 2001.

Morrill, R. L. The Shape of Diffusion in Space and Time. *Economic Geography*, 1970, 46: 68 –259.

Moschos, D. Export Expansion, Growth and the Level of Economic Development: An Empirical Analysis. *Journal of Development Economics*, 1989 (30): 93 –102.

Pecci, F. , Pontarollo, N. The Application of Spatial Filtering Technique to the Economic Convergence of the European Regions between 1995 and 2007. Computational Science & Its Applications-iccsa, International Conference, Fukuoka, Japan, 2010, 6016: 46 –61.

Pedersen, P. O. Innovation Diffusion within and between National Urban

Systems. *Geographical Analysis*, 1970 (2): 54 –203.

Quah, D. International Patterns of Growth I: Persistence in Cross-country Disparities. Working Paper, LSE. 1992.

Ramajo, J. , Márquez, M. A. , Hewings, G. , Salinas, M. M. Spatial Heterogeneity and Interregional Spillovers in the European Union: Do Cohesion Policies Encourage Convergence Across Regions? . *European Economic Review*, 2008, 52 (3): 551 –567.

Ramsey, F. P. A Mathematical Theory of Saving. *The Economic Journal*, 1928, 38 (152): 543 –559.

Razin, A. , Yuen, C. W. Factor Mobility and Income Growth: Two Convergence Hypothe-ses. *Review of Development Economics*, 1997, 1 (2): 171 –190.

Rey, S. J. , Montouri, B. D. US Regional Income Convergence: A Spatial Econometric Perspective. *Regional Studies*, 1999, 33 (2): 143 –156.

Richardson, H. W. The Economics of Urban Size. Lexington Books, 1973.

Rogers, E. M. *Diffusion of Innovations (3nd ed)* . The Free Press, 1983.

Romer, P. M. , Endogenocs Technological Change. *Journal of Political Economy*, 1990 (98): 71 –102.

Romer, P. M. Increasing Returns and Long-Run Growth. *Journal of Political Economy*, 1986, 94 (5): 1002 –1037.

Rumayya, W. W. , Landiyanto, E. A. Club Convergence & Regional Spillovers in EAST JAVA. *Regional Economic Development*, 2005 (17): 1315 –1445.

Sala-i-Martin, X. The Classical Approach to Convergence Analysis. Economic Working Paper 117, June 1995.

Schultz, T. P. Women's Changing Participation in the Workforce: A Global Perspective. *Economic Development and Cultural Change*, 1990, 38: 457 –488.

Schumpeter, J. A. *The Theory of Economic Development: An Inquiry into*

Profits, *Capital*, *Credit*, *Interest and Business Cycle*. Harvard University Press, 1934.

Seck, A. International Technology Diffusion: Explaining the Spillover Benefits to African and Other Developing Economies. *Structural Change & Economic Dynamics*, 2009, 23 (4): 437 – 451.

Shioji, E. Regional Growth in Japan. CEPR Disscusion Papers, 1992.

Sjoholm, F. International Transfer of Knowledge: The Role of International Trade and Geographic Proximity. *Weltwirtschaftliches Archiv*, 1996, 132 (1): 97 – 115.

Solow, R. M. A Contribution to the Theory of Economic Growth. *Quarterly Journal of Economics*, 1956, 70 (1): 65 – 94.

Stoneman, P. Technological Diffusion: The Viewpoint of Economic Theory. *Ricerche Economiche*, 1986 (40): 585 – 607.

Tondl, C. Tests of the Convergence Hypothesis: A Critical Note. CEPR Discussion Paper, 1997, No. 691.

Tong, H. On a Threshold Model in Pattern Recognition and Signal Processing, edited by C. Chen. Amsterdan Sijthoff & Noordhoff, 1978 (1): 575 – 586.

Young, A. T. , Higgins, M. J. , Daniel, L. Signal Convergence Versus Beta Convergence: Evidence from U. S. County-Level Data. Working Paper, 2003, No. 6 – 30.

附　录

附录1　国家创新驱动发展战略纲要

党的十八大提出实施创新驱动发展战略，强调科技创新是提高社会生产力和综合国力的战略支撑，必须摆在国家发展全局的核心位置。这是中央在新的发展阶段确立的立足全局、面向全球、聚焦关键、带动整体的国家重大发展战略。为加快实施这一战略，特制定本纲要。

一　战略背景

创新驱动就是创新成为引领发展的第一动力，科技创新与制度创新、管理创新、商业模式创新、业态创新和文化创新相结合，推动发展方式向依靠持续的知识积累、技术进步和劳动力素质提升转变，促进经济向形态更高级、分工更精细、结构更合理的阶段演进。

创新驱动是国家命运所系。国家力量的核心支撑是科技创新能力。创新强则国运昌，创新弱则国运殆。我国近代落后挨打的重要原因是与历次科技革命失之交臂，导致科技弱、国力弱。实现中华民族伟大复兴的中国梦，必须真正用好科学技术这个最高意义上的革命力量和有力杠杆。

创新驱动是世界大势所趋。全球新一轮科技革命、产业变革和军事变革加速演进，科学探索从微观到宇观各个尺度上向纵深拓展，以智能、绿色、泛在为特征的群体性技术革命将引发国际产业分工重大调整，颠覆性技术不断涌现，正在重塑世界竞争格局、改变国家力量对比，创新驱动成为许多国家谋求竞争优势的核心战略。我国既面临赶超跨越的难得历史机遇，也面临差距拉大的严峻挑战。惟有勇立世界科技创新潮头，才能赢得发展主动权，为人类文明进步作出更大贡献。

创新驱动是发展形势所迫。我国经济发展进入新常态，传统发展动力不断减弱，粗放型增长方式难以为继。必须依靠创新驱动打造发展新引擎，培育新的经济增长点，持续提升我国经济发展的质量和效益，开辟我国发展的新空间，实现经济保持中高速增长和产业迈向中高端水平"双目标"。

当前，我国创新驱动发展已具备发力加速的基础。经过多年努力，科技发展正在进入由量的增长向质的提升的跃升期，科研体系日益完备，人才队伍不断壮大，科学、技术、工程、产业的自主创新能力快速提升。经济转型升级、民生持续改善和国防现代化建设对创新提出了巨大需求。庞大的市场规模、完备的产业体系、多样化的消费需求与互联网时代创新效率的提升相结合，为创新提供了广阔空间。中国特色社会主义制度能够有效结合集中力量办大事和市场配置资源的优势，为实现创新驱动发展提供了根本保障。

同时也要看到，我国许多产业仍处于全球价值链的中低端，一些关键核心技术受制于人，发达国家在科学前沿和高技术领域仍然占据明显领先优势，我国支撑产业升级、引领未来发展的科学技术储备亟待加强。适应创新驱动的体制机制亟待建立健全，企业创新动力不足，创新体系整体效能不高，经济发展尚未真正转到依靠创新的轨道。科技人才队伍大而不强，领军人才和高技能人才缺乏，创新型企业家群体亟需发展壮大。激励创新的市场环境和社会氛围仍需进一步培育和优化。

在我国加快推进社会主义现代化、实现"两个一百年"奋斗目标和中华民族伟大复兴中国梦的关键阶段，必须始终坚持抓创新就是抓发展、谋创新就是谋未来，让创新成为国家意志和全社会的共同行动，走出一条从人才强、科技强到产业强、经济强、国家强的发展新路径，为我国未来十几年乃至更长时间创造一个新的增长周期。

二　战略要求

（一）指导思想

以邓小平理论、"三个代表"重要思想、科学发展观为指导，深入贯彻习近平总书记系列重要讲话精神，按照"四个全面"战略布局的要求，坚持走中国特色自主创新道路，解放思想、开放包容，把创新驱动发展作为国家的优先战略，以科技创新为核心带动全面创新，以体制机制改革激发创新活力，以高效率的创新体系支撑高水平的创新型国家建设，推动经济社会发展动力根本转换，为实现中华民族伟大复兴的中国梦提供强大动力。

（二）基本原则

紧扣发展。坚持问题导向，面向世界科技前沿、面向国家重大需求、面向国民经济主战场，明确我国创新发展的主攻方向，在关键领域尽快实现突破，力争形成更多竞争优势。

深化改革。坚持科技体制改革和经济社会领域改革同步发力，强化科技与经济对接，遵循社会主义市场经济规律和科技创新规律，破除一切制约创新的思想障碍和制度藩篱，构建支撑创新驱动发展的良好环境。

强化激励。坚持创新驱动实质是人才驱动，落实以人为本，尊重创新创造的价值，激发各类人才的积极性和创造性，加快汇聚一支规模宏大、结构合理、素质优良的创新型人才队伍。

扩大开放。坚持以全球视野谋划和推动创新，最大限度用好全球创新资源，全面提升我国在全球创新格局中的位势，力争成为若干重要领域的引领者和重要规则制定的参与者。

（三）战略目标

分三步走：

第一步，到 2020 年进入创新型国家行列，基本建成中国特色国家创新体系，有力支撑全面建成小康社会目标的实现。

——创新型经济格局初步形成。若干重点产业进入全球价值链中高端，成长起一批具有国际竞争力的创新型企业和产业集群。科技进步贡献率提高到 60% 以上，知识密集型服务业增加值占国内生产总值的 20%。

——自主创新能力大幅提升。形成面向未来发展、迎接科技革命、促进产业变革的创新布局，突破制约经济社会发展和国家安全的一系列重大瓶颈问题，初步扭转关键核心技术长期受制于人的被动局面，在若干战略必争领域形成独特优势，为国家繁荣发展提供战略储备、拓展战略空间。研究与试验发展（R&D）经费支出占国内生产总值比重达到 2.5%。

——创新体系协同高效。科技与经济融合更加顺畅，创新主体充满活力，创新链条有机衔接，创新治理更加科学，创新效率大幅提高。

——创新环境更加优化。激励创新的政策法规更加健全，知识产权保护更加严格，形成崇尚创新创业、勇于创新创业、激励创新创业的价值导向和文化氛围。

第二步，到 2030 年跻身创新型国家前列，发展驱动力实现根本转换，经济社会发展水平和国际竞争力大幅提升，为建成经济强国和共同富裕社会奠定坚实基础。

——主要产业进入全球价值链中高端。不断创造新技术和新产品、新模式和新业态、新需求和新市场，实现更可持续的发展、更高质量的就业、更高水平的收入、更高品质的生活。

——总体上扭转科技创新以跟踪为主的局面。在若干战略领域由并行走向领跑，形成引领全球学术发展的中国学派，产出对世界科技发展和人类文明进步有重要影响的原创成果。攻克制约国防科技的主要瓶颈问题。研究与试验发展（R&D）经费支出占国内生产总值比重达到 2.8%。

——国家创新体系更加完备。实现科技与经济深度融合、相互促进。

——创新文化氛围浓厚，法治保障有力，全社会形成创新活力竞相迸发、创新源泉不断涌流的生动局面。

第三步，到 2050 年建成世界科技创新强国，成为世界主要科学中心和创新高地，为我国建成富强民主文明和谐的社会主义现代化国家、实现中华民族伟大复兴的中国梦提供强大支撑。

——科技和人才成为国力强盛最重要的战略资源，创新成为政策制定和制度安排的核心因素。

——劳动生产率、社会生产力提高主要依靠科技进步和全面创新，经济发展质量高、能源资源消耗低、产业核心竞争力强。国防科技达到世界领先水平。

——拥有一批世界一流的科研机构、研究型大学和创新型企业，涌现出一批重大原创性科学成果和国际顶尖水平的科学大师，成为全球高端人才创新创业的重要聚集地。

——创新的制度环境、市场环境和文化环境更加优化，尊重知识、崇尚创新、保护产权、包容多元成为全社会的共同理念和价值导向。

三　战略部署

实现创新驱动是一个系统性的变革，要按照"坚持双轮驱动、构建一个体系、推动六大转变"进行布局，构建新的发展动力系统。

双轮驱动就是科技创新和体制机制创新两个轮子相互协调、持续发力。抓创新首先要抓科技创新，补短板首先要补科技创新的短板。科学发现对技术进步有决定性的引领作用，技术进步有力推动发现科学规律。要明确支撑发展的方向和重点，加强科学探索和技术攻关，形成持续创新的系统能力。体制机制创新要调整一切不适应创新驱动发展的生产关系，统筹推进科技、经济和政府治理等三方面体制机制改革，最大限度释放创新活力。

一个体系就是建设国家创新体系。要建设各类创新主体协同互动和创新要素顺畅流动、高效配置的生态系统，形成创新驱动发展的实践载体、制度安排和环境保障。明确企业、科研院所、高校、社会组织等各类创新主体功能定位，构建开放高效的创新网络，建设军民融合的国防科技协同创新平台；改进创新治理，进一步明确政府和市场分工，构建统筹配置创新资源的机制；完善激励创新的政策体系、保护创新的法律制度，构建鼓励创新的社会环境，激发全社会创新活力。

六大转变就是发展方式从以规模扩张为主导的粗放式增长向以质量效益为主导的可持续发展转变；发展要素从传统要素主导发展向创新要素主导发展转变；产业分工从价值链中低端向价值链中高端转变；创新能力从"跟踪、并行、领跑"并存、"跟踪"为主向"并行"、"领跑"为主转变；资源配置从以研发环节为主向产业链、创新链、资金链统筹配置转变；创新群体从以科技人员的小众为主向小众与大众创新创业互动转变。

四 战略任务

紧紧围绕经济竞争力提升的核心关键、社会发展的紧迫需求、国家安全的重大挑战，采取差异化策略和非对称路径，强化重点领域和关键环节的任务部署。

（一）推动产业技术体系创新，创造发展新优势

加快工业化和信息化深度融合，把数字化、网络化、智能化、绿色化作为提升产业竞争力的技术基点，推进各领域新兴技术跨界创新，构建结构合理、先进管用、开放兼容、自主可控、具有国际竞争力的现代产业技术体系，以技术的群体性突破支撑引领新兴产业集群发展，推进产业质量升级。

1. 发展新一代信息网络技术，增强经济社会发展的信息化基础

加强类人智能、自然交互与虚拟现实、微电子与光电子等技术研究，推动宽带移动互联网、云计算、物联网、大数据、高性能计算、移动智能终端等技术研发和综合应用，加大集成电路、工业控制等自主软硬件产品和网络安全技术攻关和推广力度，为我国经济转型升级和维护国家网络安全提供保障。

2. 发展智能绿色制造技术，推动制造业向价值链高端攀升

重塑制造业的技术体系、生产模式、产业形态和价值链，推动制造业由大到强转变。发展智能制造装备等技术，加快网络化制造技术、云计算、大数据等在制造业中的深度应用，推动制造业向自动化、智能化、服务化转变。对传统制造业全面进行绿色改造，由粗放型制造向集约型制造转变。加强产业技术基础能力和试验平台建设，提升基础材料、基础零部件、基础工艺、基础软件等共性关键技术水平。发展大飞机、航空发动机、核电、高铁、海洋工程装备和高技术船舶、特高压输变电等高端装备和产品。

3. 发展生态绿色高效安全的现代农业技术，确保粮食安全、食品安全

以实现种业自主为核心，转变农业发展方式，突破人多地少水缺的瓶颈约束，走产出高效、产品安全、资源节约、环境友好的现代农业发展道路。系统加强动植物育种和高端农业装备研发，大面积推广粮食丰产、中

低产田改造等技术，深入开展节水农业、循环农业、有机农业和生物肥料等技术研发，开发标准化、规模化的现代养殖技术，促进农业提质增效和可持续发展。推广农业面源污染和重金属污染防治的低成本技术和模式，发展全产业链食品安全保障技术、质量安全控制技术和安全溯源技术，建设安全环境、清洁生产、生态储运全覆盖的食品安全技术体系。推动农业向一二三产业融合，实现向全链条增值和品牌化发展转型。

4. 发展安全清洁高效的现代能源技术，推动能源生产和消费革命

以优化能源结构、提升能源利用效率为重点，推动能源应用向清洁、低碳转型。突破煤炭石油天然气等化石能源的清洁高效利用技术瓶颈，开发深海深地等复杂条件下的油气矿产资源勘探开采技术，开展页岩气等非常规油气勘探开发综合技术示范。加快核能、太阳能、风能、生物质能等清洁能源和新能源技术开发、装备研制及大规模应用，攻克大规模供需互动、储能和并网关键技术。推广节能新技术和节能新产品，加快钢铁、石化、建材、有色金属等高耗能行业的节能技术改造，推动新能源汽车、智能电网等技术的研发应用。

5. 发展资源高效利用和生态环保技术，建设资源节约型和环境友好型社会

采用系统化的技术方案和产业化路径，发展污染治理和资源循环利用的技术与产业。建立大气重污染天气预警分析技术体系，发展高精度监控预测技术。建立现代水资源综合利用体系，开展地球深部矿产资源勘探开发与综合利用，发展绿色再制造和资源循环利用产业，建立城镇生活垃圾资源化利用、再生资源回收利用、工业固体废物综合利用等技术体系。完善环境技术管理体系，加强水、大气和土壤污染防治及危险废物处理处置、环境检测与环境应急技术研发应用，提高环境承载能力。

6. 发展海洋和空间先进适用技术，培育海洋经济和空间经济

开发海洋资源高效可持续利用适用技术，加快发展海洋工程装备，构建立体同步的海洋观测体系，推进我国海洋战略实施和蓝色经济发展。大力提升空间进入、利用的技术能力，完善空间基础设施，推进卫星遥感、卫星通信、导航和位置服务等技术开发应用，完善卫星应用创新链和产业链。

7. 发展智慧城市和数字社会技术，推动以人为本的新型城镇化

依靠新技术和管理创新支撑新型城镇化、现代城市发展和公共服务，创新社会治理方法和手段，加快社会治安综合治理信息化进程，推进平安中国建设。发展交通、电力、通信、地下管网等市政基础设施的标准化、数字化、智能化技术，推动绿色建筑、智慧城市、生态城市等领域关键技术大规模应用。加强重大灾害、公共安全等应急避险领域重大技术和产品攻关。

8. 发展先进有效、安全便捷的健康技术，应对重大疾病和人口老龄化挑战

促进生命科学、中西医药、生物工程等多领域技术融合，提升重大疾病防控、公共卫生、生殖健康等技术保障能力。研发创新药物、新型疫苗、先进医疗装备和生物治疗技术。推进中华传统医药现代化。促进组学和健康医疗大数据研究，发展精准医学，研发遗传基因和慢性病易感基因筛查技术，提高心脑血管疾病、恶性肿瘤、慢性呼吸性疾病、糖尿病等重大疾病的诊疗技术水平。开发数字化医疗、远程医疗技术，推进预防、医疗、康复、保健、养老等社会服务网络化、定制化，发展一体化健康服务新模式，显著提高人口健康保障能力，有力支撑健康中国建设。

9. 发展支撑商业模式创新的现代服务技术，驱动经济形态高级化

以新一代信息和网络技术为支撑，积极发展现代服务业技术基础设施，拓展数字消费、电子商务、现代物流、互联网金融、网络教育等新兴服务业，促进技术创新和商业模式创新融合。加快推进工业设计、文化创意和相关产业融合发展，提升我国重点产业的创新设计能力。

10. 发展引领产业变革的颠覆性技术，不断催生新产业、创造新就业

高度关注可能引起现有投资、人才、技术、产业、规则"归零"的颠覆性技术，前瞻布局新兴产业前沿技术研发，力争实现"弯道超车"。开发移动互联技术、量子信息技术、空天技术，推动增材制造装备、智能机器人、无人驾驶汽车等发展，重视基因组、干细胞、合成生物、再生医学等技术对生命科学、生物育种、工业生物领域的深刻影响，开发氢能、燃料电池等新一代能源技术，发挥纳米、石墨烯等技术对新材料产业发展的引领作用。

（二）强化原始创新，增强源头供给

坚持国家战略需求和科学探索目标相结合，加强对关系全局的科学问题研究部署，增强原始创新能力，提升我国科学发现、技术发明和产品产业创新的整体水平，支撑产业变革和保障国家安全。

1. 加强面向国家战略需求的基础前沿和高技术研究

围绕涉及长远发展和国家安全的"卡脖子"问题，加强基础研究前瞻布局，加大对空间、海洋、网络、核、材料、能源、信息、生命等领域重大基础研究和战略高技术攻关力度，实现关键核心技术安全、自主、可控。明确阶段性目标，集成跨学科、跨领域的优势力量，加快重点突破，为产业技术进步积累原创资源。

2. 大力支持自由探索的基础研究

面向科学前沿加强原始创新，力争在更多领域引领世界科学研究方向，提升我国对人类科学探索的贡献。围绕支撑重大技术突破，推进变革性研究，在新思想、新发现、新知识、新原理、新方法上积极进取，强化源头储备。促进学科均衡协调发展，加强学科交叉与融合，重视支持一批非共识项目，培育新兴学科和特色学科。

3. 建设一批支撑高水平创新的基础设施和平台

适应大科学时代创新活动的特点，针对国家重大战略需求，建设一批具有国际水平、突出学科交叉和协同创新的国家实验室。加快建设大型共用实验装置、数据资源、生物资源、知识和专利信息服务等科技基础条件平台。研发高端科研仪器设备，提高科研装备自给水平。建设超算中心和云计算平台等数字化基础设施，形成基于大数据的先进信息网络支撑体系。

（三）优化区域创新布局，打造区域经济增长极

聚焦国家区域发展战略，以创新要素的集聚与流动促进产业合理分工，推动区域创新能力和竞争力整体提升。

1. 构建各具特色的区域创新发展格局

东部地区注重提高原始创新和集成创新能力，全面加快向创新驱动发展转型，培育具有国际竞争力的产业集群和区域经济。中西部地区走差异化和跨越式发展道路，柔性汇聚创新资源，加快先进适用技术推广和应用，在重点领域实现创新牵引，培育壮大区域特色经济和新兴产业。

2. 跨区域整合创新资源

构建跨区域创新网络，推动区域间共同设计创新议题、互联互通创新要素、联合组织技术攻关。提升京津冀、长江经济带等国家战略区域科技创新能力，打造区域协同创新共同体，统筹和引领区域一体化发展。推动北京、上海等优势地区建成具有全球影响力的科技创新中心。

3. 打造区域创新示范引领高地

优化国家自主创新示范区布局，推进国家高新区按照发展高科技、培育新产业的方向转型升级，开展区域全面创新改革试验，建设创新型省份和创新型城市，培育新兴产业发展增长极，增强创新发展的辐射带动功能。

（四）深化军民融合，促进创新互动

按照军民融合发展战略总体要求，发挥国防科技创新重要作用，加快建立健全军民融合的创新体系，形成全要素、多领域、高效益的军民科技深度融合发展新格局。

1. 健全宏观统筹机制

遵循经济建设和国防建设的规律，构建统一领导、需求对接、资源共享的军民融合管理体制，统筹协调军民科技战略规划、方针政策、资源条件、成果应用，推动军民科技协调发展、平衡发展、兼容发展。

2. 开展军民协同创新

建立军民融合重大科研任务形成机制，从基础研究到关键技术研发、集成应用等创新链一体化设计，构建军民共用技术项目联合论证和实施模式，建立产学研相结合的军民科技创新体系。

3. 推进军民科技基础要素融合

推进军民基础共性技术一体化、基础原材料和零部件通用化。推进海洋、太空、网络等新型领域军民融合深度发展。开展军民通用标准制定和整合，推动军民标准双向转化，促进军民标准体系融合。统筹军民共用重大科研基地和基础设施建设，推动双向开放、信息交互、资源共享。

4. 促进军民技术双向转移转化

推动先进民用技术在军事领域的应用，健全国防知识产权制度、完善

国防知识产权归属与利益分配机制，积极引导国防科技成果加速向民用领域转化应用。放宽国防科技领域市场准入，扩大军品研发和服务市场的开放竞争，引导优势民营企业进入军品科研生产和维修领域。完善军民两用物项和技术进出口管制机制。

（五）壮大创新主体，引领创新发展

明确各类创新主体在创新链不同环节的功能定位，激发主体活力，系统提升各类主体创新能力，夯实创新发展的基础。

1. 培育世界一流创新型企业

鼓励行业领军企业构建高水平研发机构，形成完善的研发组织体系，集聚高端创新人才。引导领军企业联合中小企业和科研单位系统布局创新链，提供产业技术创新整体解决方案。培育一批核心技术能力突出、集成创新能力强、引领重要产业发展的创新型企业，力争有一批企业进入全球百强创新型企业。

2. 建设世界一流大学和一流学科

加快中国特色现代大学制度建设，深入推进管、办、评分离，扩大学校办学自主权，完善学校内部治理结构。引导大学加强基础研究和追求学术卓越，组建跨学科、综合交叉的科研团队，形成一批优势学科集群和高水平科技创新基地，建立创新能力评估基础上的绩效拨款制度，系统提升人才培养、学科建设、科技研发三位一体创新水平。增强原始创新能力和服务经济社会发展能力，推动一批高水平大学和学科进入世界一流行列或前列。

3. 建设世界一流科研院所

明晰科研院所功能定位，增强在基础前沿和行业共性关键技术研发中的骨干引领作用。健全现代科研院所制度，形成符合创新规律、体现领域特色、实施分类管理的法人治理结构。围绕国家重大任务，有效整合优势科研资源，建设综合性、高水平的国际化科技创新基地，在若干优势领域形成一批具有鲜明特色的世界级科学研究中心。

4. 发展面向市场的新型研发机构

围绕区域性、行业性重大技术需求，实行多元化投资、多样化模式、市场化运作，发展多种形式的先进技术研发、成果转化和产业孵化机构。

5. 构建专业化技术转移服务体系

发展研发设计、中试熟化、创业孵化、检验检测认证、知识产权等各类科技服务。完善全国技术交易市场体系，发展规范化、专业化、市场化、网络化的技术和知识产权交易平台。科研院所和高校建立专业化技术转移机构和职业化技术转移人才队伍，畅通技术转移通道。

（六）实施重大科技项目和工程，实现重点跨越

在关系国家安全和长远发展的重点领域，部署一批重大科技项目和工程。

面向 2020 年，继续加快实施已部署的国家科技重大专项，聚焦目标、突出重点，攻克高端通用芯片、高档数控机床、集成电路装备、宽带移动通信、油气田、核电站、水污染治理、转基因生物新品种、新药创制、传染病防治等方面的关键核心技术，形成若干战略性技术和战略性产品，培育新兴产业。

面向 2030 年，坚持有所为有所不为，尽快启动航空发动机及燃气轮机重大项目，在量子通信、信息网络、智能制造和机器人、深空深海探测、重点新材料和新能源、脑科学、健康医疗等领域，充分论证，把准方向，明确重点，再部署一批体现国家战略意图的重大科技项目和工程。

面向 2020 年的重大专项与面向 2030 年的重大科技项目和工程，形成梯次接续的系统布局，并根据国际科技发展的新进展和我国经济社会发展的新需求，及时进行滚动调整和优化。要发挥社会主义市场经济条件下的新型举国体制优势，集中力量，协同攻关，持久发力，久久为功，加快突破重大核心技术，开发重大战略性产品，在国家战略优先领域率先实现跨越。

（七）建设高水平人才队伍，筑牢创新根基

加快建设科技创新领军人才和高技能人才队伍。围绕重要学科领域和创新方向造就一批世界水平的科学家、科技领军人才、工程师和高水平创新团队，注重培养一线创新人才和青年科技人才，对青年人才开辟特殊支持渠道，支持高校、科研院所、企业面向全球招聘人才。倡导崇尚技能、精益求精的职业精神，在各行各业大规模培养高级技师、技术工人等高技能人才。优化人才成长环境，实施更加积极的创新创业人才激励和吸引政策，推行科技成果处置收益和股权期权激励制度，让各类主体、不同岗位的创新人才都能在科技成果产业化过程中得到合理回报。

发挥企业家在创新创业中的重要作用，大力倡导企业家精神，树立创新光荣、创新致富的社会导向，依法保护企业家的创新收益和财产权，培养造就一大批勇于创新、敢于冒险的创新型企业家，建设专业化、市场化、国际化的职业经理人队伍。

推动教育创新，改革人才培养模式，把科学精神、创新思维、创造能力和社会责任感的培养贯穿教育全过程。完善高端创新人才和产业技能人才"二元支撑"的人才培养体系，加强普通教育与职业教育衔接。

（八）推动创新创业，激发全社会创造活力

建设和完善创新创业载体，发展创客经济，形成大众创业、万众创新的生动局面。

1. 发展众创空间

依托移动互联网、大数据、云计算等现代信息技术，发展新型创业服务模式，建立一批低成本、便利化、开放式众创空间和虚拟创新社区，建设多种形式的孵化机构，构建"孵化＋创投"的创业模式，为创业者提供工作空间、网络空间、社交空间、共享空间，降低大众参与创新创业的成本和门槛。

2. 孵化培育创新型小微企业

适应小型化、智能化、专业化的产业组织新特征，推动分布式、网络化的创新，鼓励企业开展商业模式创新，引导社会资本参与建设面向小微企业的社会化技术创新公共服务平台，推动小微企业向"专精特新"发展，让大批创新活力旺盛的小微企业不断涌现。

3. 鼓励人人创新

推动创客文化进学校，设立创新创业课程，开展品牌性创客活动，鼓励学生动手、实践、创业。支持企业员工参与工艺改进和产品设计，鼓励一切有益的微创新、微创业和小发明、小改进，将奇思妙想、创新创意转化为实实在在的创业活动。

五　战略保障

实施创新驱动发展战略，必须从体制改革、环境营造、资源投入、扩

大开放等方面加大保障力度。

（一）改革创新治理体系

顺应创新主体多元、活动多样、路径多变的新趋势，推动政府管理创新，形成多元参与、协同高效的创新治理格局。

建立国家高层次创新决策咨询机制，定期向党中央、国务院报告国内外科技创新动态，提出重大政策建议。转变政府创新管理职能，合理定位政府和市场功能。强化政府战略规划、政策制定、环境营造、公共服务、监督评估和重大任务实施等职能。对于竞争性的新技术、新产品、新业态开发，应交由市场和企业来决定。建立创新治理的社会参与机制，发挥各类行业协会、基金会、科技社团等在推动创新驱动发展中的作用。

合理确定中央各部门功能性分工，发挥行业主管部门在创新需求凝炼、任务组织实施、成果推广应用等方面的作用。科学划分中央和地方科技管理事权，中央政府职能侧重全局性、基础性、长远性工作，地方政府职能侧重推动技术开发和转化应用。

构建国家科技管理基础制度。再造科技计划管理体系，改进和优化国家科技计划管理流程，建设国家科技计划管理信息系统，构建覆盖全过程的监督和评估制度。完善国家科技报告制度，建立国家重大科研基础设施和科技基础条件平台开放共享制度，推动科技资源向各类创新主体开放。建立国家创新调查制度，引导各地树立创新发展导向。

（二）多渠道增加创新投入

切实加大对基础性、战略性和公益性研究稳定支持力度，完善稳定支持和竞争性支持相协调的机制。改革中央财政科技计划和资金管理，提高资金使用效益。完善激励企业研发的普惠性政策，引导企业成为技术创新投入主体。

探索建立符合中国国情、适合科技创业企业发展的金融服务模式。鼓励银行业金融机构创新金融产品，拓展多层次资本市场支持创新的功能，积极发展天使投资，壮大创业投资规模，运用互联网金融支持创新。充分发挥科技成果转化、中小企业创新、新兴产业培育等方面基金的作用，引导带动社会资本投入创新。

（三）全方位推进开放创新

抓住全球创新资源加速流动和我国经济地位上升的历史机遇，提高我国全球配置创新资源能力。支持企业面向全球布局创新网络，鼓励建立海外研发中心，按照国际规则并购、合资、参股国外创新型企业和研发机构，提高海外知识产权运营能力。以卫星、高铁、核能、超级计算机等为重点，推动我国先进技术和装备走出去。鼓励外商投资战略性新兴产业、高新技术产业、现代服务业，支持跨国公司在中国设立研发中心，实现引资、引智、引技相结合。

深入参与全球科技创新治理，主动设置全球性创新议题，积极参与重大国际科技合作规则制定，共同应对粮食安全、能源安全、环境污染、气候变化以及公共卫生等全球性挑战。丰富和深化创新对话，围绕落实"一带一路"战略构想和亚太互联互通蓝图，合作建设面向沿线国家的科技创新基地。积极参与和主导国际大科学计划和工程，提高国家科技计划对外开放水平。

（四）完善突出创新导向的评价制度

根据不同创新活动的规律和特点，建立健全科学分类的创新评价制度体系。推进高校和科研院所分类评价，实施绩效评价，把技术转移和科研成果对经济社会的影响纳入评价指标，将评价结果作为财政科技经费支持的重要依据。完善人才评价制度，进一步改革完善职称评审制度，增加用人单位评价自主权。推行第三方评价，探索建立政府、社会组织、公众等多方参与的评价机制，拓展社会化、专业化、国际化评价渠道。改革国家科技奖励制度，优化结构、减少数量、提高质量，逐步由申报制改为提名制，强化对人的激励。发展具有品牌和公信力的社会奖项。完善国民经济核算体系，逐步探索将反映创新活动的研发支出纳入投资统计，反映无形资产对经济的贡献，突出创新活动的投入和成效。改革完善国有企业评价机制，把研发投入和创新绩效作为重要考核指标。

（五）实施知识产权、标准、质量和品牌战略

加快建设知识产权强国。深化知识产权领域改革，深入实施知识产权战略行动计划，提高知识产权的创造、运用、保护和管理能力。引导支持市场主体创造和运用知识产权，以知识产权利益分享机制为纽带，促进创新

成果知识产权化。充分发挥知识产权司法保护的主导作用，增强全民知识产权保护意识，强化知识产权制度对创新的基本保障作用。健全防止滥用知识产权的反垄断审查制度，建立知识产权侵权国际调查和海外维权机制。

提升中国标准水平。强化基础通用标准研制，健全技术创新、专利保护与标准化互动支撑机制，及时将先进技术转化为标准。推动我国产业采用国际先进标准，强化强制性标准制定与实施，形成支撑产业升级的标准群，全面提高行业技术标准和产业准入水平。支持我国企业、联盟和社团参与或主导国际标准研制，推动我国优势技术与标准成为国际标准。

推动质量强国和中国品牌建设。完善质量诚信体系，形成一批品牌形象突出、服务平台完备、质量水平一流的优势企业和产业集群。制定品牌评价国际标准，建立国际互认的品牌评价体系，推动中国优质品牌国际化。

（六）培育创新友好的社会环境

健全保护创新的法治环境。加快创新薄弱环节和领域的立法进程，修改不符合创新导向的法规文件，废除制约创新的制度规定，构建综合配套精细化的法治保障体系。

培育开放公平的市场环境。加快突破行业垄断和市场分割。强化需求侧创新政策的引导作用，建立符合国际规则的政府采购制度，利用首台套订购、普惠性财税和保险等政策手段，降低企业创新成本，扩大创新产品和服务的市场空间。推进要素价格形成机制的市场化改革，强化能源资源、生态环境等方面的刚性约束，提高科技和人才等创新要素在产品价格中的权重，让善于创新者获得更大的竞争优势。

营造崇尚创新的文化环境。大力宣传广大科技工作者爱国奉献、勇攀高峰的感人事迹和崇高精神，在全社会形成鼓励创造、追求卓越的创新文化，推动创新成为民族精神的重要内涵。倡导百家争鸣、尊重科学家个性的学术文化，增强敢为人先、勇于冒尖、大胆质疑的创新自信。重视科研试错探索价值，建立鼓励创新、宽容失败的容错纠错机制。营造宽松的科研氛围，保障科技人员的学术自由。加强科研诚信建设，引导广大科技工作者恪守学术道德，坚守社会责任。加强科学教育，丰富科学教育教学内容和形式，激发青少年的科技兴趣。加强科学技术普及，提高全民科学素养，在全社会塑造科学理性精神。

六　组织实施

实施创新驱动发展战略是我们党在新时期的重大历史使命。全党全国必须统一思想，各级党委和政府必须切实增强责任感和紧迫感，统筹谋划，系统部署，精心组织，扎实推进。

加强领导。按照党中央、国务院统一部署，国家科技体制改革和创新体系建设领导小组负责本纲要的具体组织实施工作，加强对创新驱动发展重大战略问题的研究和审议，指导推动纲要落实。

分工协作。国务院和军队各有关部门、各省（自治区、直辖市）要根据本纲要制定具体实施方案，强化大局意识、责任意识，加强协同、形成合力。

开展试点。加强任务分解，明确责任单位和进度安排，制订年度和阶段性实施计划。对重大改革任务和重点政策措施，要制定具体方案，开展试点。

监测评价。完善以创新发展为导向的考核机制，将创新驱动发展成效作为重要考核指标，引导广大干部树立正确政绩观。加强创新调查，建立定期监测评估和滚动调整机制。

加强宣传。做好舆论宣传，及时宣传报道创新驱动发展的新进展、新成效，让创新驱动发展理念成为全社会共识，调动全社会参与支持创新积极性。

全党全社会要紧密团结在以习近平同志为总书记的党中央周围，把各方面力量凝聚到创新驱动发展上来，为全面建成创新型国家、实现中华民族伟大复兴的中国梦而努力奋斗。

附录2　国家中长期科技人才发展规划
（2010～2020 年）

序　言

根据《国家中长期人才发展规划纲要（2010－2020 年）》（以下简称《人才规划纲要》）、《国家中长期科学和技术发展规划纲要（2006－

2020)》（以下简称《科技规划纲要》）和《国家中长期教育发展和改革规划纲要（2010－2020年)》（以下简称《教育规划纲要》）的总体要求，为加快建设人才强国，实现建设创新型国家和全面建设小康社会奋斗目标提供科技人才保证，特制定《国家中长期科技人才发展规划（2010－2020年)》（以下简称《科技人才规划》）。

科技人才是指具有一定的专业知识或专门技能，从事创造性科学技术活动，并对科学技术事业及经济社会发展做出贡献的劳动者。主要包括从事科学研究、工程设计与技术开发、科学技术服务、科学技术管理、科学技术普及等工作的科技活动人员。科技人才是国家人才资源的重要组成部分，是科技创新的关键因素，是推动国家经济社会发展的重要力量。

当今世界正处于大发展、大变革、大调整时期，新一轮科技革命正在孕育和兴起，世界主要国家纷纷加快科技创新的步伐，抢占新一轮经济和科技竞争的战略制高点。科技创新关键在人才，大力培养和吸引科技人才已成为世界各国赢得国际竞争优势的战略性选择。当前，我国已进入建设创新型国家和实现全面建设小康社会目标的关键时期，优化产业结构布局，转变经济发展方式，建设社会主义和谐社会，必须不断提高我国科技创新能力，加快建设一支宏大的创新型科技人才队伍。

改革开放以来，我国大力实施科教兴国战略和人才强国战略，科技人才工作成效显著。科技人才队伍不断壮大，目前研发（R&D）人员总量已居世界前列；科技人才结构日趋合理，企业科技人才已成为我国研发人员队伍的主体；有利于科技人才发展的体制机制不断完善，市场机制在科技人才资源配置中发挥了较大作用；科技人才政策体系和促进科技人才发展的环境逐步改善；科技人才的素质不断提高，在社会主义事业建设中的作用日益突出。同时，我们必须清醒地认识到，我国虽已是科技人力资源大国，但我国科技人才发展的总体水平与世界发达国家相比仍存在明显差距。主要表现在：我国科技人才与我国经济社会发展需要相比还有许多不相适应的地方，高层次创新型科技人才匮乏，科技人才创新创业能力不强、结构和布局不尽合理，中小企业、农村、艰苦边远地区和基层一线科技人才短缺，科技人才开发投入不足，科技人才的作用尚未得到充分发挥，科技人才创新创业的体制机制亟待完善。

　　未来 10 年是我国经济社会发展的战略机遇期，是创新型国家建设的关键阶段，也是科技人才发展的大好时机。我们必须紧紧把握新机遇，应对新挑战，大力推进科技人才队伍建设。要以推进高层次创新型人才队伍建设为着力点，加快培养大批青年科技英才，全面带动科技人才发展。要以体制机制创新为突破口、政策和制度创新为重要手段，大胆革除阻碍科技人才发展的各种障碍，倡导科技人员爱国奉献、勇于探索、求真务实、淡泊名利、团结协作的精神。充分激发科技人才的创新活力，逐步形成有利于创新型科技人才成长和发挥作用的良好环境，使创新火花竞相迸发，创新思想不断涌流，创新成果有效转化，为创新型国家建设提供强大的科技人才队伍保证。

一　总体要求

1. 指导思想

　　高举中国特色社会主义伟大旗帜，坚持邓小平理论和"三个代表"重要思想，贯彻落实科学发展观，深入实施科教兴国战略和人才强国战略，全面落实《人才规划纲要》和《科技规划纲要》，按照"服务发展、人才优先、以用为本、创新机制、高端引领、整体开发"的指导方针，尊重科技发展和科技人才成长规律，发挥政府在统筹协调、完善服务、优化环境中的主导作用和市场配置人才资源的基础性作用，围绕大力提升科技人才创新能力、充分发挥科技人才作用，创新体制机制，优化科技人才结构和发展环境，坚持人才、基地、项目相结合，实施创新人才推进计划等国家重大人才工程，为 2020 年我国进入创新型国家行列、实现全面建设小康社会的目标提供科技人才支撑。

2. 基本原则

　　以满足需求为导向，人才优先与服务发展相结合。把支撑和引领经济社会发展、促进科技进步作为科技人才队伍建设的根本出发点和落脚点。围绕经济社会发展的迫切需求，确定科技人才队伍建设的目标和任务。把科技人才培养与开发作为科技创新的先导，放在科技工作的优先位置，形成科技人才培养和服务需求有机结合的局面。

　　以优化结构为目标，市场配置与宏观调控相结合。针对当前科技人才在不同区域、领域和部门分布不合理的局面，进一步按照市场经济规律和人才规律，根据市场需求，促进科技人才顺畅有序流动。要进一步加强宏观调控，围绕国家发展战略部署，根据区域、产业和社会发展的需求，推动科技人才结构实现战略性调整。

以高端人才为引领，整体推进与重点突破相结合。要在国家重点发展和战略性新兴产业领域优先培养造就一批世界水平的科学家、科技领军人才和优秀创新团队，培养一大批企业科技人才。有效发挥高层次创新型科技人才的引领和带动作用，以改善体制机制、营造良好发展环境为重点，统筹推进各类科技人才队伍的建设，促进科技人才创新能力大幅度提升。

以学校教育实践为基础，人才引进与培养使用相结合。根据国家经济社会和科技发展的需求，不断创新我国科技人才培养模式，加强实践锻炼，充分发挥学校教育在科技人才培养中的基础性作用。充分发挥现有科技人才的重要作用，积极引进海外高层次科技人才，培养造就各类创新型科技人才。

以提升能力为核心，扩大规模与提高质量相结合。稳步扩大科技人才队伍规模，着力解决科技人才占人口的比例较低、许多前沿和新兴领域科技人才匮乏、若干领域人才队伍老化的问题。注重提高科技人才队伍质量，把质量优先原则贯穿在科技人才培养、引进、使用、评价等各个环节，大力提高科技人才国际竞争能力。

3. 目标与部署

到 2020 年，我国科技人才发展的主要目标是：建设一支规模宏大、素质优良、结构合理、富有活力的创新型科技人才队伍，合理提高人力成本在研发经费中的比例，确立科技人才国际竞争优势，为实现我国进入创新型国家行列和全面建设小康社会的目标提供科技人才支撑。

——科技人才队伍规模稳步扩大。到 2020 年，我国 R&D 人员总量由 2008 年的 196.5 万人年达到 380 万人年，R&D 研究人员总量由 2008 年的 105 万人年达到 200 万人年，每万劳动力中 R&D 人员和 R&D 研究人员分别由 2008 年的 24.8 人年和 13.3 人年达到 43 人年和 23 人年，高层次创新型科技人才总量达到 4 万人左右。

——科技人才结构和布局趋于合理。到 2020 年，基础研究人员占

R&D 人员总量的比重由 2008 年的 7.8% 提高到 12% 左右；企业高层次创新型科技人才和国家重点产业领域人才的比重有较大提高；科技创业人才队伍规模不断扩大、年龄结构梯次配备；区域科技人才布局更加合理，中西部地区科技人才总量有较大增长。在装备制造、信息、生物技术、新材料、航空航天、海洋、生态环境保护、新能源、农业科技等重点领域，建成一批人才高地。

——科技人才投资力度大幅提高。到 2020 年，我国 R&D 人员和 R&D 研究人员人均 R&D 经费分别由 2008 年的 23.5 万元/年和 44 万元/年，提高到 50 万元/年和 100 万元/年（2008 年不变价）。R&D 研究人员人均 R&D 经费达到中等发达国家的水平。

——科技人才竞争比较优势基本确立。到 2020 年，我国科技人才的水平显著提高，国际竞争力和科技产出显著提高，涌现出一批世界一流的科学家和科技领军人才，在我国各个战略性新兴产业技术领域、重点发展产业领域和重点学科拥有一大批高端研发人才和工程技术人才。

表 1　科技人才现状与主要发展目标

年份	R&D 人员（万人年）	R&D 研究人员（万人年）	每万劳动力中 R&D 人员（人年/万人）	每万劳动力中 R&D 研究人员（人年/万人）	R&D 人员人均 R&D 经费（万元）	R&D 研究人员人均 R&D 经费（万元）
2008	196.5	105.0	24.8	13.3	23.5	44.0
2015	280	150	33	18	38	71
2020	380	200	43	23	50	100

紧紧围绕提高自主创新能力、建设创新型国家的需要，把高层次创新型科技人才作为重点，努力造就一批世界水平的科学家、科技领军人才、卓越工程师和高水平创新团队，注重培养一线创新人才和青年科技人才，建设规模宏大、素质优良的创新型科技人才队伍。

以创新科技人才体制机制和政策措施为根本措施，营造有利于科技人才发展的良好环境。坚持以用为本，改革和完善科技人才管理体制。创新科技人才培养、使用、流动、评价、激励等机制。加强科技人才工作法制建设，完善有利于科技人才创新创业的政策体系。

以重大人才工程为重要手段，在科技人才发展的重要方面取得突破。着力实施创新人才推进计划，全面促进高层次创新型科技人才队伍建设和发展。实施海外高层次人才引进计划，吸引战略科学家和创新创业领军人才回国服务。实施青年英才开发计划，大力提升我国未来科技人才竞争力。实施专业技术人才知识更新工程，在国家重点发展的领域培养高层次、急需紧缺和骨干专业科技人才。实施现代农业人才支撑计划，培养和造就一大批农业科研和科技推广服务专业人才。使各类重大人才工程成为推动科技人才工作的有力措施。

全面部署未来 10 年科技人才队伍建设和发展工作，创新体制机制，营造良好环境，大力组织推动，到 2015 年，重点在创新科技人才体制机制上实现较大突破、政策环境发生较大改善、重大人才工程得到有效开展，科技人才队伍建设取得实质性进展。到 2020 年，全面完成各项任务，实现科技人才发展战略目标，为实现人才强国战略目标做出贡献。

二　主要任务

按照《人才规划纲要》和《科技人才规划》确定的目标和主要任务部署，未来 10 年，以培养造就宏大创新型科技人才队伍为目标，以高层次创新型科技人才队伍建设为重点，通过实施重大人才政策，创新人才体制机制，全面实施创新人才推进计划等国家重大人才工程为重要手段，重点建设以下六支科技人才队伍。

1. 造就一支具有原始创新能力的科学家队伍

在实施创新人才推进计划和相关人才、科技计划中，遵循科学研究活动的特征和规律，深化科研管理体制改革，优化科技资源配置方式，对科学家队伍提供长期稳定支持。创新科技人才管理的体制机制，为优秀科学家提供稳定的科研条件和潜心研究的环境。围绕国家战略需求，以国家重大科技任务为重要依托，以相应创新平台为载体，充分利用国际国内科技人才资源，造就一支具有原创能力的科学家队伍，涌现出一批世界水平的科学家和高水平创新团队。着力培养大批具有国际视野的青年科学研究人才和后备力量。

重点推进科学家工作室建设，瞄准基础研究和高技术研究领域的世界前沿，重点通过新建和依托国家（重点）实验室、国家重点学科、大型技术研发平台等载体，建设100个以杰出科学家及其研究团队为中心、具有世界一流研究水平的科学家工作室。科学家工作室的运行和科学研究工作，主要由政府财政提供持续稳定支持，并根据需要委托其承担国家重大科学技术研究计划任务。科学家工作室实行国际通行的科研管理体制，首席科学家采取自组团队、自主管理、自由探索、自我约束，以促生具有原创性和国际突出影响的科学研究成果，提升我国科学家在国际上的影响力。

通过各类国家科技计划、重大科技专项、自然科学基金、知识创新工程等国家重点科技工作的实施，依托国家重点实验室等科研基地建设等，造就一支具有原始创新能力的优秀科学家队伍。依托海外高层次人才引进计划、百人计划、长江学者奖励计划、新世纪百千万人才工程以及国家杰出青年科学基金等工作，推动科学家工作室和其他高层次创新型科技人才队伍的建设和发展工作。

2. 重点建设优秀科技创新团队

在实施创新人才推进计划和相关人才、科技计划中，依托一批国家重大科研项目、国家重点工程和重大建设项目，在若干重点领域建设一批创新团队。主要是围绕提高自主创新能力，选择若干重点领域，依托国家重大科研项目、国家重点工程和重大建设项目，重点支持一批国家长期需要、有基础、有潜力、组织健全、研究方向明确、水平一流的技术创新团队，保持和提升我国在若干重点领域的科技创新能力。

在重点战略性产业中，依托承担国家重大科技专项、重大科技计划项目研究开发的骨干企业、牵头高校和科研机构，选择在事关行业重大和关键共性技术领域取得国际领先、获得重大突破性成果的研究团队，在前期课题完成后，主要通过持续委托计划任务予以支持。通过建立健全各类研究基地、组织产学研合作和战略联盟、建立区域创新网络等措施，进一步健全技术创新团队的组织网络和管理运行制度，持续支持其开展后续研发工作，保持其技术创新的领先地位和完整稳定的创新团队，成为跨领域、跨部门、跨区域的新型研发组织，为行业继续提供重大技术创新支撑。

3. 造就一支具有国际竞争力的工程技术人才队伍

在实施创新人才推进计划和相关人才、科技计划中，适应我国产业结构升级和战略性新兴产业发展需要，实施卓越工程师教育培养计划，培养大批企业技术研发、工艺创新、工程实现等方面的优秀工程技术人员。加强普通高等学校工程技术类专业的实践教育，全面推行产学研合作教育模式和"双导师"制，充分发挥工程类和应用型科研机构在培养优秀工程技术人才方面的优势，支持有条件的科研机构开展研究生教育。进一步加强企业特别是非公有制企业工程技术人才的继续教育，鼓励和支持企业开展工程技术人员的在职培训和高级研修。以国家重大科技任务和重大工程的实施为牵引，以各种研发平台为载体，系统培养大批产业关键领域紧缺工程技术人才、复合型的工程技术领军人才和优秀创新团队。充分发挥产业技术创新战略联盟和对外经济技术合作项目在培养工程技术人才方面的作用。

建设一批工程技术创新培训基地。加大投入，鼓励和支持高等学校、科研机构、大型国有企业等建立工程创新培训基地，利用实验室等设施培训企业工程技术人员，提升企业工程技术人员素质。在国家公派出国留学计划中设立支持国防、航天、地震等特殊领域工程技术人才出国研修项目。积极推进工程师国际互认。

坚持寓军于民、军民结合的原则，重视军民两用人才的培养与使用，在军事技术民用和民用技术军用的过程中培养复合型人才。

4. 支持和培养一批中青年科技创新领军人才

在实施创新人才推进计划和相关人才、科技计划中，瞄准世界科技前沿和战略性新兴产业，重点支持和培养3000名具有发展潜力的中青年科技创新领军人才。瞄准世界科技前沿和战略性新兴产业，结合国家重大科技任务部署和国家重点工程、重大建设项目的实施，以机制创新为突破口，统筹人才、项目与基地建设；以政策调整为保障，为领军人才营造"潜心研究"的良好环境，加快培养有潜力的中青年科技创新领军人才。

通过"人才+项目"的运行模式，把自主选题和承担国家科技计划紧密结合起来，在"研发一批、储备一批、发展一批"的同时，加快科技创新领军人才和科研团队的培养。其考核评价的重点主要是创新成果、持续创新能力、行业或领域科技创新的影响程度以及科研诚信和职业道德等。

建立稳定渠道，支持领军人才及其团队开展预研性或超前性的自主选题研究。同时，建立领军人才承担国家科技重大专项、科技计划和基地建设任务的优先机制，通过科研实践培养和造就科技创新领军人才。

5. 重点扶持一批科技创新创业人才

在实施创新人才推进计划和相关人才、科技计划中，着眼于推动企业成为技术创新主体，重点扶持一大批拥有核心技术或自主知识产权的优秀科技人才创办科技型企业，培养造就一批创新型企业家，通过示范引导，吸引更多的社会投资、更多的科技人才转化科技成果，推动企业开展技术创新活动。

进一步完善相关政策和公共服务体系，优化创业环境，降低创业成本，吸引和支持国内外优秀科技人才创业。加强创业公共服务体系和机制的建设。政府主要通过政策引导和科技型中小企业创新基金资助，鼓励相关机构为创业人才提供技术开发、创业辅导、信息服务和融资支持等定向服务，协助初创期的企业解决各种困难，提高科技创业成功率。

6. 重视建设科技管理与科技服务和科普等人才队伍

科技管理、服务人才是科技人才队伍的重要组成部分。针对科技管理、科研辅助、科技中介、科技推广和科学技术普及等方面的科技的现实基础和不同特点，制定有效的政策措施加快其发展，努力建设一支素质优良、规模合理，能够提供专业化服务的科技管理和服务人才队伍。

以市场化机制为主导，大力发展专业化、职业化的社会科技中介服务人才队伍。加大政策优惠和扶持力度，促进和扶持民营和股份制科技中介机构的发展，完善科技中介认证和培训体系，培养大批懂技术、懂法律、懂市场、懂管理的复合型科技中介人才。

加强科技管理人才的职业化和专业化能力建设。重视培养一支业务水平高、管理能力强、具有现代科学素质、创新意识和战略眼光的复合型科技管理人才队伍。加强科技管理队伍建设，通过组织参加各级各类科技管理学历、学位教育和各类有针对性的学习培训，提高各级各类科技管理人才素质。积极推进高等学校和科研机构的人事制度改革，建立专业化、职业化的高等学校和科研机构科技管理队伍。加强企业科技管理人才队伍建设，提升企业科技管理水平。重视基层及一线科技管理队伍建设，加强对基层科技管理人员的培训，不断提高其管理水平和服务能力。

重视科技成果推广转化相关专业人才队伍的培养，合理确立高等学校和科研机构中科研辅助人员和技术转移推广人员的岗位比例，制定科研机构和高等学校科研辅助、技术转移推广人才的评价标准，建立从业资质培训和认证制度，健全科研辅助、科技推广人员等各类专职支撑人员的职业发展通道，扩展其职业发展空间。全面加快高等学校和科研机构中技术转移中心的建设，提高从事技术转移和服务推广的人员的专业素养和经营能力。

鼓励和促进公共科技传播人才队伍建设，培育专业化的科普创作和展教人才队伍、提高创作水平，建立科研机构、大学和企业面向公众开放、开展科普活动的制度，鼓励和支持科普志愿者队伍发展，充分发挥其生力军作用。

7. 建设一批创新人才培养示范基地

在实施创新人才推进计划和相关人才、科技计划中，以高等学校、科研院所和高新技术产业开发区为依托，建设一批创新人才培养示范基地。主要是选择若干高等学校、科研院所和科技园区，构建若干有利于科技人才脱颖而出、健康成长的人才培养特区，为科技人才队伍建设提供有益经验和借鉴。

制定政策，赋予其"先行先试"的权限，在自主管理、评价机制、培养模式、经费使用等方面积极探索、率先突破，建立人尽其才、才尽其用、不断成长的科技人才培养环境。建立科学合理的评价监测体系，加强激励，总结经验，及时推广。

三　体制机制创新

创新体制机制是加快科技人才发展的根本性、全局性和长期性任务。必须从解决事关科技人才发展全局的突出问题和主要矛盾入手，破除制度性障碍，改进完善科技人才管理体制，创新科技人才工作机制。通过试点先行、以点带面，全面推进我国科技人才管理体制机制的深化改革，建立有利于创新人才成长和发展的体制机制。

1. 建立科学合理的科技人才管理体制

健全科技人才宏观管理的统筹协调机制。国家有关部门和各省级地方政府有关部门，要健全科技人才管理机构，落实国家各项科技人才工作部署，协调推动各类科技人才政策措施和相关科技人才工程的实施。建立中央与地方、相关部门之间统筹协调、共同推进的工作机制。

适应现代院所制度、现代大学制度和现代企业制度的要求，改进科技人才管理方式。改革完善科研机构和高等学校负责人的选拔制度，根据单位性质健全委任、聘任或选任等形式的负责人选拔制度，实行院所（校）长任期制。逐步取消高等学校、科研机构的行政级别，克服高等学校、科研机构的行政化倾向。在科研单位探索建立理事会等形式的法人治理结构。在科研机构和高等学校等机构全面推行聘用制度和岗位管理制度，由目前对科技人才主要以"身份管理"为主逐步向"身份和岗位相统一"的管理模式转变，逐步实现科技人才的社会化管理与服务，形成"竞争、流动、开放、有序"的用人机制。加快科技人才管理的法制化建设，改革科研事业单位人事管理制度。促进企业形成规范的科技人才培养、引进、使用、激励和扶持等制度。

推进创新人才培养示范基地建设，选取人才工作基础好的高等学校、科研机构、企业和科技园区等建立"人才特区"，鼓励其在人才管理体制机制方面大胆创新，取得突破，不断推广。

2. 创新科技人才培养开发机制

改革高等教育人才培养模式，提高创新能力培养水平。改革教学内容方法和教学模式，加强实践锻炼和教学，注重知行统一、因材施教，提高本科生和研究生的科学素质和创新能力。突出以用为本，建立产学研合作培养机制，依托产学研合作平台，吸纳研究生直接参与重大技术研发，增强其解决实际问题的能力。推进高等学校、科研机构与企业间科技人才的双向交流。支持高等学校、科研机构设立客座讲席，选聘企业的技术专家、研发人员和高级管理人员兼职担任研究生导师。同时，推动高等学校、科研机构科技人才进入企业开展技术指导与服务。

完善科技人才继续教育制度。落实《科技进步法》，实施国家专业技术人才知识更新工程，加强科技人才继续教育工作，推动科研机构、高等学校、企业等制定本单位科技人才培训计划，探索建立科研机构、高等学校中科技人才的学术休假制度。建立高等学校和科研机构接受企业委托、定向培养企业研发人才的机制。完善现行的博士后制度，加大对博士后发展的投入力度，强化博士后流动站和工作站的博士后管理自主权，对博士后的在站时间试行弹性管理。

加大科技人才国际化培养力度。推动青年科技人才海外培训工作，支持拔尖的青年科技人才到国外一流大学和科研机构接受培养或开展合作研究。各类国际合作交流计划要加大对青年科技人才出国参加学术会议和学术访问的资助力度。制定国际大科学、大工程合作项目的人才培养计划，重点培养青年科技领军人才。

注重在科技创新实践中培养和凝聚一流人才。以国家重大科技项目、产业化攻关项目、国际科技合作项目以及产业技术创新战略联盟等为载体，更新用人观念，大胆使用人才，大力造就高层次创新型科技人才、科技领军人才、优秀创新团队和科技创业人才。

发挥科技社团在科技人才培养的重要作用，支持科技社团开展形式多样的科技活动。注重对民间科技人才的发现、培养和扶持。营造尊重民间科技人员的社会氛围，保护其创新热情。政府支持的人才创新创业资金、项目、信息以及培训项目等资源向民间科技人才充分开放。加大对民间科技人才发明专利的保护和资助。支持优秀的民间科技人才到科研机构、高等学校进行学习、培训和学术交流，鼓励其参加学术会议。

重视女性科技人才的培养和使用，提高女性高层次创新型科技人才在科技人才队伍中的比例。

3. 改进科技人才评价激励机制

建立科研机构创新绩效综合评价制度，引导科研机构和高等学校等建立以科研质量和创新能力为导向的科技人才评价标准。确立用人单位在科技人才评价中的主体地位，建立分类评价体系。根据科技人才所从事的工作性质和岗位，确定相应的评价标准和方式。对从事基础研究的人才，重在以同行评议国际通用的评价方式，考核其学术水平和学术影响；对从事社会公益研究的科技人才，重在考核其为社会公益事业和政府决策提供科技支撑的能力和贡献；对从事应用研究和技术开发的科技人才，重在考核其技术创新与集成能力，获得的自主知识产权等；对于从事实验技术和条件保障的科研辅助人才，重在考核其为研发活动提供的服务水平、工作质量。对从事管理和服务的科技管理人才，重在考核其管理水平和服务能力与效率。适当延长评价周期，简化评价程序，鼓励科技人才持续研究和长期积累。发挥科技团体在科技人才评价中的作用。改革完善职称制度，扩大用人单位在科技人才专业技术职务评定和岗位聘用中的自主权。完善科研机构、高等学校的岗位管理制度，逐步实现专业技术职务聘任和岗位聘用统一。

根据我国科技发展需要，不断改进和完善院士制度，充分发挥院士称号的精神激励作用，规范院士学术兼职。

健全科研机构、高等学校、国有企业等的科技人才激励机制，注重精神奖励。将科学精神、科学道德纳入对科技人才评价指标。建立健全科研机构和高等学校岗位绩效工资制度，对科技人才试行多种分配方式，确保优秀科技人才收入维持在较高水平。鼓励企业探索建立知识、技术等要素按贡献参与分配的制度，探索实行技术成果、知识产权折价、股权期权激励等科技人才激励方式。加大科技人才知识产权的保护力度，强化知识产权、技术成果等对科技人才创新创业的激励作用，制定职务技术成果管理条例，提高技术成果转化和应用中主要发明人的收益比例。

4. 健全科技人才流动和配置机制

确立市场在科技人才流动和配置中的基础性作用，健全科技人才流动和利益保障机制。推行科研机构、高等学校等单位的关键岗位和国家重大项目负责人向全球公开招聘的制度，促进高层次科技人才在公共科技机构和企业之间的流动。加快人才公共服务体系和规范化、专业化人才市场的建设，为科技人才流动提供良好的服务。建立重点产业、行业和领域科技人才供给和需求信息的发布制度，引导科技人才合理有序流动。

围绕提高企业自主创新能力，适应国家和区域产业发展战略布局的总体要求，进一步加强宏观调控和统筹，推进科技人才结构的战略性调整。鼓励科技人才去农村基层和艰苦边远地区开展科技服务和科技创业。根据中西部地区的发展需要和资源禀赋，合理布局国家（重点）实验室、国家工程技术（研究）中心等一批新的创新创业基地，引导和支持地方建设高水平的区域性产业技术研发组织；加大对中西部地区已有科研机构的支持力度，进一步提升其研发水平，吸引更多科技人才向中西部流动。加快推动建立产学研合作的有效机制，加快构建产业技术创新战略联盟和实施技术创新工程，促进高层次创新型科技人才向企业流动。重视和支持民营企业、跨国公司等的科技人才队伍建设。

根据国家和地区产业发展需求，优化科技人才队伍的结构和布局。促进科学研究、工程技术、科技管理服务、科技创业和服务人员的协调发展，形成各类科技人才衔接有序、梯次配备的合理结构。

制定出台对边疆地区实施特殊人才政策意见和实施办法。加大对边疆地区科技人才开发的支持力度，实施特殊人才和引进项目。加强在边疆地区科研机构的布局，对边疆地区科研基础条件建设给予补助，使其具备科研工作的基本条件，以利于稳定和扩大科技人才队伍。支持和鼓励内地与边疆地区开展科技合作，通过重大工程和项目培养当地科技领军人才和创新团队，提高边疆地区科技水平。

进一步深化高等教育改革，促进科技人才供需之间结构性矛盾的解决。加大政策引导力度，消除制约科技人才合理流动的障碍，促进优秀科技人才向中小企业、农村、边远贫困地区、边疆民族地区和革命老区流动。深入推进科技特派员等科技推广服务人员的制度建设，推动科技人才深入农村和基层创新创业，为新农村建设和企业发展提供科技人才支持。

5. 培育创新文化环境

发展创新文化，倡导追求真理、勇攀高峰、宽容失败、团结协作、追求卓越的创新精神，营造科学民主、学术自由、严谨求实、开放包容的创新氛围。形成尊重劳动、尊重知识、尊重人才、尊重创造的社会环境。

逐步建立政府与社会公众、科技界与社会公众之间紧密沟通的机制，建立重大科学事件向社会公开、听取公众意见的机制。鼓励科技人员为科技经济和社会发展建言献策。建立健全科研诚信体系，加强科技人才职业道德教育，鼓励行业和学会建立诚信制度，从严治理学术不端行为。

加强科学传播，重视科普宣传。在全社会大力普及科学技术知识、倡导科学方法、传播科学思想，不断提高公民科学文化素质。引导和鼓励科技人才积极参与科普活动，促进公众理解科学。

四 政策措施

科技政策是实施科技人才发展规划的重要保证。为确保本规划提出的战略目标和各项任务的落实，要针对科研单位的特点和特殊性，遵循科研工作和科技人才成长规律，重点解决科技人才队伍建设中存在的突出问题，制定若干支撑政策和保障措施。

1. 实施有利于科技人才潜心研究的政策

加大对从事基础研究、前沿高技术研究和社会公益类科研机构的稳定支持力度，支持科研机构部署和开展前瞻性、持续性研究，鼓励和支持科技人才面向国家战略需求和其他基础性、前沿性问题进行潜心研究。

完善科技计划管理办法和经费管理办法。探索建立优秀科技人才和团队持续承担政府科技计划项目的机制。遵循科技活动和人才成长的规律和特点，对从事基础研究、前沿高技术研究和社会公益类科研活动的优秀科技人才实行长期、稳定、充足的经费支持，保证其潜心研究、深入探索。较大幅度提高科技计划项目经费中的人员性费用支出水平，对承担项目的科技人员实行有效激励。

健全科研机构和高等学校的科研管理制度，推动科研机构、高等学校采取科技人才评价不与论文、项目和经费数量过度挂钩的评价标准，重点评价和考核科技人才的学术水平和实际贡献。完善高层次科技人才激励和保障机制，鼓励和引导科技人才爱岗敬业、持续创新。

减少对科技人才的考核活动。鼓励科技人员和科技管理人员在创新实践中成长、发展。

2. 实施有利于高层次创新型科技人才发展的政策

建立国家重大科技专项和重大工程的高层次人才培养、选拔和使用制度，重点培养国家战略领域的领军人才和急需紧缺人才，造就和发现一批产业技术研发人才、工程技术人才、复合型科技人才和高级科技管理专家。加大国家科技计划对产业技术创新战略联盟的支持力度，增强企业、科研机构和高等学校之间的人才交流与合作，建设具有国际竞争优势、引领产业发展的创新团队。鼓励企业设专项培训经费，依托科研机构和高等学校培养企业高层次创新型科技人才。

制定相关措施，加强高层次创新型科技人才队伍建设，促进中青年科技创新领军人才的培养，支持重点领域创新团队建设，完善产学研培养创新人才和创新团队政策，深化科研院所管理制度改革。

深化科技计划项目管理改革，完善管理办法和措施，加大科技计划对优秀科技人才培养和支持的力度。实施"人才＋项目"的培养模式，建立人才培养与重大项目紧密结合的机制，根据不同项目的特点，对不同类型的创新人才进行重点培养。把人才培养和团队建设作为计划实施的重要内容，成为项目立项论证、实施绩效考评的重要指标。在科技计划中专门设立针对创新人才和创新团队的资助项目，支持他们自主选题，自由探索。简化项目管理程序，加强事后评估，提高管理效率，保障科技人才用于科研的时间。

3. 实施支持青年科技人才脱颖而出的政策

支持青年科技人才独立牵头负责项目研究。改革科技计划管理，加大对青年科技人才的支持力度。对35岁以下优秀青年科技人才独立负责开展的研究工作予以倾斜支持。

完善青年科技人才的激励保障措施。完善国家科学技术奖励制度，调整奖项设置，进一步强化对做出突出贡献的创新人才，尤其是青年人才的评价、激励机制。引导和鼓励省、部级科学技术奖励、社会力量设立的科学技术奖励加大对做出突出贡献科技人才的奖励力度，促进优秀科技创新人才脱颖而出。增设国家杰出青年科学家和工程师奖，对做出突出贡献的青年人才给予奖励。充分发挥各类科技和人才奖励对青年科技人才的激励作用。依据青年科技人才实际需求、科研能力和业绩，合理评价青年科技人才，通过多种方式，改善青年科技人才的生活条件，提高待遇。鼓励和支持高等学校、科研机构和企业制定青年科技人才培训计划。完善保障性住房等政策，优先解决青年科技人才的住房等生活问题。

4. 实施支持科技人才创业的政策

完善投融资政策，加大对科技创业融资的支持力度。促进知识产权质押融资、创业贷款的规范发展，建立知识产权质押融资服务机制，建立财政资金引导和支持知识产权质押贷款的新机制，对科技人才创办科技企业的专利质押贷款予以支持。积极培育、发展创业风险投资，对高技术产业领域处于种子期、起步期的自主创新成果产业化项目予以支持。加强担保机构等融资支撑平台建设，为自主创新成果产业化项目融资提供服务。改进科技型中小企业技术创新基金的资助模式，扩大创新基金对初创期的科技企业资助的覆盖面，支持科技人才创业。

制定相关措施，推动创新型科技人才培养基地建设，大力发展国家大学科技园和科技企业孵化器（高新技术创业服务中心），完善在重大项目及工程实施中培养人才的有关规定，加强科技创业人才队伍建设。

健全创业服务体系。加大对科技创新基础设施和公共技术基础设施平台建设，完善支持科技企业孵化器发展的财税优惠政策，设立孵化器专项资金，促进国家农业科技园区企业孵化和创业，推进企业孵化器服务升级，拓展服务功能，提高服务能力。健全技术支撑服务体系建设，依托研究机构、行业协会和专业检测机构，建设一批公共技术测试中心；建立大型科学仪器设备共享制度，搭建为科技型中小企业提供研发服务、专业测试和产品检验服务的公共研发平台。

完善激励保障措施，大力发展科技金融；充分发挥财税优惠政策和科技型中小企业技术创新基金等对科技人才创业的引导和扶持作用，建立重点领域的创业补贴等制度；支持高等学校和科研机构科技人才离岗创业。制定鼓励科技人才离岗创业的办法，对相关人员离岗创业期间的身份、待遇、竞聘资格以及社会保障等问题做出明确规定。

完善高新技术企业吸引科技人才的政策措施，逐步解决影响高新技术企业引进高层次科技人才的户籍管理、配偶就业、子女就学等问题。积极推进地方在科技创业园区进行科技人才管理改革试验，创新人才评价、激励和流动等机制，为高新技术企业引进人才提供支持和保障。

5. 实施引导科技人才向企业流动的政策

推进创新型企业和产业技术创新战略联盟建设，发挥政府科技计划对资源配置的引导作用，推动产学研各方围绕产业技术创新链，形成长期、稳定的合作关系，促进科技人才向企业流动和集聚。创新政府科技资源配置方式，充分考虑企业对创新人才的迫切需求，支持企业开展技术创新，为科技人才构建创新平台。支持重点产业技术领域的骨干企业设立国家重点实验室、国家工程技术研究中心，大力培养企业高层次研发人才。提高对企业博士后工作专项经费、生活补助、科研资助的投入水平，支持企业加强博士后工作站的人才培养工作。制定税收优惠政策，鼓励企业提高教育经费规模，制定科技人才培训计划，加强科技人才继续教育。支持创新型骨干企业建立科技人才培训基地，面向行业科技人才进行技术培训，并将有关培训纳入政府培训项目计划给予支持。

完善国有企业考核体系和分配激励机制，将技术创新能力指标纳入企业负责人经营业绩的考核体系，推动企业大力支持研发人员创新。构建研发人员职业发展通道，对优秀研发人员实行有效激励，提高其待遇和地位。

完善科技人员服务基层的激励措施，对科技人员派出期间的职称、职务、岗位聘用、业绩评价和工资福利等做出明确规定。完善知识产权合理分享政策，建立派出单位、科技人员和服务对象三方间知识产权分享和利益分配机制，形成科技人员服务基层的长效机制。加强对科技人员服务基层工作的支撑，促进公共科研机构面向派出科技人员开放，提供研发和信息咨询服务。着力支持派出科技人员针对企业需求开展研发活动，服务企业发展并从中获得合理的收益。

6. 实施鼓励科技人才到农村和艰苦边远地区工作的政策

推动科技特派员工作，促进高等学校、科研机构人员向新兴产业、特色产业流动，向企业、农村、国家农业科技园区和艰苦边远地区流动，向有利于科技人才发挥作用的单位和地区流动，开展创新创业。制定《关于推动科技人才向企业集聚的若干意见》。

针对西部科技人才短缺和流失问题制定特殊政策，加强对西部地区、少数民族地区科技人才的培养和支持力度。对在艰苦边远地区工作的大学毕业生及各类科技人才，通过提高补贴标准或免征个人收入所得税等多种方式，切实提高在艰苦边远地区和基层工作科技人才的收入水平。

7. 实施促进科技人才国际化的政策

推进国际科技合作，培养国际化科技人才。支持我国科研机构和高等学校与国外一流科研组织联合建立研发机构，并将其科技合作纳入我国政府间双边、多边科技计划和引智计划中进行资助。制定支持我国科学家牵头组织或参与国际大科学工程以及在国际学术组织担任领导职务的计划，培育造就一支在国际学术组织中发挥重要作用的科学家队伍。推动我国企业科技人员的国际人才交流与培养，鼓励我国企业在海外设立研发机构。

深入推进海外高层次人才引进计划实施。加快高层次人才创新创业基地建设，为海外高层次人才来华（回国）创新创业提供条件、营造环境。依托国家重点实验室、国家高新技术产业开发区、国家重点学科等平台以及国家重大科技专项，重点围绕国家发展战略目标，引进一批能够突破关键技术、发展高新技术产业、带动新兴学科的战略科学家、创新创业领军人才和创新团队。

建立开放的用人机制，吸引和凝聚海外高层次创新型科技人才。鼓励科研机构、高等学校设立短期流动岗位，聘用国际高层次科技人才来华开展合作研究、学术交流或讲学。完善外籍科技人才服务保障机制，建立政府部门重点联系制度和绿色通道，实行特事特办。积极推荐和选派青年科技人才赴国际组织或国际学术机构任职和锻炼，促进科技管理和科技人才的国际化。扩大国家科学技术奖的奖励对象和范围，允许外籍人士与中国公民一起作为候选人，鼓励海外高层次人才为我国科学技术发展贡献智慧。

五 组织实施

1. 加强《科技人才规划》实施的统筹协调

在中央人才工作协调小组的统一领导下，建立由科技部牵头，相关部门参加的《科技人才规划》实施协调机制。建立与地方有效互动的工作机制。明确责任、统筹协调、督促检查，形成科技人才工作体系，共同推进《科技人才规划》各项任务的落实。

2. 加强《科技人才规划》实施的财政保障

国家和地方各级政府要加大财政支持力度，保证《科技人才规划》各项任务顺利实施。调整优化现有科技计划、专项、基金和其他科技经费结构，加大向《科技人才规划》所确定重点任务的倾斜力度。研究建立新的财政支持渠道和方式，加大资金保障力度。

3. 加强科技人才工作基础性建设

加强科技人才理论研究，认真总结和探索新时期科技人才成长规律。对重点领域和重大工程关键岗位人才实行动态监测，建设科技创新人才服务平台。完善科技人才信息统计、分析和发布机制，推动科技人才工作的信息化建设，建立科技人才信息资源服务平台。加强科技人才工作者队伍建设，提高科技人才工作者的政治、思想、业务素质及专业化水平。加强对地方科技人才工作的指导，支持地方急需科技创新创业人才队伍建设工作。

4. 开展督促检查和绩效考核

国家科技行政管理部门要会同相关部门制定《科技人才规划》监督检查工作办法，建立评估指标体系，加强对《科技人才规划》各项政策制定、落实情况和各项工作任务完成情况的监督检查，将《科技人才规划》落实情况纳入对地方科技行政管理部门的绩效考核、市县科技进步考核评价指标体系中，实行目标责任制。

附录3　中华人民共和国科学技术进步法

第一章　总则

第一条　为了促进科学技术进步，发挥科学技术第一生产力的作用，促进科学技术成果向现实生产力转化，推动科学技术为经济建设和社会发展服务，根据宪法，制定本法。

第二条　国家坚持科学发展观，实施科教兴国战略，实行自主创新、重点跨越、支撑发展、引领未来的科学技术工作指导方针，构建国家创新体系，建设创新型国家。

第三条　国家保障科学技术研究开发的自由，鼓励科学探索和技术创新，保护科学技术人员的合法权益。

全社会都应当尊重劳动、尊重知识、尊重人才、尊重创造。

学校及其他教育机构应当坚持理论联系实际，注重培养受教育者的独立思考能力、实践能力、创新能力，以及追求真理、崇尚创新、实事求是的科学精神。

第四条　经济建设和社会发展应当依靠科学技术，科学技术进步工作应当为经济建设和社会发展服务。

国家鼓励科学技术研究开发，推动应用科学技术改造传统产业、发展高新技术产业和社会事业。

第五条　国家发展科学技术普及事业，普及科学技术知识，提高全体公民的科学文化素质。

国家鼓励机关、企业事业组织、社会团体和公民参与和支持科学技术进步活动。

第六条　国家鼓励科学技术研究开发与高等教育、产业发展相结合，鼓励自然科学与人文社会科学交叉融合和相互促进。

国家加强跨地区、跨行业和跨领域的科学技术合作，扶持民族地区、边远地区、贫困地区的科学技术进步。

国家加强军用与民用科学技术计划的衔接与协调，促进军用与民用科学技术资源、技术开发需求的互通交流和技术双向转移，发展军民两用技术。

第七条　国家制定和实施知识产权战略，建立和完善知识产权制度，营造尊重知识产权的社会环境，依法保护知识产权，激励自主创新。

企业事业组织和科学技术人员应当增强知识产权意识，增强自主创新能力，提高运用、保护和管理知识产权的能力。

第八条　国家建立和完善有利于自主创新的科学技术评价制度。

科学技术评价制度应当根据不同科学技术活动的特点，按照公平、公正、公开的原则，实行分类评价。

第九条　国家加大财政性资金投入，并制定产业、税收、金融、政府采购等政策，鼓励、引导社会资金投入，推动全社会科学技术研究开发经费持续稳定增长。

第十条　国务院领导全国科学技术进步工作，制定科学技术发展规划，确定国家科学技术重大项目、与科学技术密切相关的重大项目，保障科学技术进步与经济建设和社会发展相协调。

地方各级人民政府应当采取有效措施，推进科学技术进步。

第十一条 国务院科学技术行政部门负责全国科学技术进步工作的宏观管理和统筹协调；国务院其他有关部门在各自的职责范围内，负责有关的科学技术进步工作。

县级以上地方人民政府科学技术行政部门负责本行政区域的科学技术进步工作；县级以上地方人民政府其他有关部门在各自的职责范围内，负责有关的科学技术进步工作。

第十二条 国家建立科学技术进步工作协调机制，研究科学技术进步工作中的重大问题，协调国家科学技术基金和国家科学技术计划项目的设立及相互衔接，协调军用与民用科学技术资源配置、科学技术研究开发机构的整合以及科学技术研究开发与高等教育、产业发展相结合等重大事项。

第十三条 国家完善科学技术决策的规则和程序，建立规范的咨询和决策机制，推进决策的科学化、民主化。

制定科学技术发展规划和重大政策，确定科学技术的重大项目、与科学技术密切相关的重大项目，应当充分听取科学技术人员的意见，实行科学决策。

第十四条 中华人民共和国政府发展同外国政府、国际组织之间的科学技术合作与交流，鼓励科学技术研究开发机构、高等学校、科学技术人员、科学技术社会团体和企业事业组织依法开展国际科学技术合作与交流。

第十五条 国家建立科学技术奖励制度，对在科学技术进步活动中做出重要贡献的组织和个人给予奖励。具体办法由国务院规定。

国家鼓励国内外的组织或者个人设立科学技术奖项，对科学技术进步给予奖励。

第二章 科学研究、技术开发与科学技术应用

第十六条 国家设立自然科学基金，资助基础研究和科学前沿探索，培养科学技术人才。

国家设立科技型中小企业创新基金，资助中小企业开展技术创新。

国家在必要时可以设立其他基金，资助科学技术进步活动。

第十七条 从事下列活动的，按照国家有关规定享受税收优惠：

（一）从事技术开发、技术转让、技术咨询、技术服务；

（二）进口国内不能生产或者性能不能满足需要的科学研究或者技术开发用品；

（三）为实施国家重大科学技术专项、国家科学技术计划重大项目，进口国内不能生产的关键设备、原材料或者零部件；

（四）法律、国家有关规定规定的其他科学研究、技术开发与科学技术应用活动。

第十八条 国家鼓励金融机构开展知识产权质押业务，鼓励和引导金融机构在信贷等方面支持科学技术应用和高新技术产业发展，鼓励保险机构根据高新技术产业发展的需要开发保险品种。

政策性金融机构应当在其业务范围内，为科学技术应用和高新技术产业发展优先提供金融服务。

第十九条 国家遵循科学技术活动服务国家目标与鼓励自由探索相结合的原则，超前部署和发展基础研究、前沿技术研究和社会公益性技术研究，支持基础研究、前沿技术研究和社会公益性技术研究持续、稳定发展。

科学技术研究开发机构、高等学校、企业事业组织和公民有权依法自主选择课题，从事基础研究、前沿技术研究和社会公益性技术研究。

第二十条 利用财政性资金设立的科学技术基金项目或者科学技术计划项目所形成的发明专利权、计算机软件著作权、集成电路布图设计专有权和植物新品种权，除涉及国家安全、国家利益和重大社会公共利益的外，授权项目承担者依法取得。

项目承担者应当依法实施前款规定的知识产权，同时采取保护措施，并就实施和保护情况向项目管理机构提交年度报告；在合理期限内没有实施的，国家可以无偿实施，也可以许可他人有偿实施或者无偿实施。

项目承担者依法取得的本条第一款规定的知识产权，国家为了国家安全、国家利益和重大社会公共利益的需要，可以无偿实施，也可以许可他人有偿实施或者无偿实施。

项目承担者因实施本条第一款规定的知识产权所产生的利益分配，依照有关法律、行政法规的规定执行；法律、行政法规没有规定的，按照约定执行。

第二十一条 国家鼓励利用财政性资金设立的科学技术基金项目或者科学技术计划项目所形成的知识产权首先在境内使用。

前款规定的知识产权向境外的组织或者个人转让或者许可境外的组织或者个人独占实施的，应当经项目管理机构批准；法律、行政法规对批准机构另有规定的，依照其规定。

第二十二条 国家鼓励根据国家的产业政策和技术政策引进国外先进技术、装备。

利用财政性资金和国有资本引进重大技术、装备的，应当进行技术消化、吸收和再创新。

第二十三条 国家鼓励和支持农业科学技术的基础研究和应用研究，传播和普及农业科学技术知识，加快农业科学技术成果转化和产业化，促进农业科学技术进步。

县级以上人民政府应当采取措施，支持公益性农业科学技术研究开发机构和农业技术推广机构进行农业新品种、新技术的研究开发和应用。

地方各级人民政府应当鼓励和引导农村群众性科学技术组织为种植业、林业、畜牧业、渔业等的发展提供科学技术服务，对农民进行科学技术培训。

第二十四条 国务院可以根据需要批准建立国家高新技术产业开发区，并对国家高新技术产业开发区的建设、发展给予引导和扶持，使其形成特色和优势，发挥集聚效应。

第二十五条 对境内公民、法人或者其他组织自主创新的产品、服务或者国家需要重点扶持的产品、服务，在性能、技术等指标能够满足政府采购需求的条件下，政府采购应当购买；首次投放市场的，政府采购应当率先购买。

政府采购的产品尚待研究开发的，采购人应当运用招标方式确定科学技术研究开发机构、高等学校或者企业进行研究开发，并予以订购。

第二十六条 国家推动科学技术研究开发与产品、服务标准制定相结合，科学技术研究开发与产品设计、制造相结合；引导科学技术研究开发机构、高等学校、企业共同推进国家重大技术创新产品、服务标准的研究、制定和依法采用。

第二十七条　国家培育和发展技术市场，鼓励创办从事技术评估、技术经纪等活动的中介服务机构，引导建立社会化、专业化和网络化的技术交易服务体系，推动科学技术成果的推广和应用。

技术交易活动应当遵循自愿、平等、互利有偿和诚实信用的原则。

第二十八条　国家实行科学技术保密制度，保护涉及国家安全和利益的科学技术秘密。

国家实行珍贵、稀有、濒危的生物种质资源、遗传资源等科学技术资源出境管理制度。

第二十九条　国家禁止危害国家安全、损害社会公共利益、危害人体健康、违反伦理道德的科学技术研究开发活动。

第三章　企业技术进步

第三十条　国家建立以企业为主体，以市场为导向，企业同科学技术研究开发机构、高等学校相结合的技术创新体系，引导和扶持企业技术创新活动，发挥企业在技术创新中的主体作用。

第三十一条　县级以上人民政府及其有关部门制定的与产业发展相关的科学技术计划，应当体现产业发展的需求。

县级以上人民政府及其有关部门确定科学技术计划项目，应当鼓励企业参与实施和平等竞争；对具有明确市场应用前景的项目，应当鼓励企业联合科学技术研究开发机构、高等学校共同实施。

第三十二条　国家鼓励企业开展下列活动：

（一）设立内部科学技术研究开发机构；

（二）同其他企业或者科学技术研究开发机构、高等学校联合建立科学技术研究开发机构，或者以委托等方式开展科学技术研究开发；

（三）培养、吸引和使用科学技术人员；

（四）同科学技术研究开发机构、高等学校、职业院校或者培训机构联合培养专业技术人才和高技能人才，吸引高等学校毕业生到企业工作；

（五）依法设立博士后工作站；

（六）结合技术创新和职工技能培训，开展科学技术普及活动，设立向公众开放的普及科学技术的场馆或者设施。

第三十三条 国家鼓励企业增加研究开发和技术创新的投入，自主确立研究开发课题，开展技术创新活动。

国家鼓励企业对引进技术进行消化、吸收和再创新。

企业开发新技术、新产品、新工艺发生的研究开发费用可以按照国家有关规定，税前列支并加计扣除，企业科学技术研究开发仪器、设备可以加速折旧。

第三十四条 国家利用财政性资金设立基金，为企业自主创新与成果产业化贷款提供贴息、担保。

政策性金融机构应当在其业务范围内对国家鼓励的企业自主创新项目给予重点支持。

第三十五条 国家完善资本市场，建立健全促进自主创新的机制，支持符合条件的高新技术企业利用资本市场推动自身发展。

国家鼓励设立创业投资引导基金，引导社会资金流向创业投资企业，对企业的创业发展给予支持。

第三十六条 下列企业按照国家有关规定享受税收优惠：

（一）从事高新技术产品研究开发、生产的企业；

（二）投资于中小型高新技术企业的创业投资企业；

（三）法律、行政法规规定的与科学技术进步有关的其他企业。

第三十七条 国家对公共研究开发平台和科学技术中介服务机构的建设给予支持。

公共研究开发平台和科学技术中介服务机构应当为中小企业的技术创新提供服务。

第三十八条 国家依法保护企业研究开发所取得的知识产权。

企业应当不断提高运用、保护和管理知识产权的能力，增强自主创新能力和市场竞争能力。

第三十九条 国有企业应当建立健全有利于技术创新的分配制度，完善激励约束机制。

国有企业负责人对企业的技术进步负责。对国有企业负责人的业绩考核，应当将企业的创新投入、创新能力建设、创新成效等情况纳入考核的范围。

第四十条　县级以上地方人民政府及其有关部门应当创造公平竞争的市场环境，推动企业技术进步。

国务院有关部门和省、自治区、直辖市人民政府应当通过制定产业、财政、能源、环境保护等政策，引导、促使企业研究开发新技术、新产品、新工艺，进行技术改造和设备更新，淘汰技术落后的设备、工艺，停止生产技术落后的产品。

第四章　科学技术研究开发机构

第四十一条　国家统筹规划科学技术研究开发机构的布局，建立和完善科学技术研究开发体系。

第四十二条　公民、法人或者其他组织有权依法设立科学技术研究开发机构。国外的组织或者个人可以在中国境内依法独立设立科学技术研究开发机构，也可以与中国境内的组织或者个人依法联合设立科学技术研究开发机构。

从事基础研究、前沿技术研究、社会公益性技术研究的科学技术研究开发机构，可以利用财政性资金设立。利用财政性资金设立科学技术研究开发机构，应当优化配置，防止重复设置；对重复设置的科学技术研究开发机构，应当予以整合。

科学技术研究开发机构、高等学校可以依法设立博士后工作站。科学技术研究开发机构可以依法在国外设立分支机构。

第四十三条　科学技术研究开发机构享有下列权利：

（一）依法组织或者参加学术活动；

（二）按照国家有关规定，自主确定科学技术研究开发方向和项目，自主决定经费使用、机构设置和人员聘用及合理流动等内部管理事务；

（三）与其他科学技术研究开发机构、高等学校和企业联合开展科学技术研究开发；

（四）获得社会捐赠和资助；

（五）法律、行政法规规定的其他权利。

第四十四条　科学技术研究开发机构应当按照章程的规定开展科学技术研究开发活动；不得在科学技术活动中弄虚作假，不得参加、支持迷信活动。

利用财政性资金设立的科学技术研究开发机构开展科学技术研究开发活动，应当为国家目标和社会公共利益服务；有条件的，应当向公众开放普及科学技术的场馆或者设施，开展科学技术普及活动。

第四十五条　利用财政性资金设立的科学技术研究开发机构应当建立职责明确、评价科学、开放有序、管理规范的现代院所制度，实行院长或者所长负责制，建立科学技术委员会咨询制和职工代表大会监督制等制度，并吸收外部专家参与管理、接受社会监督；院长或者所长的聘用引入竞争机制。

第四十六条　利用财政性资金设立的科学技术研究开发机构，应当建立有利于科学技术资源共享的机制，促进科学技术资源的有效利用。

第四十七条　国家鼓励社会力量自行创办科学技术研究开发机构，保障其合法权益不受侵犯。

社会力量设立的科学技术研究开发机构有权按照国家有关规定，参与实施和平等竞争利用财政性资金设立的科学技术基金项目、科学技术计划项目。

社会力量设立的非营利性科学技术研究开发机构按照国家有关规定享受税收优惠。

第五章　科学技术人员

第四十八条　科学技术人员是社会主义现代化建设事业的重要力量。国家采取各种措施，提高科学技术人员的社会地位，通过各种途径，培养和造就各种专门的科学技术人才，创造有利的环境和条件，充分发挥科学技术人员的作用。

第四十九条　各级人民政府和企业事业组织应当采取措施，提高科学技术人员的工资和福利待遇；对有突出贡献的科学技术人员给予优厚待遇。

第五十条　各级人民政府和企业事业组织应当保障科学技术人员接受

继续教育的权利，并为科学技术人员的合理流动创造环境和条件，发挥其专长。

第五十一条　科学技术人员可以根据其学术水平和业务能力依法选择工作单位、竞聘相应的岗位，取得相应的职务或者职称。

第五十二条　科学技术人员在艰苦、边远地区或者恶劣、危险环境中工作，所在单位应当按照国家规定给予补贴，提供其岗位或者工作场所应有的职业健康卫生保护。

第五十三条　青年科学技术人员、少数民族科学技术人员、女性科学技术人员等在竞聘专业技术职务、参与科学技术评价、承担科学技术研究开发项目、接受继续教育等方面享有平等权利。

发现、培养和使用青年科学技术人员的情况，应当作为评价科学技术进步工作的重要内容。

第五十四条　国家鼓励在国外工作的科学技术人员回国从事科学技术研究开发工作。利用财政性资金设立的科学技术研究开发机构、高等学校聘用在国外工作的杰出科学技术人员回国从事科学技术研究开发工作的，应当为其工作和生活提供方便。

外国的杰出科学技术人员到中国从事科学技术研究开发工作的，按照国家有关规定，可以依法优先获得在华永久居留权。

第五十五条　科学技术人员应当弘扬科学精神，遵守学术规范，恪守职业道德，诚实守信；不得在科学技术活动中弄虚作假，不得参加、支持迷信活动。

第五十六条　国家鼓励科学技术人员自由探索、勇于承担风险。原始记录能够证明承担探索性强、风险高的科学技术研究开发项目的科学技术人员已经履行了勤勉尽责义务仍不能完成该项目的，给予宽容。

第五十七条　利用财政性资金设立的科学技术基金项目、科学技术计划项目的管理机构，应当为参与项目的科学技术人员建立学术诚信档案，作为对科学技术人员聘任专业技术职务或者职称、审批科学技术人员申请科学技术研究开发项目等的依据。

第五十八条　科学技术人员有依法创办或者参加科学技术社会团体的权利。

科学技术协会和其他科学技术社会团体按照章程在促进学术交流、推进学科建设、发展科学技术普及事业、培养专门人才、开展咨询服务、加强科学技术人员自律和维护科学技术人员合法权益等方面发挥作用。

科学技术协会和其他科学技术社会团体的合法权益受法律保护。

第六章　保障措施

第五十九条　国家逐步提高科学技术经费投入的总体水平；国家财政用于科学技术经费的增长幅度，应当高于国家财政经常性收入的增长幅度。全社会科学技术研究开发经费应当占国内生产总值适当的比例，并逐步提高。

第六十条　财政性科学技术资金应当主要用于下列事项的投入：

（一）科学技术基础条件与设施建设；

（二）基础研究；

（三）对经济建设和社会发展具有战略性、基础性、前瞻性作用的前沿技术研究、社会公益性技术研究和重大共性关键技术研究；

（四）重大共性关键技术应用和高新技术产业化示范；

（五）农业新品种、新技术的研究开发和农业科学技术成果的应用、推广；

（六）科学技术普及。

对利用财政性资金设立的科学技术研究开发机构，国家在经费、实验手段等方面给予支持。

第六十一条　审计机关、财政部门应当依法对财政性科学技术资金的管理和使用情况进行监督检查。

任何组织或者个人不得虚报、冒领、贪污、挪用、截留财政性科学技术资金。

第六十二条　确定利用财政性资金设立的科学技术基金项目，应当坚持宏观引导、自主申请、平等竞争、同行评审、择优支持的原则；确定利用财政性资金设立的科学技术计划项目的项目承担者，应当按照国家有关规定择优确定。

利用财政性资金设立的科学技术基金项目、科学技术计划项目的管理机构，应当建立评审专家库，建立健全科学技术基金项目、科学技术计划项目的专家评审制度和评审专家的遴选、回避、问责制度。

第六十三条　国家遵循统筹规划、优化配置的原则，整合和设置国家科学技术研究实验基地。

国家鼓励设置综合性科学技术实验服务单位，为科学技术研究开发机构、高等学校、企业和科学技术人员提供或者委托他人提供科学技术实验服务。

第六十四条　国家根据科学技术进步的需要，按照统筹规划、突出共享、优化配置、综合集成、政府主导、多方共建的原则，制定购置大型科学仪器、设备的规划，并开展对以财政性资金为主购置的大型科学仪器、设备的联合评议工作。

第六十五条　国务院科学技术行政部门应当会同国务院有关主管部门，建立科学技术研究基地、科学仪器设备和科学技术文献、科学技术数据、科学技术自然资源、科学技术普及资源等科学技术资源的信息系统，及时向社会公布科学技术资源的分布、使用情况。

科学技术资源的管理单位应当向社会公布所管理的科学技术资源的共享使用制度和使用情况，并根据使用制度安排使用；但是，法律、行政法规规定应当保密的，依照其规定。

科学技术资源的管理单位不得侵犯科学技术资源使用者的知识产权，并应当按照国家有关规定确定收费标准。管理单位和使用者之间的其他权利义务关系由双方约定。

第六十六条　国家鼓励国内外的组织或者个人捐赠财产、设立科学技术基金，资助科学技术研究开发和科学技术普及。

第七章　法律责任

第六十七条　违反本法规定，虚报、冒领、贪污、挪用、截留用于科学技术进步的财政性资金，依照有关财政违法行为处罚处分的规定责令改正，追回有关财政性资金和违法所得，依法给予行政处罚；对直接负责的主管人员和其他直接责任人员依法给予处分。

第六十八条　违反本法规定，利用财政性资金和国有资本购置大型科学仪器、设备后，不履行大型科学仪器、设备等科学技术资源共享使用义务的，由有关主管部门责令改正，对直接负责的主管人员和其他直接责任人员依法给予处分。

第六十九条　违反本法规定，滥用职权，限制、压制科学技术研究开发活动的，对直接负责的主管人员和其他直接责任人员依法给予处分。

第七十条　违反本法规定，抄袭、剽窃他人科学技术成果，或者在科学技术活动中弄虚作假的，由科学技术人员所在单位或者单位主管机关责令改正，对直接负责的主管人员和其他直接责任人员依法给予处分；获得用于科学技术进步的财政性资金或者有违法所得的，由有关主管部门追回财政性资金和违法所得；情节严重的，由所在单位或者单位主管机关向社会公布其违法行为，禁止其在一定期限内申请国家科学技术基金项目和国家科学技术计划项目。

第七十一条　违反本法规定，骗取国家科学技术奖励的，由主管部门依法撤销奖励，追回奖金，并依法给予处分。

违反本法规定，推荐的单位或者个人提供虚假数据、材料，协助他人骗取国家科学技术奖励的，由主管部门给予通报批评；情节严重的，暂停或者取消其推荐资格，并依法给予处分。

第七十二条　违反本法规定，科学技术行政等有关部门及其工作人员滥用职权、玩忽职守、徇私舞弊的，对直接负责的主管人员和其他直接责任人员依法给予处分。

第七十三条　违反本法规定，其他法律、法规规定行政处罚的，依照其规定；造成财产损失或者其他损害的，依法承担民事责任；构成犯罪的，依法追究刑事责任。

第八章　附则

第七十四条　涉及国防科学技术的其他有关事项，由国务院、中央军事委员会规定。

第七十五条　本法自 2008 年 7 月 1 日起施行。

后　记

　　经济增长收敛性研究之所以受到学者们越来越多的关注，是因为收敛性视角对理解区域经济增长的地区差距具有很强的说服力，经济增长收敛性研究为政府实现区域统筹发展而进行的宏观调控提供了重要的支持和启示。新发展理念强调经济长远发展的动力源自创新，创新是引领发展的第一动力，随着知识经济的不断发展，在各区域不断提高自身竞争力的过程中，科技创新及技术进步的作用日渐凸显，且已成为衡量一个地区科技实力的重要尺度，增强科技创新能力、促进技术进步对提高区域核心竞争力具有决定性作用。但一项创新技术本身对经济的影响和社会生产力的提高具有较大的局限性，只有借助扩散，它的潜在经济效益才能最大限度地发挥出来。随着区域经济一体化进程的推进，区域创新体系逐步建立并完善，区际技术空间扩散效应也正日益凸显。技术空间扩散能使技术在经济和地理空间上不断地传播和应用，可以有效地促进区域经济均衡发展。

　　在本书的写作过程中，我查阅了大量的关于技术空间扩散和经济增长收敛性的中外文献资料，借鉴了国内外许多学者的相关研究成果，在此对允许借鉴和使用其理论观点的学者表示由衷的感谢。在本书的写作过程中我得到了导师沈利生教授的悉心指导和帮助，正是沈老师的辛勤付出和智慧引导才有本书的完成，在此对沈老师表示深深的谢意。

　　感谢华侨大学经济与金融学院的胡日东教授、李拉亚教授、许培源教授、陈建伟教授、苏梽芳教授、肖曙光教授以及厦门大学的刘榆教授对我的指引和教导，你们渊博的知识、广阔的研究视野为本书的写作提供了巨大的帮助，在此一并表示感谢。为了使本书不断臻于完善，我对书稿进行了数次修改和调整，在定稿前后，社会科学文献出版社编辑张丽丽和王红平对本书进行了深入细致的编审，在出版过程中做了大量工作，在此由衷致谢。最后要特别感谢我的爱人方胜强和我的儿子方嘉润，他们在书稿写作过程中给予了我大力支持、帮助和理解。

本书展现了我对经济增长问题的深度关注和思考，由于水平和精力有限，本书在论述过程中难免有疏漏或不当之处，敬请读者批评指正，我将不胜感激。

程水红

2019 年 3 月 16 日

图书在版编目（CIP）数据

技术空间扩散与经济增长收敛性研究/程水红著

. – – 北京：社会科学文献出版社，2020.7

ISBN 978 – 7 – 5201 – 6420 – 7

Ⅰ.①技…　Ⅱ.①程…　Ⅲ.①区域经济 – 经济增长 –
研究 – 中国　Ⅳ.①F127

中国版本图书馆 CIP 数据核字（2020）第 049495 号

技术空间扩散与经济增长收敛性研究

著　　者 / 程水红

出 版 人 / 谢寿光
组稿编辑 / 任文武
责任编辑 / 张丽丽
文稿编辑 / 王红平

出　　版 / 社会科学文献出版社·城市和绿色发展分社（010）59367143
　　　　　　地址：北京市北三环中路甲 29 号院华龙大厦　邮编：100029
　　　　　　网址：www. ssap. com. cn
发　　行 / 市场营销中心（010）59367081　59367083
印　　装 / 三河市龙林印务有限公司

规　　格 / 开　本：787mm × 1092mm　1/16
　　　　　　印　张：14.25　字　数：225 千字
版　　次 / 2020 年 7 月第 1 版　2020 年 7 月第 1 次印刷
书　　号 / ISBN 978 – 7 – 5201 – 6420 – 7
定　　价 / 78.00 元